여행, 인생을 유혹하다

여행, 인생을 유혹하다

© 2013, 이석연

초판 1쇄 인쇄   2013년 07월 11일
초판 1쇄 발행   2013년 07월 17일
초판 2쇄 발행   2014년 01월 07일

지은이   이석연
펴낸이   신종호

디자인   인챈트리 _ 02)599-1105
인쇄   세연인쇄 _ 031)948-2850

펴낸곳   까만양
출판등록   2012년 4월 17일 제 315-2012-000039호
이메일   kkamanyang33@hanmail.net

일원화공급처 북파크
주소   경기도 고양시 일산서구 구산동 24-1
대표전화   031)912-2018
팩스   031)912-2019

ISBN 978-89-97740-08-6 97740

이 도서의 국립중앙도서관 출판시도서목록(CIP)은 서지정보유통지원시스템 홈페이지(http://seoji.nl.go.kr)와 국가자료공동목록시스템 (http://www.nl.go.kr/kolisnet)에서 이용하실 수 있습니다.(CIP제어번호: CIP2013010006)

이석연의 인문탐사기행기

여행, 인생을 유혹하다

이석연 지음

까만양

연륜과 인격, 해박한 역사지식과
깊은 사유가 어우러진 여행명상록

저자는 실학적(實學的)이며 유목적(遊牧的)인 여행을 한다고 밝힌다. 낯선 세계에서 무언가 나와 사회에 이로운 것을 찾아내는 실속과 무엇에도 얽매이지 않고 '진정한 자유'속에 세상을 어슬렁거리는 즐거움이야말로 우리가 여행에서 얻을 수 있는 가장 큰 보람과 기쁨이 아닐까. 법조인, 시민운동가 등 감성을 드러내서는 안될 것 같은 활동영역과는 달리 저자는 따뜻한 가슴과 부드러운 눈길로 세계 구석구석을 스캔한다. 이십년 동안 늘 공부하며 사유하며 세계 곳곳을 훑어 온 저자의 책답게 페이지마다 피어오르는 그의 지식과 지혜의 향내는 읽는 이의 마음속을 가득 채워준다. 이 책은 여행기가 아니다. 그의 연륜과 인격, 해박한 역사지식과 깊은 사유가 어우러진 여행명상록이다. 역사를 알고 여행하는 자는 인생을 두 배로 산다고 했듯이 역사의 지식과 함께 지구촌 이곳저곳을 유목하는 즐거움을 얻을 수 있다. 읽으면 행복해지는 책이다.

이원복 _덕성여대 석좌교수, 『먼나라 이웃나라』 저자

삶의 연장선상에서 나온 또 하나의 명품

사람들은 명품을 가지려고 애를 쓴다.

그러나 스스로 명품이 되면 그가 가진 모든 것이 명품이 된다. 이석연 변호사는 그 인품과 행적만으로도 우리시대의 명품이다.

법조인다운 통찰력과 덕성은 널리 알려졌고, 시민운동가로서 예리한 판단력으로 조화로운 대책을 제시했으며 공직자다운 준엄함과 다사로운 베풂을 널리 펼쳤다.

그는 일관되게, 불의와 타협하지 않고 한 길로 뚜벅뚜벅 걸어왔다. 그러면서 넉넉한 가슴으로 고달프고 아픈 이들을 포근히 살폈다. 더구나 끊임없이 자신을 갈고 닦아 덕망을 쌓아 올렸으니 어찌 우리시대의 명품이라 하지 않으랴.

이 책 『여행, 인생을 유혹하다』는 바로 그와 같은 그의 삶의 연장선상에서 나온 또 하나의 명품이다.

우리들의 기쁨이 되어준 그가 우리 곁에 있어 참 좋다.

김홍신 _ 작가, 건국대 석좌교수

일과 삶의 균형을 갈망하는 CEO들에게 강력추천

여행은 새로운 것과의 만남이고 설렘이다.

'발칸클럽'이란 여행 클럽을 만들어 세부 일정을 직접 기획하고 필요한 것들을 준비하면서 이런저런 어려움과 불편을 겪어도 매년 거르지 않고 몇 차례 여행을 다니는 것은 준비과정에서 느끼게 되는 새로운 것에 대한 설렘과 행복 때문이다.

또한 여행에서 얻은 생산적인 아이디어를 실행에 옮겨 회사가 창조적으로 발전하는데 여행이 많은 기여를 했다고 나는 확신하고 있다. 따라서 여행은 창조행위라고 생각한다.

이석연 변호사의 『여행, 인생을 유혹하다』는 전작(前作)인 『책, 인생을 사로잡다』에 이어 그의 여행에 대한 새로운 해석과 법률가, 사회활동가, 독서가에 이어 여행가로서의 진면목과 내공(內功)의 깊이를 확연히 보여주고 있다.

따라서 이 책은 일과 삶의 균형을 갈망하는 CEO들에게 강력추천하고 싶은 탁월한 책이다.

김종훈 _ 한미글로벌㈜ 대표이사 회장

낭만과 모험의 세계로
새로운 시야를 찾아 떠난 그의 삶의 결실

법조인이자 시민운동가인 이석연 변호사는 왠지 딱딱한 강성의 이미지로 비쳐지고 있기도 합니다. 하지만 저는 오랫동안 교분을 맺어 오면서 그가 독서와 여행으로 무장한 역사 감각과, 인문학적 감성이 풍부한 자질의 소유자임을 새삼 느끼고 있습니다.

법조인이 아니 되었다면 고고학을 했을 것이라는 그의 말처럼 늘 낭만과 모험의 세계로 새로운 시야를 찾아 떠난 그의 삶의 결실의 일부가 이 책 『여행, 인생을 유혹하다』에 고스란히 녹아 있습니다. 모험과 도전의 정신으로 꿈을 향해 거침없이 나가는 분들, 특히 젊은이들에게 일독을 권합니다.

엄홍길 _ 산악인, 「엄홍길휴먼재단」 상임이사

'舞飛 좋아하는 유목민'의 여행

Book은 창의성을 Book돋웁니다. 창조적 상상력이 춤추며 날도록
자극합니다. 그렇기에 책 속 수많은 세계는 '수줍음 타는 동물(shy
animal)'의 여행지입니다. 작가 알랭 드 보통의 설명에 따르자면 shy
animal은 '창의적, 독창적 사고(original thoughts)'를 은유합니다. 수줍
음 타다보니 이 동물은 동굴 밖에 잘 안 나오려 합니다. 하지만 우리가
낯선 세계로 여행을 떠나면 녀석도 바깥세상이 궁금해 고개를 내밀고
나옵니다. 이석연 변호사는 무시로 떠나는 shy animal입니다. 어느 정
도인가 하면, 중학교를 마치고 절에 들어가 2년 동안 파묻혀 사마천의
『사기』, 괴테의 『파우스트』 등 300권의 책 속 천지사방 세계로 떠났을
만큼의 shy animal입니다. 그에게 여행은 곧 '가지 않은 길'을 찾아 떠
나는 독서입니다.

Movie는 舞飛입니다. 춤추며 납니다. 그렇게 춤추며 나는 상상력의 세
계 舞飛는 Move, 즉 동사입니다. 동사로 살아가는 유목민도 숙명적으
로 舞飛를 좋아합니다. 이석연 변호사도 영화를 무척 즐겨 봅니다. 저의
모든 책을 읽은 애독자이고, 그런 인연으로 그가 법제처장으로 재직할
무렵 여행 중이던 저는 KTX 안에서 전화를 받았습니다. "창조적 상상

력을 주제로 한 강연을 의뢰하고 싶습니다." 때는 2009년 1월, 이미 공직사회에 창조와 혁신 문화의 바람을 일으킨 그는 선도자(先導者, first 'mover')입니다. 법제처에서 강연한 후 우리는 교유하며 틈나는 대로 책과 영화와 여행을 소재로 이야기꽃을 피우곤 합니다.

저는 '마음 속 지도에 수많은 위도와 경도와 등대를 만드는 것이 여행'이라고 쓰곤 합니다. 위도, 경도, 등대는 친구, 연인, 스승 등의 은유입니다. 그런데 저는 역사문화탐사기인 『여행, 인생을 유혹하다』를 읽고 이석연 변호사의 위도, 경도, 등대는 훨씬 위대한 은유임을 발견합니다. 그것은 곧 인문정신을 북돋우는 문학, 역사, 그리고 철학의 보고인 인문학입니다. 문득 자문해봅니다. "나는 내 인생을 유혹하는 여행을 몇 번이나 해보았을까?" 무척 부끄럽습니다. 그렇기에 이 보배로운 책을 추천하는 저의 글은 영화로 치자면 예고편입니다. 본편 舞飛를 상영하는 영화관은 이 책 『여행, 인생을 유혹하다』입니다.

이미도 _ 외화번역가, 작가

나의 여행은 실학적이며 유목적이다

여행의 진수는 완전한 자유에 있다

　　여행이란 무엇일까? 사전적인 뜻매김은 '일이나 유람을 목적으로 다른 고장이나 외국에 가는 일'이라고 되어있다. 별 문제가 없어 보이는 정의지만 그 의미를 곧이곧대로 받아들이자니 조금 망설여진다. 아마도 '목적'이라는 단어가 풍기는 뉘앙스 때문에 그런 것 같다. 일을 목적으로 다른 곳에 간다면 그것은 여행이라기보다는 '출장'이라는 말이 더 어울릴 듯하다. 유람을 목적으로 하는 것도 '관광'이라는 말이 먼저 떠올라 여행의 고유한 가치가 훼손되는 것처럼 느껴진다. 그렇다고 낭만주의 시인들처럼 목적 없이 떠도는 감성의 유랑이 여행의 진정한 모습이라고 하기엔 '배우고, 익히고, 실천하는 것'을 삶의 모토로 삼고 있는 나의 기질과는 어딘지 어울리지 않는 것 같아 부담스럽다. 내가 이렇게 여행의 정의에 대해 예민할 정도로 탐색하는 이유는 사람들이 '여행기'라는 형식에 대해 갖게 되는 모종의 기대감 때문이며, 아울러 그에 대한 나름의 설명과 생각을 보태기 위해서다.

　나는 1994년 5월, 15년간에 걸친 공직생활을 마감하고 변호사를 시작하면서 다짐한 것이 있었다. 일 년에 적어도 두 번, 여름과 겨울 방학을 이용하여 전 가족이 열흘 내지 보름 일정으로 직접 계획을 짜서 세계를 누벼보기로. 이 세계여행 계획은 애들이 고3이 되었을 때도 거르지 않았으며 최근까지 실행에 옮겨졌다. 여행비용 좀 아낀다고 큰 부자 되는 것도 아닐 테고, 보름 더 수능시험에 매달린다고 가고 싶은 대학이나 직장에 못 가는 것도 아닐 것이다. 장기적으로 볼 때 오히려 그보다 몇 배로 세상을 사는 귀중한 지식과 지혜를 얻게 된다. 실제로도 그때 여행으로부터의 경험이 지금의 우리 가족에게 커다란 자산이 되고 있음을 실감한다. '독만권서 행만리로(讀万卷書 行万里路, 만권의 책을 읽고 만 리 길을 여행하라)'라고 했다. 그 웅지를 실천하는 길은 더 넓은 세계를 향하여 떠나는 것이다. "자식을 사랑한다면 여행을 보내라."고 했다. 다만 이 책에서는 전 가족이 함께 한 여행담은 한 편으로 제한했다.

　이 책에 실린 여행지는 넓은 의미의 업무적인 연관성이 있기는 하지만 그 대부분 견문의 확장과 새로운 풍경에 대한 동경 그리고 삶의 지평을 넓히고자 하는 인문적 욕심이라는 다중의 목적을 가지고 찾아간 간 곳들이다(다만 100여 차례 넘게 찾아간 일본과 중국은 제외했다). 그렇기에 여행지에 대한 지리적 정보나 역사의 뒤안길, 그리고 풍광에 대한 문학적 감수성의 표현을 가능한 살리려고 노력했으나 능력의 한계로 다소 건조한 느낌이 들 수도 있을 것이다.

　　여행이란 낯선 곳에서의 관찰과 경험을 통해 인식을 확장하고 자신의 내면에 '자유의 기상'을 불어넣는 의식적인 탐사 과정이며, 다양한 곳에 살고 있는 사람들의 모습을 통해 '삶의 지혜'를 두텁게 쌓아가는 배움의 여정이며, 아름답고 장엄한 풍경의 목도를 통해 상상력과 감수성을 고양하는 자기발전의 기회다. 그런 의미에서 나의 여행은 실학적이며 유목적이라고 밝히고 싶다. 다른 나라의 역사와 문화를 통해 우리의 사회를 발전시킬 수 있는 배움의 계기를 마련하는 '실학적 동기'와 끊임없이 이동하면서 나의 정신을 자유롭게 만들어 고착된 삶을 갱신하고 치유하는 '유목적 동기'가 바로 내 여행의 원천이자 철학이다.

　　여행은 곧 자유라고 생각하는 건 옳다. 그러나 여행에서 느끼는 자유는 내가 속해있는 '여기'를 떠나 '다른 곳'으로 옮겨가는 단순한 공간적인 '탈출'과는 엄연히 다르다. 콜리지(Samuel Coleridge)와 함께 영국 낭만주의를 대표하는 작가이자 수필가인 해즐릿(William Hazlitt)은 "여행의 진수는 자유에 있다. 마음대로 생각하고 느끼고 행동할 수 있는 완전한 자유에 있다. 우리가 여행하는 주된 이유는 모든 장애와 불편에서 풀려나기 위해서다. 자신을 뒤에 남겨두고, 딴 사람을 떼어 버리기 위해서다."라고 말했다. 여행의 목적은 내가 아닌 딴 사람으로서의 나를 떼어내려는, 즉 현실에 의해 왜곡된 자신의 모습을 치유하는 것을 목적으로 한다는 것이 해즐릿의 견해다. 그러므로 여행에서 얻어지는 자유란 자기성장과 치유의 결과이지 도피의 부산물은 결코 아니다.

자기성장이나 치유는 아름다운 풍경을 보는 것만으로는 얻어지지 않는다. 물론 여행을 가게 되면 장대한 풍경에 압도되어 정서가 순화되는 건 사실이다. 그러나 그것만 본다면 반쪽의 여행이 될 수밖에 없다. 사람들이 사는 모습과 그 사회의 역사와 문화를 탐색하는 인문적 시야가 없다면 여행은 자기만족의 정도에서 벗어날 수 없다. 세계적 지성으로 손꼽히는 인류학자 레비 스트로스(Claude Levi Strauss)는 여행의 또 다른 현실에 대해 다음과 같이 통렬하게 지적했다.

시멘트에 묻힌 폴리네시아 섬들은 남쪽 바다 깊이 닻을 내린 항공모함으로 그 모습을 바꾸고, 아시아 전체가 병든 지대의 모습을 띠게 되고, 판잣집 거리가 아프리카를 침식해 들어가고, 아메리카·멜라네시아의 천진난만한 숲들은 그 처녀성을 짓밟히기도 전에, 공중에 나는 상업용·군사용 비행기로 인해 하늘로부터 오염당하고 있는 오늘날, 여행을 통한 도피라는 것도 우리 존재의 역사상 가장 불행한 모습과 우리를 대면하게 만들기

밖에 더하겠는가? …… 여행이여, 이제 그대가 우리에게 맨 먼 저 보여주는 것은 바로 인류의 면전에 내던져진 우리 자신의 오 물이다.(『슬픈 열대』, p.139-140)

여행을 통해 역사상 가장 불행한 모습을 대면하게 된다는 레비 스트로스의 진술은 여행에 대한 낭만적 기대를 다시금 되돌아보게 한 다. 아름다운 풍경이나 관광지의 위락시설 뒤에 가려진 환경파괴와 가 난과 비참과 전쟁의 상흔, 레비 스트로스가 '인류의 면전에 던져진 우 리 자신의 오물'이라고 표현한 것들을 똑바로 직시할 수 있는 인문정신 이 없다면 우리의 여행은 도피적인 자기위안을 넘어설 수 없을 것이다. '인류의 면전에 던져진 우리 자신의 오물'이라는 표현이 다소 과격하게 들리기는 하지만 여행이란 아름다운 것만 볼 수 없다는 엄연한 진실을 알려준다.

이쯤에서 여행에 대한 나의 태도를 정리하자면 앞서 언급한 것처 럼 인문적인 탐사로 각국의 풍경과 역사를 반추하면서 오늘의 우리사 회를 돌아보고자 노력한다는 것이다. 시의적인 민감성 때문에 발표를 주저했던 북한 탐사기, 역사의 영광과 폐허 속에서 그 명맥을 유지하고 있는 유럽의 문화와 예술, 제국주의 열강들의 경제적 이익이 첨예하게 집약되어 건설된 파나마 운하, 우리가 제대로 보지 못했던 미국이라는 나라의 역사와 저력 등은 감성에 바탕을 둔 여행에세이라기보다는 이성에 근거한 역사문화탐사기에 더 가깝다. 그렇다고 풍경의 묘미를 간과하지 않았다. 실론섬의 아름다운 정취를 보며 네루다의 시를 생각했고, 코스타리카의 화산들을 보며 대자연 앞에서 한없이 미약할 수밖에 없는 인간존재의 근원을 실감했다.

한 가지 아쉬운 점은 금년(2013년) 5월 초, 나는 아내와 둘이서 20여 일간 두바이를 거쳐 이집트 카이로, 룩소르, 아스완, 아부심벨 등을 답사하고 이어 이스탄불로 날아와 신화와 역사가 살아 숨 쉬는 현장, 아나톨리아 반도(터키)의 곳곳을 찾아갔다. 특히 서양 역사가 시작된 트로이 전쟁의 현장에서 눈부시게 짙푸른 다르다넬스 해협을 바라보며 역사와 인간에 대한 상념에 시간가는 줄 모르기도 했다. 그 여정을 기록한 답사기를 이 책에 반영하지 못한 것을 아쉽게 생각하며 후일을 기약한다.

나는 생존을 위해 끊임없이 이동하는 유목민처럼 체험할 수 있는 그 모든 것을 하나도 놓치지 않으려고 움직이고 또 움직였다. 역사를 알고 여행하는 사람은 인생을 두 배로 산다는 말을 가슴에 담고, 보다 더 넓은 시야를 얻기 위해 틈나는 대로 공부하며 여행을 했다. 이러한 여정의 모든 순간에는 책이 있었고, 책은 모든 움직임의 방향키가 되어 나의 여행과 탐사를 풍요롭게 만들어 주었다. 여행은 온몸으로 떠나는 독서라는 말이 있듯이 여행과 독서는 나의 정신을 일깨워주는 두 가지 키워드이자 내 인생을 지탱해주는 두 기둥이다. 앞서 발간한 나의 졸저 『책, 인생을 사로잡다』에서 여행과 독서의 관계에 대해 밝힌 바가 있는데, 그 내용이 이번 책과도 긴밀한 연관성이 있어 그대로 인용을 해본다.

독서는 모험과 낭만이라는 꿈을 향해 성실성과 결단력으로 인간 정신의 전역을 활보하고 측량하는 영혼의 고고학이자, 남들이 가지 않은 길을 찾아 떠나는 내면의 여행이다. 프루스트는 말했다. "진정한 여행의 발견은 새로운 풍경을 보는 것이 아니라 새로운 시야를 찾아 가는 것이다."라고. 나는 평소에 등산을 가더라도 남들이 가지 않는 길로 가는 것을 좋아한다. 남들과 다르다는 것을 보이기 위해 일부러 유별나게 행동하는 것은 아니다. 남이 가지 않은 곳에 가는 이유는 프루스트의 말처럼 '새로운 풍경'을 보려는 것이 아니라 '새로운 시야'를 찾기 위해서다.

'새로운 풍경'을 보려는 것이 아니라 '새로운 시야'를 찾기 위한 인문학 탐사여행기가 바로 이번에 출간한 『여행, 인생을 유혹하다』이다. 법조인으로, 시민운동가로, 공직자로 살아오면서 나는 늘 고고학자가 되고 싶었던 꿈을 가슴 한편에 간직하고 있었다. 비록 고고학자의 길을 걷지는 못했지만 이번 탐사여행기을 통해 그 꿈의 일부를 맛본 것 같아 감회가 새롭다.

독서와 여행을 통해 인간의 삶을 통찰하고 역사의 교훈을 되짚어보려는 나의 소박한 꿈은 죽는 날까지 멈추지 않을 것이다. 삶 자체가 곧 여행이 아니던가! 나는 여행하면서 쓰고, 쓰면서 여행한다. 이 책에 실린 글의 대부분은 여행할 때 현지에서 쓴 글들이다. 내가 읽고 생각한 것만큼, 내가 보고 통찰한 것만큼의 지혜가 이 책을 읽는 독자들의 삶에 자그마한 보탬이 되었으면 하는 바람을 가져본다. 여행지에서 만난 모든 사람들과 이 책이 나올 수 있게끔 조력을 해준 지인들의 친절한 배려와 도서출판 까만양의 신종호 대표와 편집진의 노고에 거듭 감사드린다.

2013년 7월
이 석 연

목차

7 미국의, 미국에 의한, 미국을 위한 정치

- 미국 국무부 초청 30일간의 미국 탐방기

내 생애 행복했던 날은 며칠일까

- 로마 5현제의 흔적과 안달루시아의 흥망성쇠를 찾아 떠난 빈과 스페인 여정

1

01 | 가랑비에 젖은 빈에서
마르쿠스 아우렐리우스를 만나다

인간은 언제나 망설이는 존재이며 항상 선택의 어려움에 직면해 있는 존재라는 것을 기억하라.
- 마르쿠스 아우렐리우스

여행을 떠나기 전에 갖게 되는 모종의 기대감은 오래 전 잊었던 첫사랑을 다시 만나는 것처럼 언제나 여행자의 마음을 천지사방으로 흥분시킨다. 오스트리아 빈으로 향하는 나의 기분도 새삼 그렇다. 4월의 연둣빛 잎사귀처럼 상큼하고 아련하게 온몸으로 퍼지는 기대와 야릇한 신열(身熱)이 비행시간의 피곤을 말끔히 잊게 한다.

비행기의 창밖으로 펼쳐진 올망졸망한 도시의 풍경들이 새삼 덧없어 보인다. 현대인의 욕망이 만든 거대한 빌딩들이 초라한 일회용 라이터처럼 빼곡하다. 높은 곳에서 멀리 내려다볼 때 세상은 달라 보인다. 인생도 마찬가지 일 것이다. "인생은 멀리서 보면 희극이고 가까이서 보면 비극이다."라는 찰리 채플린의 말이 가슴에 꽂힌다. 매번 느끼는 것이지만 모든 여행의 풍경은 내면(內面)의 풍경으로 귀착된다. 바깥의 풍경들이 마음의 안쪽으로 스며들어 성찰의 순간을 제공하는 것, 그것이 바로 여행의 참모습일 것이다. 기내(機內)에서 읽은 마르쿠스 아우렐리우스의『명상록』은 나의 그런 생각을 더욱 확고하게 만들었다.

> "인간은 어떤 곳에서도 자신의 마음에서 보다 더 많은 안정과
> 평화를 찾을 수 없다."
> "영혼은 소용돌이 치고 운명은 헤아릴 길이 없으며 명성은 불
> 확실하다. 인생은 찰나에 지나지 않고 인간의 실체는 끊임없이
> 유동하며 육체는 부패하기 쉽다."

2천년에 걸쳐 세계인의 베스트셀러가 된 로마황제 마르쿠스 아
우렐리우스의『명상록』의 구절들이다. 이보다 더 애수어린 무상관(無
常觀, 모든 것이 덧없고 항상 변한다고 보는 관념)이 또 있을까? 망설이
고, 소용돌이치고, 불확실한 인간의 운명이 만들어낸 흔적들이 바로 인
류의 역사이자 문화다. 그 흔적 속에서 과거와 현재 그리고 미래의 길을
조망하고 개척하는 것이 내 여행의 목적이다.

로마 5현제[1]의 마지막을 장식한 아우렐리우스 황제는 죽기 전 빈
근처의 도나우 강변의 전선 숙영지에서『명상록』을 그리스어로 집필했
다. 그가 전선에서 지친 몸을 이끌고 인생과 권력과 삼라만상의 무상을
뼈저리게 느끼면서 쓴 글이 공개되어 후세 사람들의 뇌리를 강타하는
영원의 메아리를 남길 줄 그는 꿈에도 생각지 못했을 것이리라.

마르쿠스 아우렐리우스는 기독교인이 아닌 로마인으로서 우리에

---

[1] 오현제(五賢帝, Five Good Emperors): 로마제국의 전성기(AD96~AD180)를 이끈 5명의 황제로 네르바,
트라야누스, 하드리아누스, 안토니누스 피우스, 마르쿠스 아우렐리우스를 지칭한다.

마르쿠스 아우렐리우스

게 보여줄 수 있는 가장 아름다운 교훈을 남겼다. 그러나 그의 아들 코모두스는 아버지의 숭고한 뜻과 유지를 일거에 배반했다. 러셀 크로우 주연의 영화 「글라디에이터」는 아우렐리우스 사후 코모두스의 폭정을 픽션을 가미해 다룬 것으로 유명하다. 마르쿠스 아우렐리우스의 시대와 함께 로마의 행복한 시절도 막을 내린다. 그가 죽은 후 로마제국은 왕위다툼, 황제암살, 게르만족의 폭동 등에 휘말려 몰락의 길로 들어서게 된다. 코모두스는 폭군의 전형이었다. 자신을 헤라클레스의 화신으로 착각한 그는 자신보다 약한 사람만을 골라 결투를 했고, 그 결과 1만 명이 넘는 사람들이 콜로세움에서 덧없이 죽어 나갔다.

왜 오스트리아 빈(영어로는 Vienna라고 한다)에 와서 마르쿠스 아우렐리우스와 그의 『명상록』을 거론하는가. 그 이유는 우연과 필연이 빚어내는 역사의 아이러니 때문이다. 그는 빈에서 전염병에 걸려 갑작스럽게 사망했다. 아들 코모두스와 함께 로마를 침입한 게르만족을 격퇴하고[2] 보헤미아와 헝가리에 마르코만니(Marcomanni)와 사르마티아(Sarmatia)를 새로운 속주로 세우고 난 직후였다. 그 때가 서기 180년 3

---

2) 마르쿠스 아우렐리우스는 아들 코모두스와 함께 서(西)게르만의 일족인 마르코만니인들의 침입을 두 번에 걸쳐 모두 격퇴를 했는데 이 전쟁이 바로 '마르코만니 전쟁'이다. 로마 시에는 '마르코만니 전쟁'을 부조(浮彫)한 기념주(記念柱)와 아우렐리우스의 기마상(騎馬像)이 있다.

월 17일이며, 그의 나이 59세였다.

많은 사람들이 보통 '빈'이라고 하면 음악의 메카, 예술과 역사의 도시로만 생각하지 마르쿠스 아우렐리우스가 생을 마친 곳이라는 사실은 대부분, 아니 전문가들도 모르고 있는 듯하다.

더 나아가 1241년 칭기즈칸의 손자 바투가 이끄는 유럽원정군이 헝가리와 폴란드 국경에서 유럽이 자랑하는 20만 명의 튜튼기사단을[3] 궤멸시키고 파죽지세로 말을 몰아 빈 점령을 바로 눈앞에 둔 순간 몽골 초원으로부터 오고타이칸의 사망에 따른 회군명령이 전달되고, 원정대는 눈물을 머금고 말고삐를 돌리게 된 역사의 현장이기도하다. 그로 인해 공포에 떨던 서방 기독교 세계는 안도의 숨을 쓸어내린다.

또한 1529년 제국의 최전성기를 구가했던 오스만 튀르크 제국의 쉴리이만 1세가 빈을 포위하고 수개월 간 공성전을 벌이다 퇴각하고, 17세기에 다시 치열한 전투가 벌어졌던 곳이기도 하다. 그리하여 빈은 로마시대부터 동방세력으로부터 서방의 기독교 세계를 보전하게 한 최전선이자 임계점이었다. 만약 마르쿠스 아우렐리우스가 갑작스럽게 죽지 않았다면, 오고타칸이 빈 정복을 앞둔 시기보다 몇 개월 뒤에 죽었다면 역사의 흐름은 어떻게 되었을까? 그러나 그런 질문은 결과론적인 물음일 뿐이다. 역사는 우연과 필연이 빚어내는 하나의 무늬다. 완전한 우연도 없고, 절대적인 필연도 없다. 우연과 필연은 동전의 양면이며, 한 뿌

---

3) 튜튼기사단(Teutonic Order): 제1차 십자군 원정 당시 창설된 가톨릭 조직으로 독일 뤼베크의 자선단체가 세웠던 '예루살렘 성모 마리아 병원'이 그 기원이다. 튜튼 기사단이란 이름은 주로 독일인 기사들로 구성되었기 때문에 붙여졌다.1808년 나폴레옹에 의해 완전히 해체되었으나 1834년 다시 부활되었다. 1929년 이후에는 명예 가톨릭 단체로 변신했으며, 현재 빈에 본부를 두고 있다.

리에서 자란 두 가지이다.

"인생은 찰나에 지나지 않고 인간의 실체는 끊임없이 유동하며 육체는 부패하기 쉽다."는 마르쿠스 아우렐리우스의 말처럼 역사도 끊임없이 변하고 부패하며 순간순간의 구간을 지나간다. 필연과 우연의 부단한 상호관계가 빚어내는 역사의 아이러니를 통찰해내는 안목, 그것이 역사를 배우는 우리의 토대가 되어야 한다. 마르쿠스 아우렐리우스가 『명상록』을 쓴 이유는 제어할 수 없는 역사의 아이러니를 극복하기 위한 최후의 노력이었을 것이다. 인간은 불완전하고 유한한 존재다. 그러한 운명에 처한 인간이 만든 역사란 더없이 불완전한 것이기에 지혜와 성찰로 인간과 역사의 아이러니를 넘어서고자 했던 인물이 바로 마르쿠스 아우렐리우스였다. 인간의 덧없음을 깨닫는 것, 그리고 그 깨달음을 통해 현재의 희망을 재구성하는 것이 우리의 과제라고 나는 믿는다.

이처럼 우리 대부분이 간과하고 있는, 그렇지만 중요한 의미를 내포하고 있는 역사적 사실을 새롭게 인식하고 아울러 그것이 세계사의 맥락에서 어떤 의미를 갖는지를 곱씹으면서 인간 그 자체의 의미를 성찰하고자 하는, 탐사여정의 일환으로 아내와 함께 빈을 거쳐 스페인 여정에 나섰다.

인천공항을 출발해 11시간 20여분의 비행 끝에 빈 국제공항에 도착했다. 시차는 서머타임이라서 한국보다 7시간 늦다. 역시 예상했던 대로 흐린 날씨에 가랑비가 내리고 있다. 섭씨 10도라지만 싸늘하다. 곧장 택시로 빈 시내의 호텔 르 메르디앙(Le Meridien)에 도착했다. 피곤함과 정신적 여유가 결여된 상태였으나 그대로 있을 수 없어 빈의 밤거리를 10여분 걸었다. 나에게는 역사탐사 여정이기도 하지만 아내에게는 낭만과 여유, 인생의 풍요를 느끼기 위한 오랜만의 유럽여정이기도 하다.

비 내리는 초행의 빈은 쓸쓸하지만 나름 운치가 깊다. 호텔 프론 트에서 내일 저녁에 있을 '요한 슈트라우스와 모차르트 콘체르트'를 예매하고 침대에 누었으나 엎치락뒤치락 잠이 안 온다. 시차 때문에 과민 해진 탓도 있지만 앞으로 펼쳐질 일들에 대한 설렘 때문이리라. "경험을 현명하게 사용한다면 어떤 일도 시간낭비는 아니다."라는 로댕의 말을 수면제 삼아 잠을 청한다. 아내의 자는 모습이 가녀린 음악 같다.

02 | 도나우 江의 푸른 물결과
요한 슈트라우스의 청아한 왈츠 선율

만약 음악이 사랑의 양식이 된다면 계속해서 연주하라.
- 셰익스피어

날씨는 자연의 감정표현이 아닐까? 희로애락의 순간마다 인간의 표정이 바뀌는 것처럼 자연도 날씨를 통해 그 때의 기분을 드러낸다고 생각하면 자연에 대한 인간의 태도는 보다 조심스러워지고 내밀해질 것 이다. 그런 태도를 비과학적인 생각이라 여길 수도 있다. 그렇지만 자연 을 인격체로 대하는 순간 지금의 이 세계는 보다 풍요로운 모습으로 인 간 앞에 재탄생할 것이다. 예술의 탄생은 바로 자연을 생명체로 대할 때 시작된다.

빈의 날씨는 변덕스럽다. 아침부터 찌푸린 하늘에다 바람도 제법 세다. 날씨의 변덕은 만사(萬事)의 불평이 된다. 오죽하면 "가을 날씨 좋은 것과 늙은이 기운 좋은 것은 믿을 수 없다."라는 말로 변덕스런 날씨를 탓했을까. 그렇지만 불평과 불신은 희망과 기대의 싹을 틔우게 하는 자양분의 역할을 한다. 날씨는 그 지역의 사상과 문화에 적지 않은 영향을 미친다. 영원히 변하지 않는 본질을 추구하는 독일 철학의 경향은 조석변개하는 지독한 날씨에 대한 불만에서 시작되었다고 말하는 이도 있다.

오스트리아는 지리적·문화적으로 독일 문화의 영향권에 있지만 실제로는 다른 특성을 보인다. 특히 음악의 경우, 중후한 리듬을 바탕으로 하는 독일 음악과는 달리 오스트리아 음악은 경쾌한 리듬과 밝은 선율을 갖고 있다. 그 이유는 오스트리아가 동 프랑크 왕국(현재의 독일)에서 분리되는 역사적 과정과 1866년 비스마르크가 이끄는 프로이센 군대에 의해 침공을 받은 '7주 전쟁'[4]과 깊은 연관이 있다. 당시 빈은 프로이센 군대의 공격으로 인해 황폐해졌고, 시민들은 의기소침해 있었다. 그러한 상황에서 요한 슈트라우스의 경쾌한 리듬은 오스트리아인들에게 희망과 위안의 매개가 되었다.

아침식사 후 호텔 맞은편에 있는 괴테의 좌상 앞까지 걸어갔다. 괴테의 『파우스트』는 젊은 시절 나의 정신을 사로잡았던 책이었기에 그의 좌상을 마주하는 감회가 남다르다. 문득 "자유도 생명도 날마다 싸

---

4)   1866년 프로이센과 오스트리아가 독일 통일의 주도권을 놓고 벌인 전쟁. 독일연방의 대부분이 오스트리아 편에 섰으나 비스마르크가 이긴 프로이센이 승리했다. 이로써 오스트리아는 연방을 탈퇴했고, 프로이센을 중심으로 북독일연방이 성립되어 독일통일의 기초가 마련되었다.

워서 얻는 자만이, 그것을 누릴 자격이 있다."는 문장이 떠올랐다. 싸워서 얻는 자만이 누릴 수 있다는 괴테의 말은 인간사 그 어떤 일에도 적용이 되는 지혜의 근간이라 하지 않을 수 없다. 싸늘한 냉기가 감도는 날씨 탓으로 괴테와의 짧은 조우를 뒤로 하고 호텔에서 안내해준 빈 시티투어 차량에 탑승하기로 했다.

시티투어는 스테이트 오페라하우스, 합스부르크 왕가의 보물들을 간직한 파인 아트 박물관, 자연사 박물관, 합스부르크 왕가의 겨울 궁전인 호프부르크 궁전, 구스타프 클림트의 작품 대부분을 소장하고 있는 벨베데레 궁과 그 부속박물관을 차창 밖으로 눈요기하고 마지막으로 쉰브룬 궁전에서 1시간 20여분을 보내는 관광코스다.

쉰브룬 궁에 도착하니 싸늘한 날씨임에도 불구하고 100여 미터 넘게 입장객의 줄이 이어졌다. 다행히 투어차량의 단체입장 덕에 곧바로 궁의 쇼룸에 들어갈 수 있었다.

쉰브룬 궁전은 생각보다 볼거리가 많았고, 전시도 알차게 되어 있어 마음을 훈훈하게 해줬다. 1,450여개의 방 중 40여 개가 공개되었지만 합스부르크 왕가의 영광을 고스란히 엿볼 수 있기에 충분할 정도로 장식품과 소장품이 전시되어 있다. 섬세하고 화려한 로코코 풍의 장식이 돋보이는 쉰브룬 궁전은 여제 마리아 테레지아를 비롯한 왕들의 집무실이었다. 한 때는 나폴레옹 군의 사령부로 사용되기도 했다.

마리아 테레지아는 합스부르크 왕가의 유일한 여성 통치자로서, 18세기 중후반 40여 년간에 걸쳐 유럽왕실에 군림했다. 그녀는 16명의 자녀를 낳았는데, 그 중 막내딸(11女)인 마리 앙투아네트는 프랑스 왕

쇤브룬 궁전

루이 16세와 결혼하였으나 프랑스혁명 때 루이 16세와 함께 단두대의 이슬로 사라지는 비운을 겪었다. 보나파르트 나폴레옹의 친아들인 나폴레옹 2세가 이곳 쇤브룬 궁에서 어린 시절을 보내다 21세에 요절하였다는 안내원의 얘기에 영웅의 흥기와 몰락이 새삼스러워졌다.

쇤브룬 궁정에서 가장 많이 알려진 곳이 '거울의 방'이다. 사방이 거울로 둘러싸인 이곳에서 당시 여섯 살이던 모차르트가 마리아 테레지아를 위해 피아노 연주를 해서 더 유명해졌다. 모차르트가 또래였던 마리 앙투아네트에게 청혼을 했었다는 에피소드가 전하기는 하는데 그 진위는 분명치 않은 듯하다.

궁의 관람에서 몇 개의 방이 중국식 디자인과 도자기 등 중국의 수입품으로 장식된 점이 눈길을 끌었다. 16세기와 17세기 두 차례 걸쳐 오스만 튀르크 제국의 침공으로 애초의 쇤브룬 궁이 불타고 18세기 마리아 테레지아 여제에 의해 현재의 모습으로 복원되었다는 사실을 듣고 빈이 결국 동방의 이슬람 세력에 의해 수차 공격, 파괴당했다는 역사의 실상을 깨닫게 되었다. 그렇다면 16세기 오스만 튀르크 제국의 쉴리이만 1세가 빈의 공방전에서 퇴각한 것은 당시 세계 최강제국의 황제로서 기독교세계에 자비를 베풀었다고 볼 수 있다. 쇤브룬 궁전을 둘러싼 합스부르크 왕조의 쇠락, 유럽의 역사의 기복을 좀 더 연구하고 사색해야겠다는 생각을 들게끔 해준 짧은 여정이었다.

시내 관광 후 1시경 호텔 근처 식당에서 오찬 후 밖으로 나오니 눈발이 제법 촘촘히 흩날리고 있다. 걷기가 뭐해 전차를 타고 종점까지 갔다가 다시 원점으로 돌아오면서 시내의 중요지점을 머리에 담았다. 저녁 6시 요한 슈트라우스와 모차르트 콘서트를 보기 위해 전날 예약해 두었던 쿠어살롱(Kursalon) 음악당으로 향했다. 만찬까지 곁들인 VIP 코스다. 유럽 전통식으로 1시간 30여 분 동안 이어진 식사를 마치고 연주홀로 자리를 옮겼다. 나와 아내는 맨 앞줄 중앙 좌석을 받았다. 아내는 1미터 거리에서 연주를 보는 것은 처음이라면서 흥분과 기쁨을 감추지 못했다. 과연 명성에 걸맞게 감동 그 자체였다. 고품격의 연주와 오페라, 왈츠가 음악에 문외한인 나에게도 전혀 지루하지 않고 자연스럽게 빠져들게 했다. 1시간 30분(중간 10분 휴식)의 시간이 그렇게 짧게 느껴지기는 근래에 드문 일이었다. 음악이란 인간의 영혼을 고양시키는 최고의 수단이란 것을 절감했다. 음악이 없다면 내 인생은 실패작이었을 것이라고 했던 니체의 심정을 조금이나마 이해할 것 같다.

> 거기 진실은 자란다. 도나우 강변에, 아름답고 푸른 도나우 강변에, 나이팅게일은 지저귀네, 도나우 강변에, 아름답고 푸른 도나우 강변에

세계인의 귀에 익숙한 요한 슈트라우스의 왈츠 곡 「아름답고 푸른 도나우 강」의 한 구절이다. 콘서트의 마지막을 장식한 이 왈츠 곡에

도나우 강변

흠뻑 취하면서 무심(無心)의 심경에 빠져들었다. 오래 기억할, 다시 오지 못할 추억의 밤이 될 것이다. 귓가를 때리는 비엔나의 싸늘한 4월의 밤공기를 가르며 아내와 함께 호텔로 걸어가는 이 순간을 오래 간직하겠다고 눈빛으로 서로 다짐하고 있었다.

03 | 지중해 하얀 햇살
내 마음의 원초적 빛으로 남다

단 하나의 그림에서 하나의 세계를 만드는 어린애처럼
무한을 암시하는 어떤 간결함,
지중해에 대한 정의란 이런 것이 아닐까?
- 장 그르니에

비엔나 르 메르디앙 호텔의 조식 뷔페는 맛과 분위기가 일품이다. 특히 주방장이 직접 만들어 준 오믈렛은 지금까지 내가 먹어본 것 중 최고였다. 마치 팬케이크 형태의, 약간 짭짤하면서도 목구멍의 가래질을 재촉하는 무사태평한 맛이 정갈스럽게 식욕을 재촉한다.

'배고픔이 최고의 맛'이라는 격언은 먹는 행위에 초점을 둔 것이지 맛 그 자체에 대한 감각적 표현은 아니다. 맛에 대한 유별난 집착을

지니고 있는 프랑스인들은 배고프기 때문에 먹는다는 사람들로부터 자신들을 질적으로 구별하기 위해 그들만의 독특한 미식철학을 내세운다. 브리야 사바랭의 『미식예찬』은 맛의 황홀경을 추구하는 프랑스인들의 도도한 취향에 대해 잘 설명하고 있는 책으로, "당신이 무엇을 먹는지 말해 달라. 그러면 당신이 어떤 사람인지 말해주겠다."는 잠언이 아주 유명하다. 비단 프랑스인만이 아니라 유럽, 특히 지중해 근처의 나라들은 맛의 쾌락을 인생 최대의 행복으로 여긴다는 것을 여행하는 내내 확인할 수 있었다. "새로운 요리의 발견은 새로운 천체의 발견보다 인류의 행복에 더 큰 기여를 한다."는 브리야 사바랭의 말을 통해 개인의 행복을 우선시하는 유럽 문화의 한 단면을 호텔 뷔페에서도 이해할 수 있었다.

중세부터 1차 세계대전까지 유럽사를 이끈 세력은 합스부르크 왕조였다. 합스부르크 가문은 통혼(通婚)[5]이라는 단순하고도 진부한 정책을 통해 스페인에서 헝가리에 이르는 광대한 지역을 지배했다. 19세기 유럽의 어느 역사학자는 합스부르크 왕조에 대해 오스트리아 빈에서 동방을, 스페인의 마드리드에서 서방을 바라본다고 했다. 이러한 역사적 흐름을 조망하려는 것이 내가 빈에 이어 스페인을 찾게 된 이유다.

하늘은 맑고 쾌적하였으나 비바람과 싸늘함이 이어지고 있다. 조식 후 빈 공항에 도착하여 에어베를린 항공 체크인을 한 후 3시간 5분

---

5) 합스부르크의 막시밀리안 1세는 부르고뉴의 상속녀 마리아와 결혼을 했고, 그녀가 죽은 후에는 밀라노의 스포르차 가문의 딸과 재혼을 해서 부르고뉴와 밀라노를 통치했다. 또한 그의 딸과 아들은 에스파냐의 왕자와 공주와 결혼했고, 손자들은 헝가리의 왕가와 결혼을 함으로써 유럽 최대의 왕가로 자리 잡았다.(『종횡무진 세계사』, 남경태, p.433)

비행 끝에 오후 2시 5분 스페인 말라가 공항에 사뿐히 내려앉았다. 이 착륙시간의 정확함과 기내 서비스 등의 엄밀함에서 독일항공사의 면모는 물론 독일민족의 냉정한 기질을 엿볼 수 있었다. 항공기가 착륙하자 승객의 대부분을 차지하고 있던 독일, 오스트리아인들이 기장과 승무원을 향해 박수를 치는 모습이 자못 인상적이었으나 마음 한편에서는 뭔지 모를 불편함이 일기도 한다.

말라가 공항은 비교적 널찍하고 쾌적하면서도 한가했다. 안달루시아 제2의 도시 관문 치고는 정적이면서도 왠지 모를 끈끈함을 느끼게 해준다. 공항에서 만나기로 한 정남시 군이 바르셀로나 발(發) 항공기 연착 때문에 1시간여 정도 늦을 것 같다는 문자메시지를 보내왔다. 덕분에 1시간 반 정도의 귀중한 공백을 공항 밖의 야외 간이매점에서 간단한 식사와 음료로 안달루시아 특유의 푸른 하늘, 아니 하얀 하늘이 빚어내는 따사로운 정경을 마음에 새기면서 아내와 담소를 나누면서 보낼 수 있었다. 정 군은 스페인 전문가로 현지와 서울을 오가며 축구 인력 송출 등의 사업을 하는 젊은이로, 작년 가을 내가 그의 늦장가 주례를 선 일이 있는, 비교적 오래전부터 알고 있는 성실한 젊은이다. 정군을 만나 차량을 렌트하여 말라가 시내관광에 나섰다.

말라가 해안가를 따라가는 스페인의 첫 여정. 해맑고 적당한 온도와 습도, 낮은 불쾌지수를 가져다주는 대지의 멋스러움에 넋을 뺏기면서 20여 분 만에 시내 중심가에 이르렀다. 말라가는 지중해성 기후로 연평균 기온이 섭씨 19도다. 하늘이 파랗고, 넓은 항만을 끼고 있어 흔히 이태리의 나폴리에 비교되기도 한다. 말라가는 페니키아인에 의해 처음

발견되었으며 수 세기 동안 카
르타고, 로마, 무어인의 지배를
받았던 곳이다.

말라가 대성당

　　말라가는 20세기 미술
의 거장 파블로 피카소가 태어
나 1년 10개월의 유년기를 보낸
곳으로, 피카소의 생가와 미술
박물관이 있다. 생가는 생각보
다 많은 자료와 넉넉함을 갖추
고 있었으며 이어 찾아간 미술관은 아쉽게도 월요일이 휴관이어서 밖에
서만 눈요기를 할 수 밖에 없었다.

　　말라가 대성당[6]에 들어가니 아내는 이렇게 크고 웅장한 성당에
와보기는 처음이라면서 감탄을 연발했다. 실은 말라가 대성당은 다른
스페인 도시의 그것에 비하면 그리 규모가 큰 것은 아니다. 21년 전 처
음 스페인을 방문하였을 때 주변에서 누구이 들었던 말이 떠올랐다. 스
페인의 유적, 성(Castle), 성당을 보고난 후 다른 나라의 그것들을 보면
시시하기 때문에 스페인은 유럽의 마지막 여행지로 삼아야 한다는 그
말에 다시금 공감이 간다.

　　이어 근처 토속식당 야외 테라스에서, 말라가에서 가장 전통 있
고 유명하다는 식당 안을 둘러본 후, 토속와인 샹그리아, 올리브 절임,

---

6)　　말라가 대성당은 르네상스 양식을 대표하는 성당으로, 애초에는 2개의 탑이 좌우대칭으로 세워지도록 설
　　계가 되었지만 자금 부족으로 인해 한 쪽 탑만 준공되었다. 그래서 말라가 대성당은 하나의 팔을 가진 여
　　인이라는 뜻의 '라 만키타(La Manquita)'라는 애칭이 붙었다.

태양의 해변

소시지 등을 안주삼아 담소를 곁들이면서 느긋한 시간을 보냈다. 바로 앞에는 말라가 성의 고색창연함이 푸르고 하얀 햇살에 반사되어 더 한껏 그 자태를 뽐내고 있다. 오랜만에 하얀 햇살과 초록의 대지를 대하고 보니 마치 물 밖으로 뛰쳐나갔던 고기가 다시 물을 찾아든 느낌이다. 여행의 멋과 격이란 바로 이런 것이다. 이 느긋함과 낭만과 한가로움이여!

오후 6시 50분경 말라가를 출발, 숙소가 있는 에스떼뽀나(Estepona)로 향했다. 지중해를 옆에 끼고 달리는 그 멋스러움을 느껴보니 과연 말라가를 위시한 이곳 지중해 연안의 안달루시아 지방이 유럽 부호들의 제1의 별장 내지 휴양지로 떠오른 이유를 알 수 있었다. 160킬로미터에 걸쳐 이어진 코스타 델 솔(Costa del Sol, 태양의 해변)과 언덕 위에 늘어선 카사 데 블랑코(Casa de Blanco, 하얀 집)의 별칭이 조금의 과장도 없이 그대로 적중함을 검증하는 기회였다. 해변과 그에 마주한 산마루에 정겹게 들어서 있는 하얀 집들, 내 마음에 잠재해 있는 원초적인 그 빛과 정열을 드러내주기에 부족함이 없다.

오후 8시경 숙소에 도착하여 가장 전망이 좋다는 객실에 여정을 풀었다. 창밖을 보니 널찍하고 시야가 길게 펼쳐진 지중해가 성큼 다가와 있다. 호텔 주변을 보고 있노라니 이국적인 경쾌함으로 눈이 쉴 틈이 없다. 오후 8시인데도 우리의 오후 4~5시처럼 햇살이 따사롭게 해가 질 생각을 않고 있다. 시내 주변을 둘러보고 근처 지중해 전경이 내다보이는 현지 마을의 식당(Casa de Mar)에서 해산물 요리로 저녁식사를 하고 나니 오후 10시 가까이 되었다. 그때서야 비로소 주위가 어두워지기 시작했다. 해산물 요리는 현지만의 정갈함과 정성이 묻어나오기는 했으나 우리 입맛에는 그렇게 익숙하지 않았다. 아마 시차와 피곤함이 더해서 이 식당의 음식 평에 인색함이 더해졌을지 모른다. 에스뗴뽀나, 과거 한적한 어촌이었던 이곳, 그 순박함을 간직한 휴양지로 계속 남아있기를 기대한다. 길을 가르쳐주는 주민들의 친절과 관심의 표명에서 고향의 정감을 느끼곤 한다. 정겨운 어머니의 대지, 고향의 풍광과 현묘함이 꿈결처럼 아득히 느껴지는 여정의 일순간이었다.

지중해의 파도가 밤새 귓가를 울릴 정도로 요란하다. 새벽 7시가 다 되었는데도 밖은 어둡고, 맑은 하늘에서는 달이 밝게 비치고, 바람은 스산하다. 해가 늦게 지는 대신 아침은 그에 비례하여 역시 서서히 다가온다. 지중해에 대한 최고의 에세이로 알려진 쟝 그르니에의 『지중해의 영감』에 나온 한 구절이 떠오른다. "지중해를 따라가며 여행했던 그 행복한 시간들을 떠올리기 위해 굳이 노력할 필요는 없다. 그 시간들은 내게 늘 살아 있다." 풍경 그 자체가 시간을 잊게 하는 늦은 아침이다.

모로코 짧은 여정의 명암,
헤라클라스의 기둥 지브롤터에서
대서양을 마주보다

20년 후 당신은 했던 일보다 안 했던 일로 더 실망할 것이다.
탐험하라. 꿈꾸라. 발견하라.
- 마크 트웨인

에스테뽀나의 그란 엘바(Gran Elba) 호텔을 출발하여 일단 모
로코 당일 관광의 거점도시인 알헤시라스(Algeciras)에 가서 상황을
알아보고 여정을 확정하기로 했다. 40여분 달려 도착해보니 과연 '현
장에 답이 있다'는 말이 실감났다. 오후 1시 출발하는 모로코 탕헤르
(Tanger)행 티켓을 구입하면(60유로) 점심, 왕복 페리 티켓, 탕헤르 현
지가이드 안내비용 등을 포함하는 8시간 모로코 여행을 즐길 수 있다
는 창구안내원의 답이다. 신용카드로 3인의 티켓을 구입했다. 출발지는
여행안내책자에 보통 나와 있는 알헤시라스가 아닌 그곳으로부터 30분
거리에 있는 타리파(Tarifa)[7]라고 한다. 타리파는 스페인 최초로 이슬람
인들의 거주지가 된 곳으로 해안 곳곳에 지금도 이슬람 지배 당시의 성
벽들이 남아있다.

11시 20분경 타리파에 도착하여 해안의 유적지를 간관(簡觀)
하고 근처 카페에 들러 안달루시아 헤레스 데 라 프론테라(Jerez de la

---

7) 관세를 뜻하는 영어단어 'Tariff'는 대서양과 지중해를 잇는 지브롤터 해협에 위치한 스페인 최남단 항구
도시 타리파(Tarifa)의 지명에서 유래했다. 15세기 이후 해상무역의 중심이 지중해에서 대서양으로 옮겨
진 뒤 타리파 항에는 해적들이 늘 득실거렸다. 타리파항에 근거지를 둔 해적들이 지브롤터 해협을 지나는
선박으로부터 강제로 갈취했던 통행료가 하나의 관행으로 자리 잡아 일종의 세금으로 발전했고, 타리파
에서 내는 세금이라는 의미의 'Tariff'가 관세를 의미하게 된 것이다. (2011.02.23 조세일보 기사)

Frontera)의 명물 백포도주인 '셰리주'에 간식을 곁들였다. 영국의 유명한 해적 프랜시스 드레이크 경이 헤레스 지역의 백포도주를 영국으로 가져가 소개해 유명해졌으며, '셰리'는 '헤레스'의 영문표기다.

1시 20분 모로코 탕헤르행 고속페리에 승선, 1시간 항해 끝에 모로코에 도착했다. 탑승 전 스페인에서의 출국심사(Passport Control)에 이어 탑승 후 선내에서 모로코 관리에 의한 입국심사가 지루하게 진행되었다. 아프리카 땅을 밟는다는 기대와 현실에, 그리고 점점 가까이 다가오는 아프리카 대륙의 모습에 웬만한 불편쯤은 너그러이 받아들일 수 있었다. 선내에서 벨기에에서 엔지니어로 일한다는 모로코인을 만나 담소 겸 시간 보내기를 하다 보니 어느덧 아프리카다.

탕헤르항에 도착, 역시 하얀 집의 행렬이 관병식을 하듯 늘어져 있는 모습에서 스페인 지중해 해안의 '카사 데 블랑코'의 별장에 와 있는 듯 착각에 빠졌다. 스페인의 하얀 풍광보다는 어딘지 빛 바라고 어설프게 보이는듯하면서도 자세히 보면 그들의 삶의 지혜가 더 확연히 묻어 있는 언덕 위 하얀 집의 깜찍한 자태가 시선을 사로잡는다.

탕헤르(모로코에서는 '탠저'라고 함)는 중세 아랍의 여행가인 이븐바투타(Ibn Battuta)의 고향이다. 14세기 초 이곳 탕헤르에서 태어난 그는 당대 거의 모든 이슬람국가와 중국, 수마트라까지 여행한 후 여행기 『리흘라(Rihla)』(우리나라에서는 『이븐바투타 여행기』로 번역됨)를 남겼다. 그의 여행기는 마르코 폴로의 『동방견문록』과 비견되는 대작으로 인류문화적 가치가 큰 것으로 평가된다. 이븐바투타가 장대한 여정을 소화해낼 수 있었던 것은 그가 여행한 지역이 대부분 이슬람교의 지배하에 있었기 때문이다. 그의 여행기는 당시 이슬람 세력이 얼마나 컸는지를 반증하는 것이기도 하다.

우리를 제외한 비동양인으로 급조된 40여명의 팀은 선착장 하차지역에서 20여분 지루하게 기다리다 인내의 한계를 넘어서기 직전, 겨우 버스에 탑승 4시간여의 모로코 탕헤르 관광에 돌입(?)했다. 먼저 낙타타기 코스. 그야말로 해안가 풀밭에 낙타 두 마리 세워놓고 잠깐 태워주는 싱거운 코스다. 이어 시내 중심가와 회교성당, 야외시장을 차를 타고 산견(散見)했다. 이븐바투타 거리를 스쳐가면서 그의 기념관을 들르지 못한 것이 못내 아쉬웠다.

4시경 늦은 점심식사를 했다. 식사 후에는 반 강제 쇼핑코스가 시작됐다. 양탄자 가게, 만병통치약(?) 가게, 도자기 등을 파는 공예품과 기념품 가게 등의 순례가 이어졌다. 특히 만병통치약 가게의 명의(돌팔이?)의 능란한 화술에 넘어가 많은 젊은 학생들이 정체 모를 약을 구매하는 모습을 보면서 건강과 보신에 대한 집착은 동서양이 다르지 않다는 생각에 허탈웃음이 나왔다. 저녁 7시 탕헤르항 선착장에 다시 도착했다. 선착장으로 오면서 바라본 항구의 언덕 풍광이 새하얀 하늘의 투명함과 어울려 마음의 위안을 주고 있었다. 무너진 해안 방비 성채의 공허감과 폐허감이 모로코의 인상을 특징지어주고 있다.

출국심사장에서 모로코 관리와 여행사 가이드, 그리고 골목깡패들이 결탁해 갖은 횡포를 부리는 것이 눈살을 찌푸리게 했다. 길게 줄을 서서 기다리고 있는 사람들의 여권심사보다는 한 묶음씩 갖다 주는 여권을 먼저 심사하고 그 과정에서 약간의 금전수취에 더 신경을 쓰는 관리의 뻔뻔함에 후진국의 전형적인 부패현상을 목격하는 듯했다.

여권심사 하는 것 하나만 보아도 모로코 행정의 비효율성, 비현실성, 비능률성과 부패, 안일의 행태를 확연히 알 수 있었다. 수백 명이 줄을 서고 있는데도, 세 곳의 여권심사 창구 중 하나만 가동되고 있었다. 그나마도 관리 한 사람만 나와서 시간을 질질 끌면서, 그것도 검은 거래가 끼어들어 버젓이 불법이 자행되고 있으니 이런 모습으로는 정체된 후진사회로 계속 머무를 수밖에 없겠구나 하는 생각이 들지 않을 수 없었다. 우리도 과거에 그리하지 않았는가. 사실, 지금도 그런 면이 완전히 없어졌다고 자신 있게 말 할 수는 없을 것이다.

물론 모로코에 대한 이러한 평가가 짧은 시간 경험한 일면적이고 지엽적인 면에 대한 평가로써, 지나치다고 치부할 수도 있겠다. 그러나 하나를 보면 열을 안다고 하지 않았던가. 이번 모로코 여행의 목적이 당시 북아프리카를 지배했던 이슬람세력이 바로 바다 건너 펼쳐진 '맑은 물이 넘치고 푸른 숲이 우거진 낙원의 땅' 안달루시아를 향하여 어떻게 진출했는가를 지리적 관점에서 관찰하기 위해서였다. 어쨌든 애초부터 예상하지 못했던 것은 아니지만 모로코의 관광거점 항구도시 탕헤르와 그곳의 왕복과정에서 겪은 불유쾌한 일들로 인하여 모로코를 찾은 뜻이 자꾸만 희석되려했다.

탕헤르를 떠나 45분 항해 끝에 다시 스페인 타리파항에 도착했다. 이번에는 세 군데 심사대에서 비교적 빨리 입국심사가 진행되고 있었다. 모로코의 상황과는 영 달랐다. 타리파에서 50여분 달려 영국령 지브롤터(Gibraltar)에 도착하니 저녁 9시 30분, 이미 어두워지기 시작

지브롤터

했다. 섬을 한 바퀴 일주하고 타리크 산 정상으로 가는 케이블카가 출발하는 지점의 어느 카페에서 스파게티와 피자로 저녁을 때웠다. 면세점이나 케이블카는 늦은 시간이라 이미 문을 닫은 지 2시간도 더 되었다.

광활한 지중해와 드넓은 대서양을 연결해주는 지브롤터 해협은 예로부터 서아시아와 북아프리카에 근거를 둔 아랍세력과 남유럽기독교세력이 쟁탈전을 벌이던 주요통로였다. 711년 이슬람지도자 타리크 이븐 지야드가 이베리아 반도를 점령할 때 제일 먼저 발을 디딘 곳이 지브롤터다. 그가 처음 상륙한 곳이 '타리크의 언덕'이라 불리는 '자발 알 타리크'(Jabal al Tārig)인데, 이는 그의 이름을 딴 지명으로 그것이 사람들 사이에서 잘못 와전되어 지브롤터(Gibraltar)로 불리게 되었다.

지브롤터 해협을 사이에 두고 아프리카 대륙과 마주보는 위치에 있는 바위산 형상의 지브롤터(Rock of Gibraltar)는 헤라클레스의 기둥이라고도 불린다. 제우스와 암피트리온 사이에서 태어난 헤라클레스는 헤라의 저주로 정신착란을 일으켜 메가라 사이에서 낳은 여덟 명의 자식들과 동생 이피클레스의 자식 두 명을 모두 죽이게 된다. 그는 죄의 대가를 씻고자 신탁을 청했는데 그 결과는 티린스의 왕 에우리스테우스에게 12년 동안 봉사를 하라는 것이었다. 이 기간 동안 헤라클레스는 12가지 과업을 수행하게 되는데 그 중 하나가 게리온의 황소를 데려

오는 것이었다. 이 과업을 완수하기 위해서는 아틀라스 산맥을 지나야 하는데 헤라클레스는 산을 오르는 대신 아틀라스 산맥을 갈라 길을 냈다. 이 때 산맥에서 떼어낸 바위를 지중해의 양쪽으로 내던져는데 그 하나가 지브롤터이고 다른 하나가 모로코의 예벨 무사(Jebel Musa)라고 전한다. 사람들은 헤라클레스의 이름을 따서 그 바위들을 '헤라클레스의 기둥'이라고 불렀다.

　　스페인의 국기에는 빨간 리본으로 감겨있는 헤라클레스의 두 기둥이 그려져 있다. 리본에는 라틴어로 '프루스 울트라'(Plus Ultra)란 문장이 적혀있다. 그 뜻은 '저 너머'라는 뜻이다. 원래 문장은 '더 이상의 세상은 없다'라는 뜻의 '논 프루스 울트라'(Non Plus Ultra)였는데 '논'(Non)을 빼고 '프루스 울트라'만을 사용했다. 그 이유는 지브롤터가 세상의 끝이라고 믿고 있었는데 콜럼버스가 신대륙을 발견하게 되자 그 믿음이 깨졌기 때문이다. 타리파의 언덕에는 헤라클레스 기념비가 있는데 그 기념비에는 "아주 먼 옛날 헤라클레스가 세상의 끝이라며 산맥을 쪼개 지중해와 대서양을 서로 통하게 만든 기둥이 여기에 서 있다. 이곳은 그때만 해도 '하데스'(Hades:지옥)로 가는 입구로 알려졌다."라는 글귀가 적혀져 있다. 알고 보면 스페인은 헤라클레스와 아주 밀접한 연관을 가진 나라다.

스페인 국기에 그려진 헤라클레스 기둥

　　신화와 연관된 지브롤터도 흥미롭지만 근대사의 격동에 휩싸인 내력도 만만치 않다. 지브롤터는 18세기 스페인 왕위계승

전쟁에[8] 뛰어든 영국이 1713년 위트레흐트 조약(Treaty of Utrecht)에 의해 차지한 군사적 요충지로, 지금까지 근 400년 간 영국이 지배하고 있다. 제2차 세계대전 때에는 영국의 군사요충지가 되면서 독일군의 집중포격을 받기도 했다. 이곳에서는 영어가 공용어이고, 파운드가 통용되고 있다. 물론 유로화도 겸용된다. 스페인은 눈엣가시 같은 이 영국령의 반환을 요구하고 있으나 주민들(3만여 명)은 두 차례에 걸친 주민투표에서 스페인의 귀속을 반대한 바 있다.

이처럼 신화와 역사의 현장이기도 한 지브롤터는 현대에 들어서면서 영국의 위상 쇠퇴와 더불어 그 군사적, 정치적 비중이 줄어들긴 했지만 한때는 세계사의 저울추를 형성한 장소였다.

이번 스페인 여행의 주목적 중 하나가 지브롤터에서 좌우정면으로 지중해와 대서양, 아프리카를 바라보면서 세계사의 흐름과 흥망을 회고하고 향후 세계의 향방 그리고 그 속에서 우리의 위상이 어떻게 정립되어야 하는가를 생각해 보려는 데 있었다. 그런 연유로 강행군을 하면서까지, 낮에 좀 더 여유를 가지고 방문하였다면 하는 아쉬움을 갖긴 했지만, 이 늦은 시간까지 지친 심신을 추스르면서 달려온 것이다. 뿌듯하고 자신감 넘치는 충만함이 내 마음과 몸속에 일고 있는 순간이었다.

오늘 하루 동안 스페인→모로코→스페인→영국→스페인으로

---

8) 합스부르크 가문의 유산상속문제를 둘러싸고 영국, 네덜란드, 오스트리아 세 나라가 주축이 되어 프랑스와 스페인을 상대로 벌인 전쟁. 1704년 포르투갈 근해에서 프랑스와 스페인 함대가 대패를 하면서 전세가 기울었고, 결국에는 위트레흐트 조약을 맺고 전쟁이 종식되었다. 영국은 지중해 관문인 지브롤터와 지중해 무역의 요충지인 메노르카 섬을 얻게 되어 참전국 중 최대의 실익을 얻었다.

이어지는 3개국을 돈 셈이 되었다. 아쉬움과 흥분이 함께한 여정을 마치고 밤 10시 40분경 지브롤터를 출발하여 밤 12시 25분경 깊은 협곡을 사이에 두고 절벽 위에 펼쳐진 아름다운 도시 론다(Ronda)에 도착했다. 그 좋은 풍광을, 특히 해질녘의 절경을 보지 못한 채 잠자리에 들 수밖에 없는 것이 못내 아쉽다. 그 옛날 지브롤터 해협을 건너 미지의 세계로 발을 내딛던 무수한 탐험가들의 열정을 생각하며 잠을 청한다.

05 | 론다, 스페인의 진경 알람브라 궁전의 야경에서 생각하는 종교의 관용성과 배타성

네가 뭘 배우는지가 아니라 네가 만나는 사람이 중요하다.
- 헤밍웨이

해발 750미터의 협곡도시 론다에서 맞은 첫 아침은 가랑비로 시작되었다. 창문을 열어젖히자 싸늘한 기운과 함께 누에보 다리(Puente Nuevo)가 눈앞에 장대하게 펼쳐졌다. 깎아지른듯한 절벽 위에 세워진 파라도르 호텔에서 그 풍경을 바라보는 감회와 심정은 "하늘도 그만 지쳐 끝난 고원/서릿발 칼날 진 그 우에 서다//어데다 무릎을 꿇어야 하나/한 발 재겨 디딜 곳조차 없다."라는 이육사 시인의 시 「절정」의 한 구절을 떠오르게 한다. 누에보 다리는 스페인 내전 때 감옥으로 사용되었으며, 적을 처형했던 장소로도 사용되었다. 그러한 역사를 품고 있는 누에보 다

누에보 다리. 왼쪽 암벽 위 건물이 파라도르 호텔

리 위로 오락가락 내리는 가랑비가 더욱 쓸쓸한 정취를 자아낸다.

누에보 다리는 '새로 건설된 다리'라는 뜻이다. 100여 미터의 수직 절벽 사이로 구아달레빈 강(Guadalevin River)이 흐르고 있는데, 로마시대부터 협곡 사이의 도시를 연결하기 위해 세 개의 다리를 건설했다. 그 중 가장 늦게 세워진 다리가 바로 누에보 다리이며, 신시가지와 구시가지를 나누는 경계가 되고 있다. 헤밍웨이의 소설『누구를 위하여 종은 울리나』의 배경이 된 누에보의 다리는 게리 쿠퍼와 잉그리드 버그만이 출연 한 동명의 영화로 인해 국제적으로 널리 알려졌다.

스페인 내전[9] 당시 인민정부를 지원하기 위하여 의용군으로 참

---

9)   영국에게 '해가지지 않는 나라'라는 별칭을 넘겨준 스페인은 이후 유럽 후진국으로 전락하게 된다. 뒤늦게 산업화가 진행되면서 성장을 하게 된 스페인 노동자들은 입헌군주제와 의회민주주의, 정치와 종교의 분리를 요구했지만 수구 왕당파 세력의 탄압에 의해 좌절되자 공화주의자들과 연대하여 1936년 인민전선정부를 수립한다. 인민전선정부는 토지개혁 등 급진적인 요구를 내세우며 저항을 했고, 그런 혼란의 정국을 틈타 군부 지도자 프랑코가 파시즘을 주창하며 쿠데타를 일으켜 스페인 내전이 시작되었다. 독일과 이탈리아는 프랑코를 적극 지원했지만 유럽의 나라들은 불간섭 원칙으로 관망만 했다. 그런 상황에 분개한 각국의 노동자와 지식인은 스페인 내전에 개별적으로 참가를 했으며, 헤밍웨이, 앙드레 말로, 조지 오웰 등도 동참을 했다. 헤밍웨이의『누구를 위하여 종은 울리나』, 말로의『희망』, 오웰의『카탈루냐 찬가』는 스페인 내전의 참전 경험을 바탕으로 한 소설들이다. 전 세계 노동자와 지식인들의 참전에도 불구하고 바르셀로나는 프랑코 군에게 점령되고, 영국과 프랑스는 프랑코 정권을 승인하였다. 1939년 1월 28일 마침내 프랑코 군이 마드리드에 입성함으로써 내란은 종식되고, 프랑코 정권은 독일과 이탈리아 파시즘이 2차 대전으로 몰락한 것과는 달리 1975년 프랑코가 죽을 때까지 지속되었다.

전했던 헤밍웨이가 내전의 참상을 그린 『누구를 위하여 종은 울리나』를 집필한 곳이 내가 머물렀던 파라도르 호텔(당시에는 성)로 추정되고 있다. 그런 연유로 헤밍웨이의 이름을 딴 식당이 지금까지 성업 중이다. 『누구를 위하여 종은 울리나』는 나에게 스페인 탐방의 동기를 부여한 것은 물론 인생의 귀중한 교훈을 준 소설이기도 하다. "훌륭한 삶이란 어떠한 성서적인 잣대로도 잴 수 있는 것이 아니다. 그러니 걱정하지 말고 가진 것을 즐기며 네 일을 해라. 그러면 긴 인생, 아주 즐거운 인생을 살 게 될 것이다."라는 소설 속 문장은 지금도 내 인생의 등대 역할을 하는 소중한 문장이다.

조식 후 날씨가 개이면서 호텔 주변을 둘러보니 그야말로 전형적인 스페인의 성채가 있는 고도의 한 가운데에 서 있었다. 감탄, 탄성, 환희, 흥분이 교차하는 가운데 내가 찾고자 했던, 언젠가 가보겠지 했던 스페인 고성의 전형적인 풍광이 펼쳐져 있는 것이 아닌가. 성 아래로 내려가 드넓은 목초지의 한가로운 길을 따라 걸으면서 누에보 다리를 중심으로 천애의 벼랑 위에 펼쳐진 론다의 정경에 다시 경탄과 환호를 연발하면서 곧 떠나야 한다는 아쉬움에 한숨짓기도 했다.

역사의 참상을 고스란히 간직한 누에보 다리를 뒤로 하고 론다를 대표하는 또 다른 유적인 스페인 최초의 투우장을 관람했다. 관중석까지 지붕이 둘러져 있는 점이 특색이었고, 투우박물관 안에는 총기전람실이 따로 마련되어 있다. 지금도 경기장으로서 그 실용성이 입증되어 있는 투우장으로, 매년 9월 4일에는 고야의 전통의상을 입고 치러지는 '고야식 투우'가 개최된다. 많은 사람들이 스페인이라고 하면 제일 먼저 투우를 떠올린다. 투우장에서 피를 흘리며 쓰러지는 소를 보면서 열광을 하는 스페인 사람들의 광적인 모습을 온전히 이해하기란 그리 쉽지 않다. 그러나 투우에 투영된 의미는 우리가 생각하는 것처럼 그리 단순하지 않다. 투우는 '속임'(엔가뇨, engaño)와 '깨달음'(데센가뇨, desengaño)의 이중적 의미를 내포한 놀이다. 투우사는 소를 속여 죽음에 이르게 한다. 그래야만 자신이 살 수 있기 때문이다. 속임과 죽음의 긴장이 바로 관중을 열광케 하는 요인이다. 그 열광은 소가 죽음으로써 절정에 이르게 되는데, 만약 투우의 의미가 여기에만 머무르게 된다면 그것은 잔인한 놀이에 그치고 말 것이다. 그러나 사람들은 속임에 의해 죽게 된 소를 보면서 삶에 대한 더 강렬한 애착을 얻게 된다. 속임을 허망한 것으로 인식하기보다는 실존적인 삶의 모습으로 받아들여 깨달음의 이치로 승화시키는 투우의 미학이 스페인 예술의 근원이라 해도 무방하다.

아쉬움을 뒤로 한 채 론다를 떠나 그라나다를 향해 발길을 돌린다. 찌푸린 하늘은 어느덧 새하얀 모습을 드러내고 시야는 더 없이 맑고 멀었다. 중간에 하얀 집들이 옹기종기 몰려있는 사하라(Zhara)라는 마을에 들렀다. 마을 꼭대기에 있는 성채 봉화대까지의 약간 가파른 산책길은 천국으로 가는 길처럼 풍경이 아찔했다. 라벤더, 오렌지, 올리브, 선인장 꽃의 향기를 진하게 흡입하면서 아내와 정겨운 대화를 나누며 황홀경의 한때를 만끽했다.

오후 2시에 그라나다에 도착했다. 시간적인 여유가 있어 정상 주위에 흰 눈이 덮여 있는, 스페인에서 가장 높은 산맥인 시에라 네바다

(Sierra Navada)의 산정(2,800여 미터)으로 차를 몰았다. 운전과 안내는 세비야에 거주하는 교민 박성운 씨가 해주었는데, 민박을 하면서 얼마 전 여행업 허가를 받아 장래를 계획하고 있는 성실한 모습이 인상적으로 비쳤다.

해발 2,500미터까지 차량으로 접근하니 싸늘한 공기가 엄습한다. 정상 주변 스키장에는 아직도 스키를 즐기는 사람들의 모습이 보인다. 그라나다 사람들 사이에서 회자되는 "여름에도 오전에는 스키를 타고 오후에는 해수욕을 한다."는 말이 허풍이 아니었다. 산맥 중턱에 지어진 호텔은 겨울 성수기를 지나면 여름 전후에는 이용자가 거의 없어 값이 훨씬 싸단다.

2,500미터 지점 한계선에서 하차하여 잠시 티타임을 즐기고 하산, 그라나다 시내의 나자리에스(Nazaries) 호텔에 여정을 풀었다. 호텔 피트니스 센터에서 30여분간 런닝머신(트레드밀) 위를 달려 심신을 풀었다. 계속되는 강행군과 정신적 여유의 부재 상태로 인해 규칙적으로 해오던 운동시간도 부재중이었다. 호텔에는 마침 오늘밤 있을 스페인 프로축구리그의 빌바오팀과 그라나다팀의 경기에 참가하는 빌바오팀 소속 선수들이 묵고 있어 지지팬과 취재진 등으로 북새통을 이루고 있었다(경기 결과는 예상을 깨고 홈팀인 그라나다팀이 2대0으로 승리했다).

저녁식사는 박사장의 소개로 교포 민박집에서 준비해간 김과 멸치, 공항에서 산 김치와 함께 밥 두 공기를 해치웠다. 식사 후 알람브라 궁전의 야경을 보기 위해 그라나다에서 가장 오래된 지역의 언덕에 올랐다. 야경으로 바라보는 알람브라 궁전의('알람브라'라는 말은 붉은 궁

알람브라 궁전

전 또는 붉은 요새를 뜻한다) 모습이 더욱 웅장하고 처연하게 다가왔다.

알람브라 궁은 이슬람 왕조 유스프 1세와 무함마드 5세가 통치하던 기간 중에 세워졌으며, 스페인 이슬람 양식의 예술과 건축술을 가장 뛰어나게 표현한 궁전이다. 알람브라 궁전의 벽면에는 "그라나다에 살면서 장님으로 지내는 것보다 더 가혹한 일은 없다."라는 글귀가 새겨져 있는데 이는 알람브라 궁전으로 대표되는 당시 예술의 화려함에 대한 일종의 헌사와 같은 것이다. 250년 동안 스페인을 지배한 이슬람 왕조는 흥청망청한 생활로 인해 결국에는 기독교세력에 의해 물러나게 된다. 이슬람 나사리 왕조의 마지막 지배자인 보압딜은 1492년 1월 2일 이사벨여왕에게 궁전의 열쇠를 넘겨주고 표표히 지브롤터 해협을 건너 북아프리카로 떠나면서 궁전을 바라보며 한없이 눈물을 흘렸다고 한다. 그 때 보압딜의 심정이 어떠했을까? 비록 대장부의 흉리가 어떠했을까를 속속들이 미루어 짐작할 수는 없지만 그의 결단으로 유혈극을 피한 결과, 알람브라 궁전은 700여년 지난 지금도 온전한 자태로 우리 앞에 아름답고 따사롭게 서 있다. 망국의 군주는 북아프리카로 쫓겨 가 쓸쓸하게 여생을 마감했지만 실로 인류는 보압딜의 용단에 많은 빚을 지고 있다.

그러한 역사를 담고 있는 알람브라 궁전은 19세기 중반 주스페인 미국대사 워싱턴 어빙(Washington Irving)의 『알람브라 이야기』로 다시 주목을 받고, 타레가(Tarrega)의 「알람브라 궁전의 추억」의 애수어린 기타 선율로 세계인의 가슴을 파고들면서 '인간이 만든 가장 위대한 예술적 창조물의 하나'로써 수많은 사람들의 찬탄의 대상이 되었다.

야경 속에서 자세히 살펴보니 궁전 중간에 멋없이 서 있는 석조건물이 있었다. 알고 보니 그라나다를 점령한 기독교 왕국의 카를로스 5세가 알람브라 궁의 중간을 헐어내고 지은 것이었다. 이슬람 세력에게 기독교의 위압을 보이려고 서둘러 짓다가 제대로 완성도 못하고만 바바리즘(barbarism)의 역사적 증거라 하지 않을 수 없다. 다음날 카를로스 5세의 궁에 들어가 그 석조물을 보니 예술성, 섬세함, 중후함 등에서 알람브라 궁전의 그것을 도저히 따를 수 없을 정도로 허술하고 조악한 자태를 보이고 있었다. 기독교 세력에 의해 전개된 레콘키스타[10](Reconquista, 국토회복운동)가 성공한 후 알람브라 궁의 중추 중에 한 곳인 나지프 2세의 궁을 헐어버린 것 또한 두고두고 아쉬움을 남긴다.

종교의 배타성이 어떻게 인류의 유산을 파괴했는지를 보여주는 좋은 예다. 기독교와는 달리 이슬람의 모습은 대체로 포용을 바탕으로 하고 있다. 15세기 중엽 수년간에 걸친 혈전 끝에 비잔틴제국의 최후의 거점 콘스탄티노플(현재의 이스탄불)을 함락한 오스만 튀르크 제국의 메흐메드 2세는 기독교의 상징인 '아야소피아'(성 소피아 성당)의 외형을 전혀 손대지 않고 내부만 일부 이슬람의 상징으로 바꿨다. 그리고 훗

---

10) 레콘키스타는 이슬람에 의해 북쪽으로 밀려난 스페인 기독교인들이 아스투리아스라는 조그만 왕국을 건설하고, 남부 그라나다 지역에서 이슬람으로 개종을 한 동포들을 비난하면서 재기의 꿈을 꾸다가 십자군 전쟁으로 인해 세력이 미약해진 이슬람 세력을 공격하면서 시작되었다. 레콘키스타는 711~1492년까지 780년 동안 이어졌으며, 1492년 그라나다를 수복하면서 종결되었다.

날 오스만제국은 '아야소피아' 맞은편에 그것을 능가하는 대성당 '블루 모스크'를 지었다. 흔히 이슬람교도인 아랍인들의 조직적, 간헐적 테러 행위를 들어 그들의 폭력성과 파괴성을 지나치게 부각시키기도 하지만 이것은 어디까지나 역사적 특수배경을 무시한 서방 기독교세계의 일방적 시각에 치우친 인식이 아닌가라는 생각이 든다.

역사의 긴 터널로 되돌아가 보건데 불교, 이슬람교 등의 종교에 비해 기독교의 비관용성과 배타성이 두드러짐을 지적한다면 나만의 편견일까? 타 종교의 배척과 비(非)백인민족에 대한 문화우월주의를 바탕으로 전 지구의 기독교화를 추구한 서구 기독교 국가의 정치적 논리가 바로 아시아, 아프리카, 라틴아메리카의 점령과 수탈, 식민화로 이어진 제국주의의 실체 아니었던가. 배타주의는 역사에 상처만 남길 뿐이다.

붉은색으로, 은은히 달빛과 별빛 속에 조명을 받아 겸손하게 자태를 드러내고 있는 저 알람브라 궁전을 하염없이 바라보면서 역사의, 종교의, 인간의 궤적을 반추해 본다. 그라나다의 밤바람이 제법 살갑게 온몸을 스치고 있다.

메스기타 대사원의 기둥에 기대서서
코르도바의 영광과 쇠퇴를 회상하다

진정으로 중요한 것은
얼마나 오래 살았느냐가 아니라 얼마나 잘 살았느냐다.
- 세네카

아침 10시 30분 본격적인 알람브라 궁전 관람에 나섰다. 알람브라 궁전에서 가장 오랜 된 건물인 알카사바(Alcazaba), 카를로스 5세가 르네상스 양식으로 지은 '카를로스 5세 궁전', 알람브라 궁전의 백미로 꼽히는 나자리스 궁전(Nazaries Palace)을 차례로 관람했다. 다만 나자리스 궁전에서 사자의 분수가 지키고 있는 공간은 공사 중이어서 볼 수 없었다. 알람브라 궁전은 건축학적인 아름다움도 아름다움이지만 무엇보다 구릉 위까지 물을 끌어올려 궁전의 곳곳에 분수와 연못을 만든 치수(治水)의 기술이 돋보인다. 보압딜이 이사벨 여왕에 맞서 마지막까지 항전할 수 있었던 요인 중 하나가 풍부한 물 때문이기도 했다.

3시간 남짓 소요된 관람에서 내 눈길을 끈 것은 워싱턴 어빙이 1829년 나자리스 궁에 머무르면서 『알람브라 이야기』를 집필한 방이었다. 외교관으로서 타국의 문화, 역사, 생활, 정치 등에 관심을 가지고 그 분야의 탁월한 저서를 남겼다는 것은 부럽고 경하할만한 일이다. 그가 남긴 명저로 인하여 오늘의 알람브라가 그 위상을 세우게 되었다. 궁전 내 기념품점에서 어빙의 『알람브라 이야기』(영문판)을 한 권 샀다. 책 첫머리에 어빙을 기리는 서문도 그 점을 강조하고 있었다.

궁전 옆의 작은 계곡을 사이에 두고 '태양의 언덕' 위에 지어진 여름 별궁 헤네날리페(Generalif: '건설자의 정원'이라는 뜻)의 난간에 기대어 다시 알람브라 궁전을 바라보고 있노라니 인생의 무상과 회한, 역사의 반복성과 허무함의 상념이 아득한 풍경 속으로 젖어든다. 21년 전 방문했을 때 보다 정원의 꽃이 많이 줄어들고, 그 규모가 초라하게 느껴져 쓸쓸함이 더했다.

집시의 피를 이어 받은 땅 그라나다를 뒤로 하고 2시간 20여분을 달려 오후 4시 30분경 코르도바에 닿았다. 서기 711년 아랍 세력이 이베리아 반도를 점령하고 첫 이슬람 왕조(칼리프)를 세운 땅이다. 그라나다에 비해 정돈된 느낌을 주는, 고색창연하고 쾌적한 분위기가 나를 들뜨게 한다. 거기에 더하여 시내 곳곳을 메우고 있는 오렌지 꽃의 향기가 낭만과 목가적 세계로 빠져들게 한다. 메스키타(Mezquita) 성당 앞의 정원을 가득 매운 오렌지 꽃의 향기를 처음에는 느끼지 못했으나 점차 콧속을 드나들며 마음 깊은 곳까지 스민다. 경쾌하고 가볍게 심리를 자극하는, 마치 찰나적 삶을 강요하는 듯한 그 향기가 온몸을 감싼다. 사방이 온통 오렌지 꽃향기로 가득하고, 나도 오렌지 꽃이 되어 거리를 활보한다. 좁은 골목에 마주보고 들어서 있는 하얀 벽의 집집마다 발코니에 펼쳐 있는 꽃의 향연![11] 길을 걷는 사람들의 얼굴에도 짙푸른 하늘과 하모니가 된 듯한 황홀의 표정이 넘쳐나고 있다.

"오렌지 꽃향기에 신록은 짙어가고 종달새 지저귀네!……"

---

11) 코르도바에는 '발코니 경연대회'라는 전통 축제가 있다. 일 년 동안 정원이나 발코니에 가꾼 꽃들을 심사해서 가장 예쁘고 독특하게 단장한 집을 골라 상을 주는 독특한 축제다. 코르도바의 집과 거리가 아름다운 이유는 바로 이 축제 때문이 아닌가 한다.

코르도바의 발코니

오페라의 한 구절이 절로 흥얼거려진다.

숙소인 엘 콩코르디아 호텔 바로 곁에 메스키타 이슬람 대사원이 자리하고 있다. 석조기둥과 아라베스크 특유의 문양이 조화를 이루는 메스키타 사원은 그리스, 카르타고, 로마, 비잔틴의 양식까지 수용하면서 그 당시까지의 스페인 문명, 아니 세계 문명의 총화를 한껏 보여준다. 대(大)모스크의 1,200개의 기둥이 현재는 80여개 밖에 남지 않았으나 그것만으로도 이렇게 웅장하고 화려할 진대 코르도바를 정복한 기독교 세력이 이를 파괴하지 않았더라면 그 규모가 과연 어떠했을까 하는 안타까운 심정을 가눌 수 없다. 사원 한 가운데를 다 뜯어내고 세운 가톨릭 성당은 외부에서 굴러 들어온 돌처럼 어딘지 어색하고 물에 기름을 탄 것처럼 모스크의 장대한 풍경을 해치고 있었다. 실로 안타깝기 그지없다. 신성로마제국의 카를 5세는 '평범한 건물'을 짓기 위해 '특별한 건물'을 파괴한 것에 대해 후회한다고 했다.

    메스키타의 돌기둥에 기대서 또 다시 옛일을 상기하니 마음은 '알-안달루스의 신부'로 불리는 코르도바의 영광의 시절로 달려간다. 이슬람 우마이야 왕조의 마지막 군주의 손자인 압데라만 1세가 아바스 왕조의 탄압에서 피신하여 756년 이베리아 반도에 세운 독립 이슬람 왕국 알-안달루스(Al-Andalus)와 뒤이은 칼리프 왕조의 수도가 되어 300여 년간 번성한 코르도바! 전성기 인구는 50만(당시 런던, 파리는 각 1만과 3만), 대학 13개, 도서관 70개, 모스크 700개, 병원 50개였으며 도로는 포장되어 우마차가 청소했으며, 밤에는 가로등이 켜졌다. 당시 유럽에서 가장 문명화되고 번영된 도시로 아랍 문명과 기독교 세력의 본산이었던 바그다드, 콘스탄티노플과 쌍벽을 이룬 코르도바의 영광, 이제는 조그만 소도시에 불과한 그 나락의 세월들, 역사의 무상과

메스기타 대사원의 기둥

무념의 상념에 젖는다.

메스키타에서 10여 킬로미터 거리에 있는 메디나의 아자하라 (Azahara)궁전을 찾았다. 코르도바 칼리프 왕조의 전성기를 꽃피운 압데라만 3세가 건립한 궁전으로서 메스키타, 그라나다의 알람브라 궁전과 더불어 스페인의 이슬람 문화를 대표하는 건축물이었다. 압데라만 3세가 코르도바를 떠나면서 자기의 부인을 기리기 위해서 세웠다는 일화가 전해진다. 아자하라는 부인의 이름이다. 그러나 그런 일화보다도 바그다드 등 다른 지역의 이슬람 세력과 유럽 국가들에 자신의 위용을 과시하기 위해 건설했다고 보는 것이 더 역사적인 관점일 것이다. 궁전 안 연못에 있는 물고기들에게 줄 음식으로 매일 커다란 빵이 1,200개나 소비될 정도로 어마어마한 규모의 궁전이었으나 압데라만 3세가 고용한 용병들에 의해 약탈을 당해 파괴되었다고 한다. 현재는 그 일부가 발굴이 되어 쓸쓸하게 석양빛에 자태를 남기고 있다.

압데라만 3세는 배척이 아닌 포용과 개방성을 원칙으로 왕국을 통치했기 때문에 그가 통치했던 코르도바는 그리스 철학이나 로마의 법률, 비잔틴과 페르시아의 예술을 받아 들였고 유대교와 가톨릭 신학까지 연구했을 정도였다. 이로 인해 우마이야 왕조는 독립적인 황금시대를 구가하였다. 이처럼 생전 최고의 권력과 부와 사치를 누렸던 압데

---

12) 우마이야 왕조가 아바스 왕조에 의해 멸망하자 우마이야 일족인 압데라만 1세가 스페인으로 도피해 새롭게 우마이야 왕조를 새운다. 압데라만의 우마이야 왕조는 프랑크 왕국의 압력과 노르만의 침입을 저지하여 국세를 신장시켰다. 압둘 라흐만 3세 때에 아바스 왕조 문화의 수입에 노력하였으며, 아자하라 궁전을 짓는 등 황금시대를 이룩하였다. 압둘 라흐만 3세는 스스로를 칼리프라고 칭하고, 이슬람 세계의 서방 측 대표로 국토 개발과 학문·문예의 증진에 힘썼다. 이 결과 수도인 코르도바는 바그다드나 카이로와 견줄 만한 상업 문화의 중심지가 되어 많은 상인과 유학생들이 모여들었다. 그러나 우마이야 왕조는 11세기 초부터 쇠퇴하기 시작해서 각지에서 반란이 일어나 멸망하였다.

로마교의 공사 전후(좌측 공사 전)

라만 3세, 그는 만년에 이르러 점차 이 모든 영화의 덧없음을 깨달으면서 외국의 사절을 접견할 때에 누더기 옷을 입고 온몸을 모래로 덥고 나오곤 했다곤 한다. 임종 때에는 "내 생애를 통틀어 행복했던 날은 오직 며칠 밖에 되지 않았다."라고 탄식했다고 전해지고 있다. 문득 나도 지금까지 살아오면서, 아니 내 생애가 끝날 때 '행복했던 날은 과연 얼마나 될까'라는 자문을 던져본다.

이베리아반도의 남단에서 이슬람문명의 황금시대를 꽃피우다 쇠락해진 코르도바의 노을을 바라보면서 갑자기 로마의 대철학자이자 정치가, 네로황제의 스승으로서 막강한 영향력을 행사하다가 결국 네로에 의해 죽임을 당한 세네카가 이곳 코르도바에서 태어났다는 사실(史實)이 뇌리를 스친다. 클라우디우스 황제 치하에서 네로의 누이동생과 간통을 했다는 계략에 빠져 코르시카로 유배되었다가 네로의 모친 아그리파나의 보증으로 복권이 되어 네로를 가르쳤던 세네카는 네로가 황제가 된 후 막강한 권력을 누렸다. 그러나 그것도 잠시, 네로의 어머니 아그리파나 살해 음모에 연루되었다는 혐의와 네로를 몰아내려는 원로원 음모에 가담했다는 사실이 밝혀지면서 네로로부터 자살할 것을 권유 받아 결국 독(毒)당근을 마시고 파란만장한 삶을 마감했다. 그의 일생을 반추해보니 그가 왜 "네 자신의 마음 외에는 그 어떤 것도 신뢰하지 말라"고 외쳤는지 조금은 이해가 갈 것 같다.

해거름에 메스키타 옆 로마교를 찾았다. 과달키비르 강을 가로지르는 그 유서 깊은 로마교, 그런데 이게 어인 일인가! 20여 년 전 찾았던, 그때 한밤중에 벌떡 일어나 다시 보러 나갔던 그 로마교가 사라지고 없었다. 아니 그 자리에 시멘트로 떡칠한 볼품없는 대용품이 버젓이 서 있었다. 큰물이 졌을 때 다리를 보호한다는 명목으로 다리 밑동부터 난간, 다리 옆까지 현대식으로 덧칠해 버렸다. 마치 금방 산에서 캐어온 화강암으로 만든 볼품없는 건조물 같았다(그래서 그런지 코르도바 소개책자에는 덧칠하기 전 옛 모습의 사진을 모두 그대로 싣고 있다). 3년 전 다리 보존공사가 끝났을 때 많은 비판과 탄식이 있었다 하니 코르도바 시나 스페인정부 당국은 그렇다 치고, 도대체 인류문화유산을 관리하는 유네스코는 무엇을 하고 있었단 말인가. 실망의 탄식이 저절로 나온다. 참으로 통탄할 일이다. 21년 전의 그 모습을 기억에 간직한 채 차라리 이곳에 오지 않았어야 했었다. 아니 오지 아니한 것으로 치겠다. 그렇게라도 치부해야만 마음의 평정을 찾을 것 같다.

세비야에서의 숙박을 포기하고 내일 마드리드로 가기 위해서 고속전철 AVE의 티켓을 구하러 코르도바 역으로 갔다. 16시 45분 세비야발, 19시 15분 마드리드 도착 티켓을 일반석 매진으로 부득이 1등석으로 구입했다(일인당 125유로). 저녁식사를 제대로 하기 위해 스마트폰을 뒤져 찾아간 일식당은 실은 중국인이 경영하는 것이어서 그런지 도무지 일본 음식 같지가 않았다. 기대를 갖고 찾아간 아내의 실망에 좀 미안하기는 했지만 그래도 코르도바의 풍경 덕에 비교적 맛있게 먹을 수는 있었다.

밤 10시 30분 호텔을 통해서 예약해 둔 플라멩코를 보러 호텔 근처 공연장으로 갔다. 사람들로 꽉 찼다. 공연이 시작되고, 음료도 제공되면서 흥이 돋기 시작한다. 세비야나 마드리드, 그라나다 어느 공연에 못지않게 공연 팀의 조화롭고 숙련된 팀플레이가 만들어 내는 환상의 무대가 볼만했다.

플라멩코는 안달루시아 지방의 집시들의 춤과 음악이다. 한이 섞인 듯한 목소리로 열창하는 '깐딴데'의 숭고한 노래와 2명의 기타리스트가 빚어내는 낭만의 선율, 남자 1명과 여자 4명의 '바이라리스트'가 펼치는 뇌쇄적인 플라멩코 춤이 환상의 조합을 이루어내고 있다. 나도 흥이나 마음에서 솟는 환희와 박수를 아낌없이 보냈다. 아내 역시 현지에서 생방송으로 본 그 묘기에 넋을 잃는 듯했다. 공연이 끝나고 듬직한 체격의 뚱보 깐딴데에게 격려의 악수를 건네고 12시 넘어 공연장을 나섰다. 깊어가는 밤공기에 코끝으로 스며드는 오렌지 꽃향기는 여전히 마음을 설레게 한다. 20여 년 전 처음 찾을 때 이미 내 가슴에 깊이 각인된 코르도바, 이번에도 역시 나를 실망시키지 않았다(로마교의 덧칠만 빼고).

지치고 힘들 때면 찾아가고 싶은 곳, 어머니의 품처럼 따스하고 아늑함을 느낄 수 있는 곳 그러나 찾아가는 길은 멀고 쓸쓸하기만 하다. 17

세기 초 코르도바를 사랑했던 스페인의 시인 루이스 데 공고라는 「말 탄 이의 노래」라는 시에서 코르도바를 향한 간절한 마음을 이렇게 표현하고 있다.[13]

"아, 길은 너무나도 길구나!/ 소중한 나의 말!/내 코르도바에 당도하기 전에/죽음이 날 기다리고 있구나!//코르도바,/아득하고 외로운 땅" 그렇다. 코르도바는 아득하고 외로운 땅이다.

고향을 찾아가는 시인은 "아, 길은 너무나도 길구나!"라는 탄식으로 인생의 지난함과 돌아가야 할 곳에 대한 그리움 그리고 모든 인간의 맞이해야할 죽음의 운명에 대해 장엄하게 노래하고 있다. 나도 그 먼 길을 지금 걸어가고 있다.

07 | 로마황제들의 고향을 찾아서 이탈리카, 세비야 방문기

오래된 지도만 따라가면 새로운 세상을 찾을 수 없다.
- 콜럼버스

이번 유럽 방문의 한 축을 형성하고 있는 로마 5현제 관련 답사지 중에서 빈에 이어 두 번째로 찾아간 곳이 바로 세비야 중심가에서 8

---

13) 코르도바 출생. 살라망카대학에서 수업하고, 1585년부터 코르도바 성당에서 근무하였으나 신앙에는 관심이 없고 시 쓰기에 몰두했다. 「대가집(大歌集)」과 「에스파냐 명류시인 명시집(名流詩人名詩集)」에 시를 많이 발표했다. 1612년에 마드리드로 거처를 옮겨, 이듬해 국왕 전속 신부가 되었다. 수년 후에 코르도바로 돌아왔으나, 기억상실증에 걸렸고 끝내 뇌졸중으로 죽었다.

킬로미터 정도 떨어진, 지금은 세비야의 한 행정구역으로 편입된 로마시대의 화려했던 도시 이탈리카(Italica)[14]다.

코르도바에서 1시간 30여분을 달려왔다. 중간에 세비야 외곽 넓은 대지의 한 복판에 우뚝 자리한 카르모나(Carmona)의 파라도라 성(城) 호텔에 들러 광활하고 수려하게 펼쳐진 전망을 감상했다. 레콘키스타(국토회복운동) 이후 스페인의 황금시대를 이끈 카를로스 5세가 자주 머물던 곳이다.

11시경 도착한 이탈리카, 포에니 전쟁의 영웅 스키피오가 히스파니아를 정복하고 첫 번째로 세운 로마의 도시가 한눈에 들어왔다. 모든 로마의 정착도시(유적지)가 그렇듯이 낮은 구릉에 둥근 잎이 달린 소나무가 서 있는, 눈을 편안하게 해주는 뒷동산 같은 지점에 이탈리카는 자리하고 있었다.

이곳 이탈리카는 로마 5현제 중 트라야누스가 태어나서 자란 곳이자 그 뒤를 이은 하드리아누스 황제가 어린 시절을 보낸 곳이기도 하다. 네르바, 트라야누스, 하드리아누스, 안토니누스 피우스, 마르쿠스 아우렐리우스로 이어지는 5현제 계보에서 트라야누스는 로마가 아닌 속주 출신으로서 처음으로 황제의 자리에 오른 인물이다.

그는 원로원과 대립하지 않고 협력관계를 유지하면서 대내적으

---

14) 로마 제국의 장군이자 정치가인 푸블리우스 코르넬리우스 스키피오 아프리카누스(Publius Cornelius Scipio Africanus)가 일리파(Ilipa) 전투에서 부상당한 로마 병사들을 정착시킬 목적으로 기원전 206년에 설립한 고대 도시. 일리파 전투는 제2차 포에니 전쟁 당시 로마 공화정과 카르타고 군이 벌인 전투로 스키피오 아프리카누스가 히스파니아(Hispania)에서 카르타고를 상대로 최대의 전과를 이룬 전투이다. 이탈리카는 로마 13대 황제 트라야누스(Trajanus)의 탄생지로도 유명하다. 이 도시 출신의 황제가 세 명인데 나머지 두 명은 오현제 중의 한 사람인 14대 황제 하드리아누스와 4세기 말 동로마와 서로마를 모두 통치한 테오도시우스 1세다.

로는 빈민을 위한 복지정책과 농촌개발정책을, 대외적으로는 국토확장정책을 적극 추진했다. 그러한 연유로 그는 로마인들에게 '멋진 사나이'로 불렸으며, 로마인들은 그의 업적을 기려 나체 동상을 세웠다. 신의 모습만 나신(裸身)으로 조각한 로마인들에게 트라야누스는 신과 동격으로 받들어졌기 때문에 가능한 일이었다.

트라야누스와 그의 양자인 하드리아누스는 5현제의 전성기를 이룩해냄으로써 사실상 로마제국의 황금기를 탄생시킨 주역들이다. 알렉산드로스를 닮고 싶어 했던 트라야누스 황제, 로마 영역의 최대 판도를 형성했던 그는 페르시아 만(灣)에 당도해 끝없이 펼쳐진 인도양을 바라보면서 "조금만 더 젊었더라면 나도 인도에 갈 텐데"라며 아쉬운 듯이 말했다는 일화가 전해진다.

트라야누스 황제가 시행한 제도 가운데 가장 주목할 만한 것이 '알리멘타'(Alimenta)[15]이다. 'Alimenta'는 '영양을 공급하다, 부양하다'는 뜻이다. 알리멘타는 머리는 총명하나 가난한 집안 출신이거나 신분이 낮은 집안의 학생들에게 국가가 학비를 지원하여 교육을 시켜 인재를 육성하는 제도로서, 오늘의 우리에게도 많은 참고와 시사점을 주고 있다. 이로부터 국가장학제도나 학비보조제가 유래된 것으로 보아야

---

[15] 빈곤계층의 아이들과 고아들을 위한 복지 프로그램이다. 네르바 황제 때 시작된 이 제도는 트라야누스가 공식적으로 도입하여 본격적으로 시행했다. 대외정책으로 인해 영토가 넓어지고 속주의 넓은 땅이 대규모 농장으로 개간되면서 그곳에 투자하여 부를 창출한 재산가들이 늘어나자 제국의 중추인 이탈리카가 공동화(共同化)될 것을 우려한 트라야누스가 사회의 지도층인 원로원 의원에게 투자 재산의 3분의 1은 본국에 투자하여야 한다는 법을 제정했다. 그 법에 의해 거둔 세금이 알리멘타의 재정이 되었다. 알리멘타 제도는 미성년자만 보조금을 받을 자격이 있으며, 혜택을 본 빈곤가정의 자녀 수가 5천명에 이르렀다. 이 제도로 인해 가난한 가정에서도 마음 놓고 아이를 낳아 기를 수 있는 효과도 발휘함은 물론 인구증가에도 기여하여 국력이 더욱 부강해졌다.

트라야누스 동상

할 것이다. 트라야누스는 인재양성이 얼마나 중요한지를 간파한 뛰어난 지도자였다.

유치원생들, 중·고등학생들로 보이는 일군의 학생들이 로마 원형경기장과 언덕 구릉에 펼쳐진 도시유적지에서 현장학습에 열중이다. 스페인, 아니 유럽 어느 유적지에서나 초·중·고생의 이런 현장학습 장면은 낯설지 않다. 특히 유치원생들은 로마시대의 토가를 입은, 원로원 의원 차림을 한 선생님의 지도를 따라 자못 진지한 표정으로 열심히 현장수업에 임하고 있다. 입시위주의 교육 때문에 역사탐방학습이 전무하다시피한 우리의 실정과는 영 다른 모습을 보이고 있어 부러웠다.

로마 원형경기장은 절반 정도만 남은 모습이나 그 웅장하고 고색창연한 형태는 지금도 보는 이를 압도하고 있다. 이 경기장은 로마 콜로세움보다 앞서 건립된 것으로 수용인원은 그 절반 정도(2만 5천명)이지만 지하통로나 관중석 등이 그대로 보존되어 있다. 밑자리 터만 남은 도심 유적지를 가로질러 언덕 위에 트라야누스 황제의 나신의 동상이 그 당시 건립된 장소에 웅장한 자태로 서 있다. 다만 동상의 머리 부분이 코만 약간 남아있고, 왼팔과 오른쪽 다리가 파손된 채로 남아 있어서 적잖이 아쉬웠다. 하지만 이 나상은 복제품이고, 진품은 세비야의 고고학박물관에 있다. 이탈리카에서 발굴된 유적들은 모두 세비야의 고고학박물관에서 전시하고 있다.

이탈리카 바닥 모자이크 문양

　　이탈리카 유적은 건물 바닥에 남아있는 문양이 독특하고 화려하다. 특히 로마시대 당시의 저택 터 중에서 각료를 지낸 '넵튠'의 집 응접실 바닥의 모자이크 문양과 색상은 지금 건립해도 그 정도 정교한 예술미를 표현할 수 있을까 하는 의문이 들 정도로 화려하다. 이탈리카의 모자이크 문양은 지금이라도 지적재산권(실용신안권, 의장권)을 주장할 수 있을 만큼 독창적이고 심미적인 디자인이다. 이미 유럽의 명품도자기에 이 저택 응접실의 모자이크 문양이 새겨진 것을 본 적이 있다. 앞으로 이 문형을 활용하거나 변형하면 더 많은 사람들(특히 서구문화의 뿌리에 자부심을 갖고 있는 백인들)에게 히트상품이 될 것이 틀림없을 것이라고 본다. 벽에서 떨어져 나온 그 당시의 아주 작은 벽돌조각 하나를 기념으로 주어 넣었다.

　　이탈리카에 더 머무르고 싶은 아쉬움을 뒤로한 채 세비야 시내[16]로 들어와 먼저 세비야 고고학박물관에 들렀다. 이탈리카에서 출토된 로마유적을 위시하여 세비야 전역의 고대유물들이 비교적 풍부하게 전

---

16)　세비야는 내륙으로 무려 87킬로미터나 들어와 있는 과달키비르 강의 상류 도시다. 배가 자유롭게 다닐 수 있을 만큼 강이 깊고 넓었기 때문에 세비야는 중요한 무역항으로 자리 잡으면서 부를 누릴 수 있었다. 강변을 산책을 하다 보면 어느 방향에서나 '황금탑'(Torre del Oro)을 볼 수 있는데, 이는 13세기에 이슬람교도들이 강을 지나가는 배를 검문하기 위해 세운 탑이다. 마젤란이 세계 일주를 시작한 기점도 이곳이었고, 콜럼버스가 머물면서 항해를 준비했던 곳도 세비야였다.

콜럼버스의 관

시되어 있다.

이어 로마의 성 베드로 성당, 런던의 세인트 폴 성당과 더불어 세계 3대 성당의 하나이자 고딕 규모로는 세계 제일인 세비야 성당에 들렀다. 신대륙에서 가져온 1.5톤의 순금장식이 안치된 예배당은 보수공사 중이어서 휘장으로 가려져 있었다. 역시 많은 사람이 몰려 있는 곳은 콜럼버스의 묘 앞이었다. 콜럼버스의 관의 네 모서리를 카스티야의 이사벨 여왕, 아라곤의 페르난도 왕 등 4명의 당시 스페인 지역 통치 국왕이 들고 있는 모습이 낯익다. 아버지로부터 물려받은 재산으로 평생 아버지의 업적만을 정리하고 연구했다는 아들 페르난도 콜럼버스의 무덤도 성당 안에 있다.

콜럼버스는 서방세계의 영웅이다. 수천 년 전부터 수많은 사람들이 독자적인 문명을 이룩하면서 살고 있던 대륙을 처음 발견했다는 이유로 신대륙이라 칭하며 자신들의 땅이라고 주장하는 것은 지독한 오만이자 독선이 아닐까? 또한 원주민들을 열등한 민족으로 취급하여 학살하거나 노예화한 행위는 우월주의에 근거한 잔혹한 폭력에 지나지 않는다. 원주민들이 이룩한 문명을 미개하다고 파괴하고 자신들의 신만이 유일신이라면서 정신적 굴종을 강요하게 한 단초를 제공한 사람을 영웅으로 기리는 대성당의 부조물과 그것을 바라보며 찬탄하는 사람들의 모습에서 까닭모를 서글픔이, 아니 분노마저 이는 것은 나만의 편협한 소견만은 아닐 것이다. 물론 콜럼버스 개인의 탐험정신은 높이 살만한 것이다. 그러나 그것이 어떻게 제국주의 침탈로 이어지는 지를 통찰하는 안목이 없다면 우리는 역사적 진실의 전체를 파악할 수 없을 것이다. 이사벨 여왕이 자신의 패물까지 팔아서 콜럼버스를 지원했던 까닭은 식민지 확보를 위한 야욕이었지 순순한 차원의 지원이라고 보기는 어렵다. 그것은 중남미의 역사를 조금만 살펴봐도 금방 알 수 있다.

스페인의 황금시대에 세비야는 대서양을 향한 항로의 출발지이자 종착지로서 신대륙의 금·은·보화와 아시아의 향로, 도자기 등 숱한 귀중품들이 집적된 곳이었다. 콜럼버스의 신대륙 발견 500주년을 맞아 1992년 무역박람회(엑스포)가 세비야에 개최된 것도 우연이 아니다. 1992년 엑스포를 계기로 세비야의 부활, 나아가 과거 스페인의 영광을 재현하려 한 것이었다. 당시 유럽에 일기 시작했던 건설경기의 붐이 그러한 야욕을 이뤄줄 듯했으나 부동산 거품이 꺼지면서 오히려 스페인 경제에 암영을 끼치게 되어 결국에는 현재의 금융위기, 경제위기의 단초로 이어진 것이다. 그런 사정을 알기에 불편한 마음으로 무역박람회 현장을 자동차로 주마간산 격으로 훑고 지나갔다.

세비야 시내를 간단히 돌아보고 오후 4시 45분 마드리드행 고속열차(AVE)를 타고 오후 7시 15분 정시에 마드리드 아토차역에 도착했다. 일등석에서는 식사도 제공되는 것은 물론 모든 서비스가 훌륭했다. 일반석과 음료를 들면서 담소할 수 있는 별도 공간(칸) 등이 다양하게 마련되어 있었다. 우리나라의 KTX보다 공간이 쾌적하고 널찍했으며, 승객과 승무원들의 매너도 좋았다. 역에 도착해서 현대중공업 마드리드 지사장 정승원 과장의 안내를 받아 유로스타 호텔에 짐을 풀었다. 이어 한국식당 가야금에서 오랜만에 한국음식다운 한식을 먹으면서 여정의 후반을 기약했다. 마드리드의 밤바람이 제법 차다.

08 | 마드리드 소피아 미술관에서 세기의 두 거장 피카소와 달리를 만나다

안 하고 죽어도 좋은 일만 내일로 미루어라.
- 피카소

스페인 왕궁은 부르봉 왕가 혈통인 현 국왕 후안 카를로스 1세와 레이나 소피아 왕비가 거처하는 곳으로, 프랑코의 사후에 왕정복고[17]가 이루어짐으로써 다시 각광을 받기 시작한 곳이다. 현 국왕은 소탈하고 서민적인 성격과 품행으로 스페인 국민들 사이에 높은 인기를 누리

---

17) 1936년 8월 독일과 이탈리아 파시즘의 지원을 받은 프랑코가 마드리드를 제외한 스페인 전 지역을 장악하면서 실질적인 권력을 장악하게 된다. 시민들과 인민전선 정부의 항전에도불구하고 1939년 3월 마드리드가 함락되면서 스페인은 프랑코 독재 체제가 확립된다. 이 때 프랑코는 왕정복고를 주장하였으나 왕위 계승자인 후안 백작이 프랑코 체제를 반대하여 할 수 없이 프랑코는 총리와 섭정을 겸하는 국가 총통에 취임하여 스페인을 통치한다. 프랑코는 1967년 백작의 아들 후안 카를로스를 국왕 후보로 임명하였으나 그의 생전에 왕정복고는 이루어지지 않고, 1975년 프랑코가 죽게 되면서 비로소 부르봉 왕가의 왕정이 부활되었다.

고 있다고 한다. 왕궁에 있는 그의 방도 아주 작은 공간을 차지하고 있어 그의 검소한 모습을 내보이고 있다. 스페인 왕국은 왕의 공식 거처이지만 실제로 왕가가 거주하지 않고 공식 행사에만 사용된다.

왕궁의 중앙에 있는 만찬장을 찾았다. 노무현 대통령 방문 시 한국 대통령으로서는 처음으로 스페인 왕이 주재하는 초청 만찬에 참석했던 장소로, 이미 고인이 된 그의 생을 생각할 때 착잡한 마음을 갖지 않을 수 없게끔 한다.

왕궁 한편에 있는 바이올린의 방에는 세계에 4대밖에 없는 값진 바이올린이 전시되어있는데, 그 중 3대는 연습을 위해 자리를 비웠고 1대만 전시되어 있다. 바로 이 방에서 10살의 사라사테(Sarasate)가 이사벨 2세 여왕을 위해 「찌고이네르 바이젠(Zigeunerweisen)」을 연주했다는 것은 아주 유명한 일화다. 사라사테는 5세 때부터 이미 '신동'이라는 말을 들을 정도로

스페인 왕궁

뛰어난 재능을 가지고 있었다. 이사벨 여왕은 그런 명성을 듣고 사라사테를 불러 연주를 들었다고 한다. 그의 연주에 너무나 감동을 한 여왕은 세계적인 명기(名器) '스트라디바리우스'를 선물로 주었다. 우아하고, 서정적이고, 극적인 집시풍의 바이올린 선율이 듣는 이의 귀를 감미롭게 만드는 「찌고이네르 바이젠」은 사라사테를 세계적인 바이올린 연주의

거장으로 우뚝 서게 했다. 홀연 사라사테의 명 연주곡 「찌고이네르 바이
젠」을 이 자리에서 홀로 듣고 싶다는 욕심이 생긴다.

왕궁 근처에는 현 왕비의 이름을 딴 레이나 소피아 미술관(Reina
Sofía Museum)이 있다. 이곳은 현대미술의 거장들인 스페인 출신의 3
총사 후안 미로, 살바도르 달리, 파블로 피카소의 작품이 다수 소장되
어있다. 무엇보다도 이 미술관의 세계적 진가를 높인 것은 1992년에 피
카소의 「게르니카」의 소장이었다. 프랑코 정권의 독재와 학살에 분노한
피카소는 스페인의 민주주의가 확립되기 전까지는 자신의 작품을 스페
인 땅에 들여놓지 못하도록 요구를 해서 1939년부터 뉴욕 근대미술관
에 보관됐다가 1981년에야 스페인에 반환되어 프라도 미술관에 소장되
었다. 이후 1992년부터는 국립 소피아 왕비 미술관으로 옮겨져 전시되
었다. 스페인 정부는 「게르니카」는 어떤 경우에도 출장 전시하지 않는다
는 확고한 방침을 세워놓고 있다고 한다.

21년 전 마드리드에 왔을 때는 이곳에 없어 보지 못했던 「게르니
카」를 이번에 직접 대면을 하니 감회와 감동이 남다르다. 「게르니카」는
피카소의 상징이자, 세기의 작품으로 많은 사람들의 가슴에 전쟁의 참
혹함과 평화에 대한 갈망을 생생하게 심어준 대작이다. "회화는 아파트
를 장식하기 위해서 만들어지는 것이 아니라, 그것은 적과 대항하는 공
격적이고 방어적인 전쟁의 도구"라고 외쳤던 피카소의 목소리가 작품
속에 그대로 담겨있는 듯하다.

1937년 4월 26일 스페인 북부 게르니카라는 작은 시골마을은
나치가 개발하는 신무기의 시험장이 되어 독일 전폭기들의 융단폭격을

게르니카

받았다. 당시 독일 총사령관인 괴링은 개전 초부터 신무기 실험을 계획하고 있었다. 독일의 폭격으로 주민 2,000여 명이 사망했고 가축이 몰사한 것은 물론 부근에 풀 한 포기 남아나지 않을 정도로 폐허가 되었다. 당시 파리에 머물던 피카소는 만국박람회에 출품할 작품을 구상하던 중 조국에서 일어난 게르니카의 참상을 전해 듣고 그 분노를 평화를 향한 인류애로 승화시킨 걸작 「게르니카」를 완성한다. 「게르니카」에서 생생하게 묘사된 공포, 경악, 당황, 살육의 한편에서 평화를 향한 불빛(전등)을 부각시켜 횃불로 이어지게 하는 피카소의 극적인 구도와 발상이 이 작품을 영원한 인류유산으로 올려놓게 된 요인이다.

달리, 미로, 피카소로 대표되는 현대 미술의 계보는 고전미술 작품에 비해 나에게는 난해하고 별 지식이 없는 분야지만 오늘의 관람을 계기로 현대미술에 대하여 더 배우고 감상하고자 하는 생각이 불끈 솟았다.

"나는 초현실주의 그 자체"라는 말로 자신의 모든 행위와 작품을 설명한 살바도르 달리는 20세기가 낳은 천재이자 괴짜 예술가로, 피카소와 함께 스페인을 대표하는 인물이다. 피카소가 "나만큼 세상에서 상상력을 발휘한 사람은 없다. 단 살바도르 달리만 빼고."라고 했을 정

위대한 자위행위

도니 그의 유별난 행동과 예술이 얼마나 뛰어난 것인지는 미뤄 짐작할 수 있을 것이다. 달리는 스스로를 천재라 자처했다. 그의 오만은 일반인으로서는 좀체 받아들이기가 쉽지 않은데 일례로, 그는 자서전에서 자신이 태어난 날에 대해 "모든 교회의 종들을 울릴지어다. 허리를 구부리고 밭에서 일하는 농부들이여, 지중해의 북풍에 뒤틀린 올리브나무처럼 굽은 허리를 바로 세울지어다. 그리고 경건한 명상의 자세로 못 박힌 손바닥에 뺨을 기댈지어다. 보라 살바도르 달리가 태어났도다."라고 했을 정도니 실로 보통의 사람이 아닌 것은 분명하다. 어쨌든 그의 오만은 근거 없는 공언이 아니라 작품을 통해 독창성의 근원이 되고 있다는 것을 버젓이 입증했다.

상상력의 무한성을 보여준 살바도르 달리의 작품에 대한 해설을 가이드를 통해 듣고 보니 광기란 예술혼으로 승화되지 않는다면 말 그대로 미친 짓밖에 되지 않는 다는 것을 새삼 깨닫게 된다. 모든 광기가 예술의 근원이 될 수는 없지만 광기를 예술로 승화시키지 못한 예술가는 위대한 예술가가 될 수 없다는 생각을 해본다. 빈센트 반 고흐가 말했던가. "나에게는 환희가 광기로 치솟아 오르는 순간이 있어"라고. 나는 지금 환희가 광기로 솟아나는 순간을 달리의 그림에서 목도하고 있다. 달리의 「위대한 자위행위」[18]와 누이동생을 소재로 한 평범하지만 자

---

18) '위대한 자위행위(thegreatamsturbator)'는 제목 'amsturbator'에서 'a'와 'm'을 고의로 바꿔 더 유명해진 작품이다. 여인의 얼굴과 말의 몸통을 결합시켜 인간의 성적 욕구를 상징적으로 보여줬다.

유와 탈출을 향한 소박한 창밖의 응시를 담은 그림 등은 볼수록 상상
력을 자극하고 마음의 평정을 가져다준다.

09 | 톨레도의 하늘 아래 맺힌
세르반테스의 열정과 엘 그레코의 고독

이룩할 수 없는 꿈을 꾸고
이루어질 수 없는 사랑을 하고
이길 수 없는 적과 싸움을 하고
견딜 수 없는 고통을 견디며
잡을 수 없는 저 하늘의 별을 잡자
– 『돈 키호테』 중에서

　　레이나 소피아 미술관을 나와 오찬 후 톨레도로 향하여 출발한
다. 마드리드 남쪽으로 1시간여 거리, 돈 키호테가 그의 충복 산초 판사
와 애마를 거느리고 라만차 지방을 향하여 출발한 지점에서 톨레도행
은 시작된다. 이번 여정에서 소설 『돈 키호테』의 주 무대인 라만차의 풍
차와 풍광을 즐기지 못한 것이 아쉬웠다.

　　성경 다음으로 많이 애독되고 있다는 세르반테스의 『돈 키호테』
는 내용만 어렴풋이 알고 있을 뿐 전편을 읽은 적은 없다. 미국의 비평
가 클리프턴 패디먼(Clifton Fadiman)은 『돈 키호테』에 대해 "읽기보다
는 인용하기를 더 많이 하고, 즐기기보다는 칭찬하기를 더 많이 하는
책"이라고 했는데, 그 비평이 나에게도 적용된다고 생각하니 왠지 쑥스
러운 느낌이 든다.

돈 키호테 표지

그러나 요즘 세태와는 달리 『돈 키호테』는 출간되자마자 당시 유럽에서 엄청난 인기를 끌었다. 심지어 무명작가들이 자기 마음대로 속편을 만들어 팔았다고 하니 그 인기가 어느 정도였는지 짐작이 간다. 스페인 국왕 필리프 3세가 길거리에서 책을 보며 낄낄거리는 사람을 보고 "저 자는 미친놈이 아니면 세르반테스의 책을 읽고 있는 놈일 거다."라고 했다는 에피소드도 당시의 인기를 반증해준다.

『돈 키호테』는 당시 사회에 대한 풍자와 해학이 담겨있어 많은 사람들에게 독서의 매력을 부여했다. 기독교를 바탕으로 한 중세사회는 사회에 대한 비판을 절대 허용하지 않는 폐쇄적인 구조였다. 사회에 대한 비판은 곧 신에 대한 도전으로 여겨지던 시절에 세르반테스는 돈 키호테라는 인물을 통해 당대의 허위와 위선을 통렬하게 풍자했다. 그래서 후대의 비평가들은 『돈 키호테』를 근대소설의 효시로 꼽고 있다.

"미쳐서 살다가 깨어서 죽었다."는 주인공 돈 키호테의 묘비명에 걸맞게 세르반테스의 인생유전 또한 한편의 극적인 드라마로 작품 못지않게 나를 사로잡고 있다. 70이 다 된 나이에 『돈 키호테』의 속편을 집필하고, 죽기 3일 전에도 소설 한 편을 탈고할 정도로 열정과 투지가 넘

치는 사나이였다 하니 그 대단함에 존경의 마음이 절로 든다.[19]

톨레도에 도착하니 벌써 3시 30분이 다 되었다. 바람은 세차고 기온은 쌀쌀하다. 투명한 햇살 속에 고풍의 건물과 거리가 중세풍의 위용을 당당히 드러내고 있다. 로마문화, 유대문화, 이슬람문화가 번성하고 공존했던 톨레도는 역사의 유산이라기보다는 역사 그 자체이다. "톨레도를 보기 전에는 스페인을 보았다고 말하지 말라"는 말이 그냥 생긴 것은 아닐 것이다. 중세 건물, 성곽과 유적이 외형 그대로 보존되어 있는 지상에서 몇 안 되는 최대 규모의 도시가 바로 톨레도다. 톨레도가 원형 그대로 보존될 수 있었던 이유는 점령지의 문화를 파괴하지 않고 그대로 보존했던 이슬람의 포용정책 때문이었다. 그래서 톨레도는 '스페인의 예루살렘'이라 불리기도 한다. 스페인 가톨릭의 총본산인 톨레도 대성당은 중세, 르네상스, 바로크 시대의 특징을 고스란히 간직하고 있다는 점이 다른 성당과 구별되는 특징인데, 그러한 특징은 실제 보면서 느끼고 감탄하는 가운데 저절로 깨닫게 된다. 또한 엘 그레코, 고야, 루벤스, 반다이크 등의 작품을 소장하고 있어 여느 박물관 못지않은 규모를 자랑하고 있다.

톨레도는 '엘 그레코'의 도시이다. 16세기의 그리스 크레타 섬 출

---

19) 1547년 9월 29일 에스파냐의 수도 마드리드 인근의 알칼라 데 에나레스에서 태어난 세르반테스의 삶은 파란만장했다. 1571년 레판토 해전에 참가해 왼팔을 잃었다. 그래서 그는 '레판토의 외팔이'라 불렸다. 설상가상으로 귀국길에 해적에게 잡혀 5년 동안 포로 생활을 했고, 수감 중 3번의 탈출을 시도했으나 모두 실패한다. 우여곡절 끝에 삼위일체 수도승들이 몸값을 지불해 풀려난 세르반테스는 고향으로 돌아왔다. 1584년 까딸리나와 결혼을 하고 세금징수원으로 일하다가 업무상 과실로 세비야 감옥에 수감되기도 했다. 그러한 복잡다단한 삶의 경험이 바탕이 되어 1605년 소설 『돈 키호테』를 발표했다. 『돈 키호테』는 전 유럽에서 선풍적인 인기를 끌었으나 정작 인세 계약을 하지 않아 돈을 벌지 못했다. 1615년에 74장 분량의 속편을 발표했으나 별 반응을 얻지 못하고, 이듬해인 1616년 4월 23일에 기구한 생을 마쳤다. 우연히도 대문호 셰익스피어도 같은 날 사망했으며, 이날은 유네스코가 지정한 '세계 책의 날'이기도 하다.

오르가스 백작의 장례식

신의 화가 엘 그레코는 이곳 톨레도에서 평생을 머물며 그의 예술혼을 불태워 불후의 명작 「오르가스 백작의 장례식」을 남겼다. 궁정화가로 수차례 지원을 했으나 끝내 지명을 받지 못한 엘 그레코는 불우함을 이겨내고자 마드리드에서 멀리 떨어지지 않는 톨레도에 정착하여 자신의 불운과 운명의 못 미침에 한탄하지 않고 그의 타고난 예술적 소양을 광기에 가까운 예술혼으로 승화시켰다. 만약 그에게 불우한 삶과 운명이 주어지지 않았더라면 인류의 유산이 될 명작은 탄생하지 못했을 것이다. 인간은 불우함과 처절함, 치욕의 상황에 처할 때 그를 극복하면서 위대한 정신적 자질을 발휘하며 인류에게 영원한 마음의 양식이 될 유산을 창작하는 것이리라. 사마천이 그랬고 공자, 석가, 예수도 그랬으며 손빈, 한비자, 베토벤, 고흐 등 그 예는 동서양을 통틀어 일일이 열거하지 못할 정도이다.

엘 그레코의 대작 「오르가스 백작의 장례식」은 그가 마흔 다섯이던 1586년 톨레도 주교로부터 톨레도 성당을 장식할 작품으로 의뢰받아 그린 것으로, 인생의 전환점이 된 작품이다. 엘 그레코의 집 현관 입구에 걸린 이 대작에 얽힌 일화와 그림 값을 둘러싸고 이를 깎으려는[20] 주교와의 실랑이 끝에 애초 금액보다 더 받아냈다는 에피소드가 그림에 대한 호기심을 더욱 자극했다. 그림을 마주하면서 한참을 서 있으니 마음 저 깊은 곳에서 갑자기 불꽃을 태우는 듯한 강렬한 그 무엇이 솟아오르는 것 같았다. 예수와 천사들로 가득한 천상의 세계와 오르가스 백작의 장례식이 진행되고 있는 현실의 세계가 상하로 대비되는 구조에서 느껴지는 모종의 경외감 그리고 화면 밖으로 튀어나올 것만 같은 오르가스 백작의 모습에서 신과 인간, 삶과 죽음의 거대한 변주가 시종일관 나를 압도해 걸음을 옮길 수가 없었다.

넋을 잃고 망부석처럼 그림 삼매경에 빠져 있다 아내의 길 재촉에 평상심으로 돌아왔다. 중세의 시가지를 산책하다 숙소인 파라도르 호텔에 도착했다. 날씨는 햇빛과 구름과 바람이 3중주를 하듯 서로 경쟁을 하다가 여정을 풀고 나니 우박성 빗방울이 산발적으로 내리기 시작한다. 그러나 언제 그랬냐는 듯 햇빛이 얼굴을 내미는 시소게임이 다시 시작된다. 무척 싸늘하다.

파라도르 호텔은 톨레도 여행의 필수코스인 톨레도의 전경을[21]

---

20) 「오르가스 백작의 장례식」은 미켈란젤로의 「천지창조」, 레오나르도 다빈치의 「최후의 만찬」과 더불어 3대 성화로 꼽히는 작품이다. 톨레도의 귀족인 오르가스는 자신의 재산을 성당과 가난한 사람을 위해 아낌없이 기부했으며, 자신이 죽은 후라도 모든 유산을 사회에 기부할 것을 유언으로 남겼다고 한다. 그의 선행은 모든 사람의 귀감이 되었으며 그를 칭송하는 사람들에 의해 전설이 생기기도 했다. 전설에 따르면 그가 매장되는 순간 성(聖)스테판과 성(聖) 어거스틴이 하늘에서 내려와 직접 매장을 했다고 한다. 엘 그레코는 그 전설을 바탕으로 「오르가스 백작의 장례식」을 그렸다. 백작의 장례식에 참석한 사람들이 실재로 백작과 친분이 있는 지방 귀족과 성직자들이었으며, 그의 8살짜리 아들도 그림에 그려 넣었다는 점이 특이하다.

21) 1516년 이사벨 여왕은 톨레도의 경치에 반해 주변 경관의 변화를 주지 말라는 명령을 내렸다(집이 무너질 경우 한 치의 변화도 없이 그대로 지으라고 함). 엘 그레코가 그린 「톨레도의 경치」는 지금의 모습과 별반 다르지 않다.

보기 위해 대부분의 사람들이 들리는 곳이다. 호텔 로비의 발코니에서 바라보는 톨레도의 전경이 아름답고 우아하게 다가온다. 내가 머문 방의 발코니에서는 더 뚜렷하고 가까이 있는 듯하다. 중세의 번영을 한껏 빛냈던 톨레도의 품속으로 타임머신을 타고 들어가듯 생생하게 다가오는 풍경에 감탄을 금할 수 없었다. 호텔의 편의시설이 생각보다 미비하여 적잖이 실망했으나 톨레도의 전경이 불편의 심기를 상쇄하니 그 즐거움이 새롭고도 상쾌하다.

저녁시간에는 아내와 성격, 여행의 관점 등에 관하여 비교적 긴 시간 토론과 대화를 나누었다. 이런 시간의 터널을 통해 부부로서의 유

톨레도 전경

대와 정이 돈독해지리라고 기대한다. 부부는 쇠사슬에 함께 묶인 죄인이기 때문에 발을 맞춰 걷지 않으면 안 된다고 했던 고리키의 말이 밤하늘의 별처럼 내 마음 속에서 반짝인다.

엘 그레코가 그린 톨레도 전경

10 | 신화와 역사와 풍속의 보물창고,
21년 만에 다시 찾은 프라도미술관

(그림을) 알면 진정 사랑하게 되고
사랑하면 진정 보게 되고
볼 줄 알면 소장하게 된다.
이런 사람은 그저 모으는 사람과는 다르다.
- 유한준

　　11시 30분 톨레도를 뒤로 하고 다시 마드리드로 향했다. 오찬 후 프라도미술관을 찾았다. 21년 전인 1991년 9월 말에 이어 두 번째 방문이다. 특별한 감회는 없지만 그림을 보는 안목과 관람 목적의 명확성이 그때와는 확연히 구별된다. 향후 명화(名畵)에 얽힌 뒤안길을 역사와 신화의 발자취를 따라 거닐면서 나름의 방식으로 정리해보고 싶다는 욕심이 생겼기 때문이다. 법조계에 종사하면서 늘 마음 한편에 인문학에 대한 애틋함을 가지고 있던 터라 틈틈이 기회가 있을 때마다 각별한 관심을 기울이게 된다.

　　프라도미술관은 대영박물관, 루브르박물관에 이은 세계3대 미술관 중 하나다. 후자의 두 박물관이 유럽을 위시하여 이집트, 중동, 아시아 등의 여러 지역에서 훔쳐오거나 약탈한 문화재나 유적들을 상당부분(아니 대부분) 소장하고 있는데 비하여 프라도미술관의 소장품은 스페인 왕조가 소장한 것으로 대부분 스페인 화가들의 작품들로 채워져 있다. 비록 일부 작품은 정당한 가격을 주고 해외에서 구입한 것도 있지만 영국과 프랑스 박물관의 약탈 소장품과는 격이 다르다는 자부심이 서려있다. 프라도미술관은 엘 그레코, 고야, 무릴로, 루벤스, 티치아노,

파리스의 심판

보슈, 라파엘, 보티첼리 등의 회화 작품 8,600여점을 소장하고 있으며, 특히 벨라스케스의 작품은 전작의 80퍼센트 정도를 소장하고 있다.

　　마침 부활절 주간이 끝나고 맞은 일요일 오후라서 관람객이 많이 붐비지는 않았다. 다행이다. 프라도미술관은 정말 대단한 규모와 가치를 지닌 인류유산의 집합장임을 다시 깨닫게 된다. 벨라스케스, 고야, 루벤스, 엘 그레코 등 스페인이 낳은 거장들의 그림 위주로 감상 포인트를 잡았다. 그중에서도 나의 관심을 끌었던 것은 벨라스케스의 「시녀들」(Room12), 고야의 「카를로스4세의 가족들」(Room32), 고야의 「1808년 5월 2일」과 「1808년 5월 3일」[22](Room 64, 65에 나란히 전시됨) 등도 있었지만 특별히 루벤스와 고야의 그림 각 두 점에 더 관심이 간다.

　　29번 룸에 전시된 루벤스의 「파리스의 심판」은 그리스 신화의

---

22)　1807년 프랑스군이 포르투갈을 공격한다는 명목으로 이베리아 반도를 점령하자 카를로스 4세는 실제적인 권력을 나폴레옹에게 넘겨주고 자신의 안위를 보장받으며 이탈리아에서 생활을 한다. 나폴레옹은 스페인 국민들의 의심을 잠재우기 위해 아들 페르난도 7세를 명목상 왕위에 옹립하고 프랑스 성에 유폐시킨다. 이런 상황에서 나머지 왕족 일가가 프랑스로 간다는 소식이 전해지자 마드리드 시민들이 광장에 모이면서 프랑스 군대와 충돌하게 된다. 이 과정에서 프랑스 군인들이 군중에게 공격을 받게 되는데 이 사태를 그린 것이 바로 「1082년 5월 2일」이다. 이 사건을 빌미로 프랑스 군대는 다음날 44명의 스페인 사람을 총살하는데 그것을 사실적으로 그린 것이 「1082년 5월 3일」이다. 이 두 작품을 계기로 고야는 민중 화가로 추앙받게 된다. 하지만 노년에 고야의 삶은 암울했다. 마흔 중반에 청각을 상실했으며 노후에 마드리드 근처의 집에서 은둔 생활을 했다. 고야가 자신의 집에 그린 벽화들은 마치 귀신을 본 듯 공포에 질린 표정의 검은 군상들로 채워져 있었다. '블랙 페인팅'이라고 불리는 그림들이다. 그중에서도 「자기 아들을 먹어 치우고 있는 새턴(Saturn devouring his Child)」은 끔찍한 장면에도 불구하고 후기 작품 중 가장 명작으로 손꼽히고 있다.

한 장면을 그린 작품으로 직접 꼭 보고 싶은 그림이었다. 그림을 마주 대하니 작품의 배경이 된 그리스 신화의 이야기가 파노라마처럼 펼쳐 진다. 바다의 여신 테티스와 테살리아의 프티아 국왕인 인간 펠레우스 의 최초의 결혼식과 그 결혼식에 초대받지 못한 불화의 여신 에리스가 던진, '가장 아름다운 여신에게'라는 문구가 적힌 불화의 사과로 인하 여 뜻하지 않게 미스 올림포스 내지 미스 그리스 선발대회가 열리게 되 었다. 아테나, 헤라, 아프로디테 중 누가 가장 아름다운지 판정을 하려 는 사람이 없자 제우스는 헤르메스에게 세 여신을 이데 산 위로 데리고 가서 파리스의 심판을 받도록 하게했다. 겁이 난 파리스가 도망치려하 자 헤르메스가 그를 설득해 미인대회의 심판을 맡게 했다. 이 그림은 관 람객들에게는 그렇게 주목을 받지 못하고 있지만 나에게는 많은 이야기 를 풀어가는 실마리가 되고 있어 관심을 끌기에 충분했다. 권력과 부의 여신 헤라, 전쟁과 지혜의 여신 아테네, 미의 여신 아프로디테, 과연 누 가 미스 올림포스가 될 것인가.

자, 이제 잠시 여행의 발길을 그리스 신화의 세계로 돌려 그리스 신화의 하이라이트 중 하나인 신과 인간과의 최초의 결혼식 장면부터 들여다보자. 이 결혼식장에 던져진 '불화의 사과' 한 알이 그리스 신화 역사를 바꿔 놓은 터닝 포인트가 되기 때문이다.

최초로 인간과 결혼한 여신, 그녀는 바다의 여신 테티스였다. 테 티스는 매우 아름다워 제우스가 한때 매우 사랑했던 여신 중 한 명이 었다. 그러나 당시 '테티스가 낳은 아이는 아버지를 능가한다.'는 예언이 있었기 때문에 최고의 신 제우스도 어찌하지 못하였다. 결국 테티스는

'펠레우스'라는 인간과 결혼하게 되었다.

이 최초의 여신과 인간 남자와의 결혼식에는 많은 올림포스의 신들이 축하해 주기 위해 참석했다. 그 가운데는 테티스와 아름다움을 다투던 헤라, 아테나, 아프로디테 등도 있었다. 문제는 그 결혼식에 초대받지 못한 한 여신 때문에 일어났다. 테티스는 전쟁의 신 아레스를 따라다니며 항상 분쟁을 일으키기만 했던 불화의 여신 에리스만은 결혼식의 분위기를 깰까봐 초대하지 않았던 것이다.

에리스는 자신의 성질을 주체하지 못하고 축하연이 한창이던 결혼식장에 '가장 아름다운 여신에게' 라는 글귀가 새겨진 황금 사과 하나를 던졌다. 황금 사과는 공교롭게도 세 여신(헤라, 아테나, 아프로디테) 앞에 떨어졌고, 이들은 이 사과가 서로 자기 것이라고 다투기 시작했다. 이 사과가 바로 불화의 사과로 훗날 이것이 트로이 전쟁의 불씨가 될 줄은 아무도 모르면서 말이다.

결국 제우스의 지시와 헤르메스의 중재로 겁 많고 경솔한 트로이의 왕자 파리스가 심판을 맡게 되었다. 파리스 앞에 선 세 여신은 서로 잘 봐달라는 뜻으로 선물을 주겠다고 아우성이었다. 먼저 헤라는 최고의 권력과 부를 주겠다고 나섰으며, 아테나는 어떤 전쟁에서도 이길 수 있는 힘과 지혜를 주겠다고 했다. 그러자 마지막으로 아프로디테는 세상에서 제일 아름다운 여인을 차지할 수 있게 해주겠다고 했다. 어느 것 하나 버릴 수 없는 선물이었지만 파리스는 그 중에서도 아프로디테의 제안에 가장 끌렸다. 파리스는 아프로디테의 선물을 선택했고, 당연히 아프로디테가 황금 사과의 주인이 되었다.

"지상에서 가장 아름다운 여인은 바로 스파르타의 왕비 헬레네야."

아프로디테의 입에서 흘러나온 '헬레네'라는 이름을 듣는 순간 파리스의 가슴은 곤두박질치기 시작했다. 헬레네는 제우스가 한창 바람을 피울 때 스파르타의 왕비였던 레다와의 사이에서 낳은 딸로서, 당시 땅에서는 가장 아름다운 여인으로 소문이 자자했다. 물론 파리스도 이 사실을 알고 있었다. 그러나 문제는 그녀가 현재 스파르타의 왕 메넬라오스의 아내가 되어 있다는 것이었다.

"내가 도와줄 테니 스파르타로부터 그녀를 빼앗아 와!"

이렇게 하여 파리스는 스파르타와 평화협정을 맺는다는 구실을 내걸고 스파르타를 방문했다. 아무것도 모르는 스파르타의 왕 메넬라오스는 파리스를 크게 환대하며 잔치를 베풀어 주었다. 이 자리에서 최고의 미녀 헬레네를 보게 된 파리스는 그녀의 미모에 넋을 잃을 지경이었다. 그리고 헬레네 역시 파리스를 흠모의 눈길로 바라보고 있었다. 이는 이미 사랑의 여신 아프로디테가 조치를 취해 놓았기 때문이었다. 파리스는 그날 밤 헬레네에게 다가갔다.

"나와 함께 트로이로 가주오."

이미 사랑의 화살이 꽂힌 헬레네는 조금의 거부도 없이 파리스를 따라나섰다. 이렇게 하여 트로이 전쟁의 불씨가 지펴 오르기 시작했다.

아내를 빼앗기고도 가만히 있는 남자라면 불알차고 살아갈 자격이 없다. 뒤늦게 이 사실을 안 메넬라오스는 끓어오르는 분노를 주체하지 못하고 형인 미케네 왕 아가멤논과 상의한다. 드디어 아가멤논을 총사령관으로 하고 아킬레우스, 오디세우스 등의 영웅을 거느린 그리스

연합군이 편성되어 트로이로 쳐들어간다. 10년에 걸친 치열한 전쟁 끝에 트로이는 끝내 멸망한다. 이 전투에서 아킬레우스, 트로이의 왕자 헥토르 등의 영웅들이 전사하고, '트로이 목마' 전략을 짜내어 전쟁을 승리로 이끈 영웅 오디세우스는 귀환 과정에서 천신만고의 모험을 겪게 된다. 바로 이 트로이 전쟁과 오디세우스의 귀향의 모험을 문학예술의 경지로 끌어 올린 작품이 호메르스의 대서사시 『일리아드』와 『오디세이아』이다.

어떻든 여신들의 미녀 경쟁으로 시작된 전쟁으로 그리스 신화의 영웅들이 수없이 죽고 파리스는 미스 그리스 선발대회에 어설프게 끼어들었다가 자신의 조국을 패망하게 하였다. 이 모두 '불화의 사과' 한 알이 가져온 비극이었다.

바로 지금 내가 보고 있는 루벤스의 「파리스의 심판」은 파리스가 그리스의 세 여신 중 가장 아름다운 여신을 선택해서 사과를 주는 장면을 묘사하고 있다. 그림에서 아기천사가 아프로디테에게 화관을 씌워주고 있는 걸로 봐서 파리스는 아프로디테를 미스 그리스로 지목하고 있는 것으로 보인다.

세 미녀 신

「파리스의 심판」 바로 왼쪽에 루벤스의 또 다른 작품인 「세 미녀 신(神)」(The Three Graces)[23] 이 걸려 있다. 세 미녀는 제우스와 바다의 요정 사

---

23) 여인들의 풍만한 몸이 눈길을 끄는 이 작품은 루벤스가 죽을 때까지 세상에 공개하지 않았다고 한다. 그 이유는 세 여신 중 왼쪽에 있는 여신이 루벤스의 아내 헬레나였기 때문이라고 한다.

이에 태어난 아름다움의 세 여신으로 아글라이아, 탈레이아, 유프로시네를 말하며, 이들은 각각 광채, 희열, 번영을 상징한다. 안내자의 말에 의하면 보통 루벤스의 「세 미녀 신」을 「파리스의 심판」보다 더 가치가 있는 그림으로 친다고 한다. 그래서 그런지 「파리스의 심판」이 더 큰 화폭임에도 옆의 「세 미녀 신」에 사람들의 눈길이 몰리고 있다. 어쨌든 나는 「파리스의 심판」을 더 좋아한다.

루벤스가 400여년 전 한국인을 만난 사실을 아는가? 몇해 전 나는 미국 로스엔젤레스의 폴게티미술관에서 루벤스가 그린 17세기 초의 「한국 남자(Antonio Corea)」의 그림을 본 적이 있다. 임진왜란 때 포로로 일본에 끌려간 조선인들 가운데 몇 명이 당시 나가사키에 와 있던 이탈리아 상인에게 노예로 팔려 이탈리아로 가게 된다. 이때 루벤스는 특이한 외관과 옷

한국 남자

차림의 조선 남자 안토니오를 보게 되고 그에게 끌려 그를 모델로 초상화를 그린 것으로 추정된다. 최근 연구 추적 결과 안토니오 꼬레아 후손들이 현재 남부 이탈리아에 집성촌을 형성해 살고 있는 것으로 확인됐다.

루벤스의 작품을 감상하고 고야의 그림을 보기 위해 발길을 옮긴다. 루브르 박물관의 안주인이 모나리자라면 프라도의 안주인은 단연 마하부인이며, 고야의 「옷을 벗은 마하」와 「옷을 입은 마하」(Room 36)에 나오는 여인이다. 프라도미술관 정문 앞뜰에는 미술관의 상징으

옷을 벗은 마하

로 고야의 청동상이 세워져 있고 그 좌대에는 「옷을 벗은 마하」가 조각으로 새겨져 있다. 그날은 공교롭게도 「옷을 입은 마하」 부인은 외국으로 출타 중(순회전시 중)이어서 만나지 못해 아쉬웠다. 「옷을 벗은 마하」 부인은 수줍은 기색보다는 요염하면서도 입술 끝에는 살짝 냉소의 표정을 드러내는 모습으로 관객을 또렷이 바라보고 있어 오히려 바라보는 내가 부끄러워 시선처리가 불안했다. 마하는 흔히 생각하는 것처럼 그림 속 주인공의 이름이 아니라 귀족이나 상류사회를 동경하고 지향하는 일군의 여인들의 집합적 명칭이다.[24] 신화나 성서의 여체가 아닌 일상생활의 여인의 누드를 유혹적이고 자극적인 자태로 표현하기는 고야의 「옷을 벗은 마하」가 처음이었다.

어쨌든 고야는 이 그림으로 인하여 외설적, 신성 모독적인 작품을 그렸다 하여 종교 재판소에 서게 되었는데 당시 시대적 분위기로 볼

---

24) 마하(maja)는 '매력적인, 세련된, 사치스러운, 잘 차려 입은'이라는 뜻인 마호(majo)의 여성 명사인데, 당시에는 특이한 옷차림과 행동으로 세인들의 주목을 끈 여인들을 마하라고(특히 남자들이) 지칭했다.

때 어쩌면 당연한 것이었을지도 모른다. 머리 뒤로 추켜올린 양손과 화면 중앙에 자리한 여성의 체모 그리고 도발적인 시선으로 정면을 응시하는 마하부인은 지금 봐도 뇌쇄적인데 종교적인 도덕관념이 철통같던 당시에는 어떠했을까는 안 봐도 답이 나온다. 1930년 스페인 정부가 이 「옷을 벗은 마하」로 우표를 만들어 사용한 적이 있었다. 그런데 미국 정부가 「옷을 벗은 마하」가 그려진 우표가 붙은 편지를 음란하다는 이유로 모두 스페인으로 되돌려 보냈다는 일화도 있다.

3시간이 금세 지나가고 현지 안내자와의 관람약속 시간 때문에 프라도미술관 관람을 이 정도에서 끝냈다. 프라도미술관 근처의 레디슨 블루 호텔에 체크인하고 돈 키호테 동상이 있는 스페인광장과 로욜라 광장을 위시하여 사람들(대부분 관광객들)로 붐비는 주요 관광 포인트를 1시간에 걸쳐 산책하다가 마드리드 전통시장에 들러 간단히 이것저것 맛보면서 저녁식사를 대신하였다.

부기하고 싶은 것은 돈 키호테 동상 뒤의 스페인을 대표하는 웅장한 자태의 빌딩과 그 옆의 수십 층의 고층빌딩의 사무실이 2, 3년 전부터 모두 비어 있다는 안내자의 말을 듣고 스페인의 경제적 상황이 심각함을 직접 보고 느낄 수 있었다. 그리스에서 시작된 최근 금융위기가 남유럽 특히 스페인에까지 광범위하게 파급되고 있는 현실을 그대로 반영하는 것이 바로 수도 중심가 최고 입지의 빌딩 사무실의 텅 빔 현상이 아닌가 한다. 이날 호텔로 돌아가다 정부의 실업과 경제회복 대책을 촉구하는 일군의 시위대로 인한 교통통제로 호텔 근처에서 하차하여 도보로 호텔에 들어갔다.

11 | 눈발 흩날리는 4월의 세고비아
로마수로교, 알카사르 그리고 코치닐요

과거를 잊어버리는 자는 그것을 또 다시 반복하게 되는 것이다.
- 조지 산타야나

       호텔 래디슨 블루의 조식은 가짓수는 적어도 맛과 음식의 질이 뛰어나 품격이 훌륭하다. 10시경 세고비아를 향하여 떠났다. 겨울 목 티셔츠로 갈아입고 추위에 대비했다. 세고비아는 넓게 트인 과다라마산맥 기슭 해발 1,000미터 지점에 위치한 도시로 로마, 이슬람, 기독교의 문화가 공존하고 있다. 30여분 지나 산 중턱에 이르자 날씨가 급변하여 눈보라에 하늘이 검은 구름으로 뒤덮인다. 1시간 10여분 만에 세고비아에 도착하니 영하 4~5도는 족히 체감할 수 있는 차가운 겨울날씨로 돌변했다. 이곳의 날씨가 원래 이렇다고 한다. 봄 날씨는 여자의 마음과 같다는 말이 무엇인지 제대로 실감이 간다. 이곳 날씨는 겨울이 길고 추우며, 여름의 기온 또한 만만치 않게 찌는 듯하다고 한다. 지금은 아마 마지막 꽃샘, 잎샘추위일 것이리라.

       세고비아를 찾는 사람들은 누구나 거대한 구조물인 로마 수로교를 마주하면서 그 밑에서 발길을 시작하게 된다. 로마 수로교는 1985년 유네스코에 의해 세계문화유산으로 지정되었다. 두 번째 찾는 로마시대의 수로교가 그때와는 다른 감흥을 준다. 로마시대의 수로 중에서 2000년을 거치면서 가장 완벽하게 보존된 것이 세고비아의 수로교다. 저 넘어 눈 덮인 산악에서 물을 끌어와 이 도시의 한쪽에서 한쪽을 이

로마 수로교

어 물을 통과시켜 도시를 건설하여 생활의 질 향상에 주력한 로마인의 발상, 그리고 그것을 가능케 한 고도의 토목과 공학기술은 지금 다시 만든다 해도 그 정도의 정교함과 공고함, 그리고 미적 경관을 갖추게 만들지는 정말 의문이다. 아니 50년, 100년도 못가서 허물어지거나 자연의 변화에 마모되어 사라지지 않을까 한다. 이렇게 오래 견디는 데는 과학적인 이유가 있다. 물을 받는 저장소의 위치를 지하 수백 미터 넓이로 확장하여 아무리 많은 물이 저장되어도 기반이 약해지지 않도록 기초 기반공사를 철저히 한 덕택이다.

수로교 아래쪽 첨탑에 올라 흘러온 물이 저장소로 내려가는 좁다란 수로를 직접 확인하니 그 밑의 구조를 상상할 수 있었다. 그 당시 시멘트나 접착제를 전혀 사용하지 않고도 마치 어떤 틈도 없이 2천년의 풍상을 견디도록 굳건하게 건조되어 지금까지도 수로로 사용하고 있다는 사실에서 로마인의 실용성과 로마문화의 위대성에 갈채를 보내지 않을 수 없다. 면도칼 하나도 들어갈 틈이 없다는 후대 사람들의 찬탄이 허언이 아님을 직접 확인할 수 있었다. 높이 28미터, 수로를 받치고 있는 아치 기둥이 148개나 되는 장대한 위용에서 치수의 실용성과 건축의 예술성을 조화롭게 접목한 로마문화의 찬란함에 감탄사가 연발된다. 로마 수로교는 1920년대까지는 맨 위층의 수로에 직접 물을 흘려 생활용수로 사용했으며 현재에는 그 수로에 파이프라인을 설치하여 상수도로 사용하고 있다고 한다.

알카사르 성

살을 에는 듯한 세고비아의 변덕스런 4월의 날씨가 '4월은 가장 잔인한 달'이라는 시구로 시작하는 엘리엇의 「황무지」라는 시를 떠오르게 할 지경이다. 차가운 바람을 뚫고 세고비아 구시가지의 골목을 한 15분 정도 걸어서 세고비아의 또 다른 상징인 알카사르(Alcazar) 성에 당도했다.

눈발이 흩날리는 가운데 알카사르 성(미국의 디즈니랜드의 백설공주의 성은 알카사르 성을 모델로 만든 것이다)이 우리를 맞고 있었다. 세계인의 가슴 속에 동화 속 상상의 나래를 펼치도록 만든 세고비아의 알카사르, 그러나 이 성에 전시되어 있는 갑옷과 투구, 중세의 무기류는 우리가 생각한 알카사르 성에 대한 낭만과는 어쩐지 어울리지 않는 것 같다. 하지만 이곳에서 이사벨 여왕의 대관식과 페르난도 왕과의 결혼식이 거행되어 동화 속의 공주와 왕자의 이미지를 연상시킬 수는 있지 않을까, 라는 역사적 추론을 해본다. 이사벨 여왕과 페르난도 왕과

이사벨 여왕의 대관식

의 결혼이 스페인을 통일하²⁵⁾고 이후 세계사의 전면에 나서도록 한 단초가 되었다는 사실에서 알카사르 성의 이미지는 세계사에 오래도록 중요 포인트로 기록될 것이다.

성 가운데 방에 이사벨 여왕의 대관식 장면을 담은 대형 벽화가 시선을 끌고 있다. 벽화 속에서 대관식을 참관하는 백성, 그 중에서도 어린애들의 눈망울이 텅 비어 검게 처리한 것이 눈에 들어오는데, 이는 대관식 날짜인 4월 13일과 무관하지 않다고 한다. 4월 13일은 성(聖)프란체스카의 축일이어서 이를 축하하는 성스러운 날인데 아직 카스티야 왕국으로부터 공식인정을 받지 못한 상태에서 이사벨 여왕의 대관식이 진행되었기 때문에 사람들은 침울한 분위기와 불안을 지울 수 없었고, 그러한 분위기를 화가는 눈동자 없는 공백으로 처리한 것이다.

이사벨 여왕의 의붓오빠인 엔리케 4세는 늘 이사벨을 경계하여 기회만 되면 제거하려는 태도를 보이자, 이사벨은 살아남기 위해 알카사르 성으로 도망을 쳐서 그곳에서 페르난도와 결혼을 하고, 여왕에도 즉위한다. 이사벨의 왕위 계승을 인정하지 않았던 엔리케 4세가 1474년

25) 아라곤의 왕위 계승자인 페르난도와 카스티야의 왕위 계승자인 이사벨이 1469년 알카사르 성에서 결혼을 한다. 5년 뒤 각각 왕위를 계승 받으면서 두 나라는 자연스럽게 통일이 되었으며, 이로써 지역적으로 분할 되었던 스페인이 본격적인 국가의 틀을 갖출 수 있었다. 이사벨과 페르난도는 1492년 그라나다를 정복함으로써 이슬람 세력을 모두 축출하고, 레콩키스타를 완성했다. 1492년은 레콩키스타의 완성과 함께 스페인 역사에서 아주 중요한 일이 일어난 해이다. 콜럼버스가 이사벨 여왕의 지원을 받아 신대륙 발견함으로써 스페인은 세계 강국으로 발돋움을 하게 되었다.

죽게 되자 이사벨 여왕은 카스티야 왕은 자신이라고 선언을 한다. 이 때 엔리케 4세의 늦둥이 딸 후아나도 즉위식을 통해 이사벨과 맞선다. 후아나의 남편인 포르투갈의 알폰소 5세가 군대를 이끌고 카스티야를 침공하자 몇몇 귀족들이 그와 합세하여 이사벨과 맞서면서 내전이 시작되었다. 내전은 이사벨의 승리로 끝났고, 전쟁에서 승리한 이사벨은 귀족들을 굴복시켜 조세징수권, 화폐발행권, 지방관리 임명권을 되찾아 왕권을 강화해 나가면서 국민들의 확고한 지지를 기반으로 스페인을 실질적으로 통치하게 된다.

귀가 떨어지는 듯한 추위가 햇빛과 숨바꼭질하는 눈발에 끄떡도 않고 그 위세를 자랑한다. 알카사르 성에서 본 아름다운 마을 한편에 가르멜 수도원의 건물이 보인다. 한번 수녀가 되기로 하고 들어가면 평생 나오지 못한(않는)다는 수도원으로, 흙색(황토색)의 수녀복을 입는다. 우리나라에도 가르멜 수도원이 있다. 1939년 프랑스에서 나온 가르멜 수녀 3명이 서울특별시 혜화동에서 처음으로 가르멜 생활을 시작하였다. 공공생활을 하면서 기도, 절식, 침묵을 통해 사랑의 정신을 실천한다.

오후 1시 40분경 점심으로 수로교, 알카사르성에 이어 세고비아의 세 번째 명물인 코치닐요 (Cochinillo)라고 불리는 새끼돼지통구이를 맛보기 위해 수로교 바로 아래 위치한 유서 깊은 메손

코치닐요

데 칸디도(Meson de Candido)에 갔다. 이 집은 코치닐요의 탄생지이자 수백 년간 이어오는 집으로 세계적인 명사들이 세고비아를 방문하면 반드시 들른다는 집이다. 과연 식당 분위기와 각종 장식, 사진, 유명인의 사인들이 그 역사와 전통을 말해주고 있다. 식사를 하면서 수로교의 웅장한 자태를 감상할 수 있었다.

코치닐요의 기원에 대해서는 재미있는 이야기가 전해 온다. 이곳에 무슬림교인 아랍인, 유대교인 유대인, 가톨릭교인 스페인 사람들이 섞여 살 때였다. 돼지고기를 즐겨 먹던 스페인 사람들이 종교적인 이유로 양고기를 먹던 아랍인과 유대인을 몰아내기 위해서 요리로 꾀를 내는 바람에 결국 스페인에 남고 싶은 사람은 가톨릭인척 하면서 돼지고기를 먹었다고 한다.

세고비아의 코치닐요를 최고로 치는 이유는 고기를 굽는 방법의 차이 때문이라고 한다. 즉 전기통닭처럼 꼬치에 끼워 돌려 굽지 않고 세고비아만의 특별한 접시에 담아서 전통과 비밀이 있는 화덕에서 오래, 천천히 굽는 것에 있다.

코치닐요를 먹기 전 빵과 수프(생선 빻아 만든 국물), 스페인의 대중적인 포도주인 샹그리아(일종의 하우스 와인으로 여러 가지 과일을 넣어 차게 마시는 술)와 샐러드를 먹는다. 이어 생후 40일된 새끼돼지(가장 먹기 좋고 맛이 있다고 한다)를 구워서 쟁반에 내온다. 맛은 부드럽고 고소한데 쑥쑥 넘어가는 것이 일품이다. 나는 이미 전식(前食)이 많아 전부를 먹지 못했다. 아내도 나만큼의 할당량은 채우고 나서 한 번 정도는 꼭 먹어볼만한 음식이라고 평한다. 20여 년 전 왔을 때 맛보

왔던 그때의 그 맛보다는 못했다. 경험이란 항상 그렇게 될 수밖에 없는 게 섭리이다. 처음 먹을 때와 두 번째 먹을 때의 맛은 어딘지 모르게 다르기 마련이다. 맛도 맛이지만 최고(最高)이자 최고(最古)의 집에서 아내와 맛본 코치닐요는 오래도록 추억과 얘깃거리가 될 것이다. 스프가 너무 짜다고 하니 스페인 사람들이 보통 먹는 돼지 내장스프를 무료로 제공해주는 친절을 베풀기도 했다. 가격은 셋이서 103유로 정도, 고급식당의 값이라고 보면 적당하다.

　　마드리드로 돌아오는 차안에서 1시간 여 잠에 곯아 떨어졌다. 출발하자마자 내가 이렇게 긴 시간 목을 뒤로 하고 잠든 것은 처음 본다고 아내는 지적한다. 나는 한 10여분 잔 것 같은데 벌써 마드리드 호텔에 도착했다. 정과장이 기다리고 있었다. 오후 8시, 저녁식사 때 픽업하러 오라는 약속을 하고, 일단 호텔 룸에서 휴식 겸 여행의 정리시간을 가지면서 이글을 쓰고 있다. 벌써 6시 30분이 지나고 있다. 호텔 바로 옆의 프라도미술관과 공원을 산책하러 나가야겠다. 제법 쌀쌀한 날씨지만 이 귀중한, 다시 오지 않을 시간을 추억의 연장선으로 만들어야지!

12 | 그때가 따로 있는 것이 아니다, 지금이 바로 그 때다!
– 스페인 여정의 마무리

네가 하고 싶은 것을 하라.
그리고 그 대가를 지불하라.
– 스페인 격언

마드리드는 유럽에서 가장 고도가 높은 도시이기 때문에 건조하고 추위가 만만치 않다. 바람만 약간 불어도 냉기가 뼛속을 스민다. 어제 저녁식사를 했던 한식당 가야금을 다시 찾았다. 음식의 질과 양, 친절도 부문 모두에서 A학점을 주고 싶은 식당이다. 식당주인 부부의 인생유전에서 얻은 철학의 반영이라고 모두들 입을 모은다. 식자재를 엘에스코레알의 자택에서 재배하고, 고추장도 직접 만들어 내놓기 때문에 맛과 정성에서 차별화될 수밖에 없을 것이다. 주인장에게 격려의 덕담과 악수를 나누고 헤어졌다. 호텔 근처 프라도미술관 주변을 산책하려고 다시 벼렸으나 추운 날씨로 인하여 단념하고 호텔로 들어와 내일 새벽 출발을 대비하여 짐을 꾸리고 비교적 이른 시각인 밤 11시 30분에 잠자리에 들었다.

4월 17일 아침 6시 30분 호텔식당에서 아주 간단히 식사를 하고 마드리드공항에 도착, 체크인 후 공항라운지에서 생각의 단편을 정리하면서 몇 자 적는다.

앞으로 나에게 주어진 삶의 시간이 그리 많지 않다. 10년, 20년 그 이상이라 할지라도 지금 시시각각으로 내 생의 한 순간이 유수(流水)처럼 흘러가고 있다. 지난 일에 매달려 아까운 시간을 낭비하거나,

너무 계산적이고 출세지향적인 세속적 가치관에 몸과 마음을 빼앗겨 육체적·정신적 수명을 단축시키고, 삶을 무가치하게 만들어서는 안 될 것이다. 너무 현실을 놓고 아웅다웅하면서 시간을 낭비하지 말자. 남을 의식하거나 과욕을 부려 무엇 한자리 하고자 하는 권력의 미혹에 허우적거리는 우(愚)도 범하지 말자. 현실에 충실하고 내가 하고 싶은 일에 좀 더 배려와 보람과 긍지를 느끼고, 현실을 겸허히 받아들이면서 향상적(向上的)인 마음가짐으로 충일한 삶을 맞이하도록 하자.

불교 선종의 대가인 임제 선사는 '갱무시절 즉시현금'(更無時節 卽時現今)이라고 말씀하셨다. 그렇다. 그때가 따로 있는 것이 아니다. 지금이 바로 그때이다. 얼마 남지 않은 내 생의 한 부분이 지금 이렇게 흘러가고 있다. 어찌 무익하고 헛되이 보낼 수 있겠는가?

다시 삶의 새 지평을 향하여 나가자. 승부욕과 출세욕, 권력과 탐욕과 재물욕에 크게 연연하지 않고, 현재를 즐기고 미래에 대한 걱정과 축재에 대한 집착 없이 자신과 가족의 삶을 찾고 내 것으로 만들면서도 장수하는 스페인 사람들의 보편적인 생활철학과 성격을 흠뻑 묻혀가지고 가서 내 새로운 삶의 항로를 찾아가는데 활용하자. 이것이 이번 스페인 여정의 성과이자 소중한 체험이다.

무엇하러 여기 왔는가?

– 함경남도 함흥, 신포, 북청 그리고 평양

2

이 글은 2003년 9월 1일부터 6일간 북한의 신포, 북청, 함흥, 평양 등지를 방문하면서 현지에서 작성하여 귀국 후 가필을 한 것으로서 10년 만에 공개합니다. 일반 여행기나 탐사기와는 달리 공개될 경우의 민감성을 고려하여 될 수 있는 한 사실(fact)의 서술에 충실하고자 하였음을 밝힙니다. 아울러 주관적 가치 판단 부분은 오늘의 관점이 아닌 10년 전 그 당시의 시각으로 보아야 할 것입니다.

01 | 함경남도 신포시 금호지구에서의 첫날

    9월 1일 오후 한국전력공사(한전)에서 마련해 준 버스 편으로 속초를 향하여 출발했다. 한전 사외이사로서 6일간에 걸친 방북 일정의 시작이었다. 나와 문정숙 사외이사(숙명여대 교수), 이영일 한전 KEDO(한반도에너지개발기구) 대북경수로지원사업단의 사업처장 등 한전 관계자 4명과 같이한 이번 방북은 개인적인 측면에서나 국가적인 차원에서나 매우 특별하다.

    속초 한전 생활연수원에 도착하여 여장을 풀고 곧 속초 외항에 있는 한 횟집으로 갔다. 광어회와 광어 뼈를 삶은 미역국이 일품인 '九九식당'에서 이영일 사업처장의 3년에 걸친 KEDO 대북경수로지원사업 북한사업본부장으로서의 경험담을 안주 삼으면서 저녁식사를 마쳤다.

    식사 후 생활연수원 주변을 산책하면서 북한 방문 시의 자세와 대응전략(?)에 대한 생각을 정리하였다. 공기는 청정하고 완연한 가을의 정취가 느껴지기 시작하는 절기의 초입이다. 주변 산에서 온갖 풀벌레 소리가 가을의 전령사를 자처하면서 애잔함을 더해주는 가운데 초가을(初秋)의 밤이 깊어 간다.

아침부터 비가 내리고 있다. 생활연수원 온천탕에서 목욕을 하고 연수원 근처에 있는 '삼포 황태해장국집'에서 아침을 들었다. 음식 맛이 별미다.

오전 9시 20분경 속초항에서 간단한 출국심사를 마치고 속초와 함경남도 양화항을 왕복하는 '한겨레'호에 승선했다. 정원 500여명의 선박에 70여명이 탔다. 승객 대부분은 KEDO 근로자로 교대요원, 휴가복귀 요원들이었다. 그리고 속초 현지에서 KEDO 경수로지원사업단의 일원인 두산중공업의 박건동 부사장, 심평섭 상무, 대우건설의 홍기성 상무, 현대건설의 최대일 전무 등이 일행으로 같은 여정에 합류하였다.

10시에 속초항을 출발한 한겨레호는 오후 1시경 북한 양화항 앞바다에 정선하였으며, 이어 작은 배를 띄워서 우리 배에 올라온 북한관리들의 검선을 받았다. 3명이 한 조가 되어 한겨레호에 올라온 북한관리들과 나는 뒷문 입구에서 "반갑습니다."라는 인사말과 더불어 악수를 청하였다. 약 1시간 동안 방역의사가 체온을 재고, 1957년 이후 출생자에 대한 홍역예방접종 확인 등 기타 입항에 필요한 절차를 마치자 배는 10여분 곧바로 달려 2시경 양화항 선착장에 도착하였다.

제일 먼저 눈에 띄는 양화항의 한적한, 아니 예스러운 모습에 더하여, '김일성 수령의 유훈을 받들어 관철하라'와 '김정일 장군의 뜻에 따라 뭉쳐 싸우라'는 내용의 커다란 구호가 시야를 흐트러지게 한다. 날씨는 쾌청한 상태로 급변하고 있었다. KEDO 증명서검사와 세관검사대에서의 절차를 마치고, KEDO 한전 본부장 차에 승차하여 KEDO 경수로 현장의 생활부지가 있는 금호지구로 향했다. KEDO 지구는 함경

금호지구

남도 신포시에서 금호리 등 9개 리를 떼어 만든 금호지구의 일부다. 금호지구는 북쪽과 동쪽은 북청군, 서쪽은 신포시, 남쪽은 동해바다와 면해있는 지역으로, 동서 간 길이는 15킬로미터, 남북은 20킬로미터이며, 면적 45세제곱킬로미터다.

　가는 곳곳 북한주민들의 무표정한, 그러면서도 호기심에 가득한 눈길로 바라보는 순박한 모습을 대하면서 내가 어렸을 때의 시골 풍경을 연상시키는 주거환경과 생활모습이 오버랩 되었다. 20여 분간 달려 3시 20분경 생활부지에 도착했다. 생활부지는 앞서 본 바와 같이 함경남도 신포시 금호리 등 몇 개의 리(里)를 떼 내어 만든 금호지구 내의 부지로 일종의 치외법권 지대였다. 숙소는 쾌적하고 공기 좋은 곳에 위치하고 있었으며 방도 깨끗하고 아담하게, 호텔시설 못지않게 비품이 갖추어져 있었다. 마치 조용하고 한적한 휴양지나 별장에 휴식 차 온 것 같은 생각이 들었다.

　잠시 휴식을 취하고 저녁식사를 하기 위해 생활부지 밖에 있는, 북한 측 커뮤니티에서 운영하는 '옥류관'으로 향했다. 옥류관 안에 있는 쇼핑가게와 그림가게에 들렀으나 그렇게 끌리는 것이 없다. 저녁은 옥류관의 전통음식이 중심이 된 한식 코스요리를 먹었는데, 마지막 주메뉴는 옥류관식 평양냉면이었다. 음식은 맛있는 편이었으며 특히 냉면은 일품이었다.

식사 후 여종업원들의 노래가 시작되었다. '림진강', '사랑의 별'에서부터 '또 만납시다'까지 청산유수처럼 이어진다. 모두 발군의 실력을 가진 봉사원들로서, 이들은 전부 평양에서 온 여성들이라 한다.

식사를 마치고 역시 부지 밖에 있는, 북측 운영의 주점인 '소나무찻집'에 들러 북한산 고급술인 '령명주'(가격 16달러)를 간단히 나누어 마시고 9시 30분경 숙소로 돌아왔다. 생활 부지를 제외한 주변은 칠흑같이 어두운 암흑세계였다. 생활부지 밖인 주점이나 옥류관 음식점에서도 전깃불이 약하여 옆 사람이 희미하게 보일 정도였으며 그나마 짧은 시간을 두고 깜박깜박 거리고 있다가 이내 정전이 되기도 했다. 전기가 부족하여 일상생활에서도 어려움을 겪고 있는 북한의 현실을 실감할 수 있었다.

02 | 북청 남대천에서 본 북한의 산하

청명한 가을 날씨다. 생활부지 식당에서 아침식사 후 일행과 북한생활 경험담을 중심으로 담소를 하였다. 오전 10시 30분 KEDO 발전소부지에 도착하여 유태환 본부장으로부터 1시간가량 사업진행 상황 브리핑을 받았다. KEDO에 의한 원자력발전소 건설은 막대한 비용을 투입하여 이미 상당한 수준 진행되고 있었으며, 북한 전력난 해소를 위하여 꼭 필요한 사업임을 새삼 실감했다.

발전소 부지 식당에서 점심을 마치고 30여 분간 KEDO 지구에 있는 해발 143미터의 어인봉에 올랐다. 등산 도중 북한 인민군 복장의 해양경비대원 두 명과 맞닥뜨렸다. 어깨에 집총을 하고 있었다. 우리한 테 북한사람 한 명을 못 봤냐고 묻는다. 원래 KEDO 지구는 치외법권 지역이어서 북한인들의 출입이 통제되었는데도 두 명의 군인들은 북한 인 한 명이 KEDO 지역 어인봉으로 잠입했다는 이유로 KEDO 본부에 통보 없이 무단출입한 것으로 판명되었다. 우리 일행은 어느 북한주민 도 본적이 없다고 말하자 그들은 알았다며 산기슭 아래로 내려갔다. 어 인봉 정상에서 내려다 본 신포시 금호지구의 아름다운 해안과 주변의 풍광이 따사로운 초가을의 햇살 아래 가슴을 설레게 하고 있었다.

이어 오후 2시 우리 일행은 함경남도 북청을 향하여 출발했다. 목적지는 KEDO 금호지구의 골재 채취원이자 상수원 공급지인 북청의 남대천과 이준 열사의 생가다. 북청하면 북청물장수, 북청사자놀이(탈 춤), 북청사과가 유명하여 금세 떠오르지만, 나에게는 이준 열사의 출생 지로서 그가 젊은 시절을 보냈던 뜻 깊은 곳으로 더 크게 각인되어 있 었다. 또 이곳 북청은 유배지¹⁾로도 유명하다. 조선조 말기 완당 김정희 선생이 8년간에 걸친 제주도 유배에서 풀려나 한양에 온지 얼마 후 또 다시 현종의 묘천(廟遷)문제와 관련된 정쟁에 휩쓸려 60대 중반의 나이 에 1년 이상 유배되어 살던 곳이기도 하다. 또한 조선 중기 오성 이항복

---

1) 함경도는 고려와 조선의 역사를 통틀어 늘 차별을 받는 지역이었다. 이성계의 함흥차사 이래 유배지로 유 명했던 함경도 지역은 현재도 요덕수용소를 비롯한 수많은 정치범수용소가 곳곳에 위치해 있다. 함경도 는 유배의 땅이면서 동시에 저항의 땅이기도 했다. 고려시대 이래 늘 여진족과 격돌한 최전선이었으며, 이 성계가 동북면 절도사를 거쳐 역성혁명을 이룰 수 있는 힘을 기른 터전이 된 함흥도 함경도다. 김일성과 함께 빨치산 항일투쟁을 한 동료들 중 함경도 출신이 유독 많은 이유는 함경도의 험준한 지형과 그곳 사 람들의 거친 성정과 무관치 않다.

이 인목대비를 폐하고 서궁에 유폐하는 것을 반대하다 이곳으로 유배를 와 산앙정(山仰亭)이라는 정자를 짓고 살다가 죽은 곳이기도 하다.

남대천까지의 약 18킬로미터의 도로는 한전이 포장을 했다고 한다. 주변의 경관은 해맑은 초가을 햇살 아래 빛나고 있었다. 우리는 평라선(평양↔라진)의 철도와 나란히 길을 달렸다(남대천 부근이 평양 기점 300킬로미터 정도다).

남대천

또한 우리가 가는 길 오른편에는 포항에서 시작하여 동해안을 따라 북상하는 7번 국도가 비포장인 채로 양화, 금호를 거쳐 북상하고 있었다. 신포시와 북청군 경계에는 검문소가 설치되어 있어 차량과 주민들을 검문검색하고 있었다. 길가에 늘어선 주민들의 호기심 어린 표정과 소박한(?) 생활환경이 눈에 들어온다. 이곳은 함경도에서도 비교적 잘 산다는 지역이다. 함경도는 평양과의 거리가 상당히 멀고 산악이 많은 지역이어서 삶의 환경이 거칠고 척박한 편인데 함흥에서 북청에 이르는 해안 부근은 함주평야와 신창평야가 있어 상대적으로 생활이 윤택한 곳이다.

우리는 북청 군청 소재지가 있는 북청읍을 직선거리로 3킬로미터 정도 앞에 두고 남대천에서 길을 멈췄다. 남대천의 맑은 물을 배경으로 몇 장의 사진을 찍으면서 더 이상 가지 못하는 마음을 달랬다. 남대천의 폭은 직경 300미터 정도이고 양쪽으로 높고 푸른 강둑이 수 킬로미터에 이르는 일직선으로 이어져 있었다. 저 멀리 민둥산이 보이기도 하지만 이 지역은 북한 내에서 비교적 산림이 잘 조성되어 있는 곳이라 한다. 북청군의 산수가 빼어남을 느낄 수 있었다. '북청물장수'라는 말은 북청의 물이 맛이 좋고 맑기 때문에 나온 것이 아니다. 해방과 6.25 이후 북청사람들이 월남하여 서울과 부산 등지에서 물지게를 지고 물장수를 하면서 자녀들을 교육시키고 경제적으로도 성공한 것을 보고 북청사람들의 강한 생활력을 뜻하는 말로 사용한 것이다. 자녀교육에 대한 북청사람들의 열성이 전국에서 가장 높다는 말이 허언이 아닌 것은 개화기 때 북청 지역에 중학교와 보통학교가 무려 80여 개가 넘었다는 것만 봐도 알 수 있다. 북청물장수의 어원이 그러하다지만 막상 이곳 남대천에 와보니 북청은 정말 물 맑고 산수 좋은 곳임을 한눈에 실감할 수 있다.

함경남도 동부에 위치한 북청군은 1258년에 몽고의 쌍성총관부(雙城摠管府)가 설치되어 약 100여 년간 몽고의 지배를 받았다. 이 때 북청은 삼살(三撒)이라고 불리다가 공민왕 때 북청주로 개칭하고, 다시 청주(淸州)로 고쳤다. 조선시대에 들어와서는 충청도의 청주와 같다는 이유로 북쪽에 있는 청주라는 뜻의 북청으로 고친 것이 현재의 지명이 되었다. 함경산맥이 군의 중앙을 관통하고 있어 산지가 많으나 남대천의 중, 하류가 지나고 동해안을 따라 좁은 평야지대가 펼쳐져 있기도 한다.

북청에 오니 파인 김동환의 「북청 물장수」라는 시가 절로 떠오른다. 성실하고 근면한 북청사람들의 모습은 지금 온데간데 없고 몇몇 북한주민들만이 호기심에 가득 찬 눈으로 우리를 쳐다보고 있다.

북청 물장수

새벽마다 고요히 꿈길을 밟고 와서
머리맡에 찬 물을 쏴아 퍼붓고는
그만 가슴을 디디면서 멀리 사라지는
북청 물장수

물에 젖은 꿈이
북청 물장수를 부르면
그는 삐걱삐걱 소리를 치며
온 자취도 없이 다시 사라진다

날마다 아침마다 기다려지는
북청 물장수

03 | 이준 열사의 생가에서
항일, 애국의 의미를 되새기다

초가을의 오후 햇살이 중천에 빛날 무렵 남대천에서 그리 멀지 않은 북청군 룡전리에 있는 이준 열사 생가를 찾았다. 이곳 룡전리는 금호 생활지구로부터 12킬로미터 지점에 위치하고 있다. 이준 열사는 전주 이씨 완풍대군 17대손으로, 21대손인 나와는 같은 파로 종친 어른이시다. 어렸을 때부터 집안 어른들한테 가문을 빛낸 분으로 그분의 무용담과 항일 애국정신에 대한 이야기를 누차 들어왔던 터다. 이번 이준 열사의 생가방문은 남한에 있는 종친으로서도 처음 있는 일이자, 특히 개인적으로 가슴 뛰는 감동의 순간이다.

이준 열사 생가마을 「룡전리」 입구 (왼쪽에서 여덟 번째가 저자)

이미 하루 전에 KEDO 증명서를 제출하여 북한 당국의 방문 허가를 받았기 때문에 마을 입구에서 북한 측 안내차량의 안내를 받아 생가로 향했다. 마을길은 옛날 모습 그대로 보존(?)되어 있었다. 생가의 주소는 '함남 북청군 룡전리 17반' 이다. 현재 이준 열사의 증손자 맏이인 리일 씨가 거주하고 있으며, 대문에는 그의 문패가 걸려 있었다. 하지만 리일 씨는 보이지 않았다. 이준 열사는 슬하에 1남 2녀를 두었으며, 아들 리용 씨는 항일 빨치산 운동을 하다가 광복 후 북한정권에서 도시계획상(장관), 사법상 등을 역임하다 1954년 사망했다. 이준 열사의 생가는 6.25 전쟁 시 미군의 폭격으로 불탄 것을 이후 복원하였다고 한다. 원래 룡전리는 남대천을 바라보면서 평라선(경친선)과 7번 국도가 앞을 지나가는, 또한 함경도의 3대 평야의 하나인 북청평야의 넓은 들판이 앞을 장식하고 있는 빼어난 경관을 갖추고 있어 풍수지리에 문외한인 내가 보기에도 귀인이 태어날 명당이라고 느껴졌다.

이준 열사는 이곳 룡전리에서 1859년(철종 10년)에 출생하여 29세가 되던 해 과거시험 초시에 합격할 때까지 젊은 시절을 룡전리에서 보냈다. 그 후 한성법관 양성소를 졸업하고 우리나라 최초의 검사가 되었다. 그러나 당시 부패한 법무대신을 비롯한 고위층을 탄핵하고 기소했지만 오히려 그들의 모함을 받아 자신이 구속되는 등 수난을 겪는다. 그러다 몇 달 후에 면직되고 만다. 이후 그는 독립협회에 가담하여 애국운동에 나선다.

우리는 지금까지 이준 열사가 1907년 헤이그에서 열린 제2차 만국평화회의에 참석이 거부당하자 분함을 못이긴 끝에 병사한 것으로 알고 있고, 국사교과서에도 그렇게 적고 있다. 그러나 나는 그렇지 않다고 굳게 믿는다. 병사설은 일제에 의해서 왜곡된 식민사관의 연장선상에 있다고 본다. 일제가 이미 사망한 이준 열사에 대한 재판절차를 개시하여 종신형을 선고했다는 사실을 보면 왜곡의 가능성이 아주 높다고 본다. 고종은 밀사 사건에 대한 책임을 추궁당하여 강제로 퇴위되고 순종이 즉위한다. 이로써 조선왕조는 이미 그 수명을 다하고 있었다.

이준 열사는 1907년 4월 22일 부인 이일정 여사의 배웅을 받으며 서울 안국동 자택을 나선다. 헤이그까지 64일간에 걸친 고난의 대(大)여정, 그러나 다시 돌아오지 못하는 최후의 여정을 홀연히 나선 것이다. 허리춤 깊숙이 고종의 밀지를 간직한 채. 헤이그로 떠나기 한 달 전인 3월 24일 밤, 이준 열사는 극비리에 궁에 입궐하여 고종과 밀담을 나눈 뒤 결연한 표정으로 어전을 물러 나왔다. 당시 그는 "海牙密使一去後 誰何盃酒靑山哭(해아밀사일거후 수하배주청산곡)"(헤이그 밀사로 한번 간 후 뜻을 이루지 못하면 어느 누가 청산에 와서 술잔을 부어 놓고 울어 주려나)라는 시 한 수를 남겼다. 뜻을 이루지 못하면 살아 돌아오지 않겠다는 결연한 의지의 표명으로 이미 죽음을 각오하고 있었다.

이런 전후사정으로 미뤄볼 때, 그리고 당시의 상황을 기록한 각종 정황자료를 놓고 볼 때 이준 열사는 회의장 내에서 할복하지는 않았지만 적어도 그가 머물렀던 호텔 내에서 자결했거나,[2] 아니면 제3자(일본 또는 그 배후세력)에 의해 죽임을 당했을 가능성이 충분하다고 본다. 4년 전 헤이그에 있는 이준 열사 기념관을 찾았을 때 당시 이기항[3]

---

2) 헤이그 국립도서관에서 찾아낸 사료에 의하면 이준 열사는 죽기 전 여러 날 동안 울분을 삼키지 못해 일체 식음을 전폐했다고 하며, 죽기 직전 "조국을 구하라. 일본이 끊임없이 유린하고 있다."는 마지막 말을 남겼다고 한다. 그 때가 1907년 7월 14일이었다. 이런 정황으로 볼 때 병사라기보다는 의식적인 자결이라 보는 게 더 합당하다고 본다.

3) 이기항 관장은 헤이그에서 부인 송창주 씨와 함께 '이준 열사 기념관'과 '이준 열사 아카데미'를 운영하고 있다. 이기항 씨가 기념관을 건립하게 된 계기는 이준 열사의 순국일인 7월 14일 네덜란드 일간지에 게재된 특집 기사 때문이라고 한다. 기사를 본 그는 수소문 끝에 열사가 순국한 호텔을 찾아냈는데, 거의 폐허에 가까운 상태였다고 한다. 1층은 당구장이고, 2층과 3층은 노숙자들의 살림집으로 사용되고 있던 3층짜리 건물의 소유권은 헤이그 시에 있었다. 그래서 이기항 씨는 전후 사정을 설명하고 건물을 구입(헤이그 시에서 절반 부담)해 1995년 8월 5일 이준 열사 기념관을 개관했다. 개관과 함께 이기항 씨는 이준 열사의 죽음에 대한 진실을 밝히려는 노력을 전개하고 있다.

관장도 이준 열사는 병사하지 않았다는 얘기를 그곳에 있는 자료를 원용하면서 힘주어 말했던 것을 생생히 기억하고 있다.[4] 이준 열사의 진정한 사인을 밝히는 것이 학계뿐만 아니라 우리 후손들의 과제라 하겠다.[5]

리향미라는 여 안내원이 생가의 유래, 이준 열사의 이곳 룡전리에서의 생활 등에 대해 설명하였다. 리향미는 자신이 이준 열사의 방계 후손이며, 룡전리에는 아직도 이준 열사 집안들이 많이 살고 있다고 전했다. 이준 열사가 쓰던 유물은 대부분 평양 중앙역사박물관에 있고 이곳 빈한한 방에는 어릴 때부터 바둑의 고수였다는 그가 둔 때 묻은 바둑판과 빛바랜 사진 등 몇 가지만 전시되어 있었다. 마당 한가운데에는 이준 열사가 살았던 당시 이용하던 우물이 지금도 잘 보존되어 있었다.

특히 이준 열사가 젊은 시절 지었다는 한문 시편이 해서체로 작은 병풍에 누렇게 변색된 채로 적혀 있다. 이 한시를 해석하여 낭송해주는 안내원의 음성이 곱고 순발력이 빼어났다. 김정일과 김일성을 찬양하는 정치구호가 설명의 곳곳에서 맥을 끊어 놓기는 했지만 말이다.

> 도리가 있어도 실천하기 어려우면 술에 취한 것과 같으리.
> 입이 있어도 말하기 어려우면 졸고 있는 것과 같으리.
> 선생이 취하여 한가히 돌 우에 누워 있으니
> 그 지조를 사람들이 어찌 알랴.

---

4) 2013년 3월 4일 중앙일보와의 인터뷰에서 이기항 씨는 "이준 열사의 사망 확인서에 할복했다는 내용은 없어요. 자결했다면 만국평화회의장에서 했겠지요. 호텔방에서 주검으로 발견된 건 이상하죠. 확신할 수는 없지만 암살 가능성은 있습니다."라고 했다. 그 이야기를 나는 14년 전에 들었다.

5) 헤이그 이준 열사 기념관에 대한 자세한 설명은 이 책의 제6부 「대장부 한번 가면 어찌 다시 돌아오리」를 참조.

이끼 돋은 바윗길은 유유히 산굽이를 도는데
가을빛 한눈에 가득하구나.
상공이 농촌 마음에 누워 있지 못하리.
머리는 희어도 나라 생각하는 붉은 마음 억제할쏘냐.

생가 내부(출처: kangjinee.egloos.com)

집 앞에 있는 사과나무는 1898년 심어진 것으로 한때 사과가 1만 3천 개나 열려서 평양에까지 보고되었다고 하는데 글쎄 정말 믿어야 할지. 아마 아그배 알만한 사과 열매가 아니었을까 한다.

이 마을은 과거 김일성이 다섯 번, 김정일이 네 번 방문한 곳으로, 작년(2002) 6월 4일에도 김정일이 다녀가면서 일종의 성역시 되는 시범마을이 되었다. 일반에 공개된 지는, 특히 KEDO 지역을 방문하는 남한 측 인사들에게 개방된 것은 작년 5월이라고 한다. 수령이 106년이 된 사과나무 옆의 한 농가에는 '1963년 8월 4일 위대한 수령 김일성 동지께서와 위대한 지도자 김정일 동지께서 다녀가신 농장원집'이라는 붉은 팻말이 걸려 있다. 수령님께서 이 집에 직접 부엌도 들어가 보시고, 가마솥을 열어 보시고 방에 들어가서는 찬장을 열어 흰 쌀밥이 있는

생가 내부(출처: kangjinee.egloos.com)

것을 보시고는 시골에서도 쌀밥을 충분히 먹고 있음에 흡족해 하셨다는 게 안내원의 설명이다.

또한 이준 열사 생가마을은 북한정권이 가꾸고 다듬어 시범마을로 지정하여 자신 있게 개방한 마을로 북한의 계몽영화 「도시처녀 시집오네」의 촬영도 이곳에서 했다고 한다. 현대식 단장에 익숙한 우리의 눈에는 조촐하게 보일지 몰라도 오히려 당시의 농촌풍경을 제대로 간직한 소박하고 정겨운, 그리고 고즈넉한 느낌이 우리의 옛 고향 같은 편안함을 주었다. 시멘트 한 점 안 바르고 원형 그대로 보존하여 보는 이로 하여금 그 시대를 실감나게 돌아볼 수 있게 한 문화재 보존 방식은 우리가 배워야 할 점이 아닌가 한다.

안내원 대표의 양해(승낙)을 얻어 생가 옆에 있는 유치원(탁아소)에 들러보았다. 방문에 발맞춰 유아들의 목소리가 낭랑하게 들린다. 우리를 바라보는 그들의 호기심 어린 표정의 눈망울이 내내 마음에서 지워지지 않는다. 마을 위에 있는 전망대에서 바라본 남대천 지역의 풍광이 빼어났음을 다시 한 번 부기하고 싶다. 전망대에서 이 마을의 특산물인 북청사과를 맛보았다. 품질개량이 안된 재래종의 사과로서 맛은 신편이었다. 두산중공업의 박건동 부사장이 오래 보관해도 속이 비지 않고 제맛이 난다는 사실을 몇 번 강조하면서 서너 개를 기념으로 가져가는 바람에 나도 연거푸 두 개를 먹고 한 개를 기념으로 얻어 왔다.

오후 5시경 금호지구로 돌아와 생활부지 근처에 있는 북측 운영의 게스트 하우스에 들렀다. 진열대에 있는 물건을 살펴보고 나서, 이발소에서 안마(목, 머리 부분)를 받았다. 요금은 1달러였으나 종업원들은 이를 사양했다. 농담으로 '돈을 동같이 안다'고 하면서 말이다. 아무래도 한전 측에 대한 고객관리 차원에서 서비스 한 것 같다.

　생활부지 내 '무등식당'에서 저녁식사 도중 이곳에서 근무하는 한전 직원 한 사람이 같이 회식 중인 부장을 통해서 내가 하는 여러 시민사회 활동을 적극 지지하는 팬(?)이라고 하면서 사인을 부탁해왔다 (이름은 최종운이다). 식사 후 직접 나를 만나기 위해 기다리고 있기에 반갑게 악수하면서 서울에서 연락줄 것을 당부했다. 만찬 후 북한 측 '금호봉사소'로 이동하여 간단한 술을 들면서 북한 여성봉사원들의 구성진 노래를 흥미 있게 감상했다. 어제 옥류관의 평양 파견 종업원과는 달리 이들은 대부분 함남 부근 출신들로서 순수성과 때 묻지 않음이 한결 눈에 띄었다. 특히 일제말의 가요인 '찔레꽃'을 구성지게 부르는데서 아련한 향수와 애틋함이 가슴을 울렸다.

　밤늦게 30여 분간 숙소 주위를 산책했다. 공기가 맑은 데다 주변이 어두워 별과 달이 손에 잡힐 듯 가까이에서 깜빡거린다. 특히 6만년만에 나타났다고 하는 화성의 반짝이는 모습이 선명하게 들어왔다. 서울에서는 결코 볼 수 없는 밤하늘의 장관이다.

04 | 이 큰 발전소를 짓다가 말다니
- KEDO 경수로지원사업에 대한 단상

　　오전 내내 금호지구 내 생활 부지를 둘러보았다. 후생관, 체육관, 은행, 법당, 성당, 교회, 테니스장, 병원, 오수처리장, 골프연습장 등 하나의 소도시 기능을 수행할 정도로 훌륭한 시설들이 거의 갖추어진 자족도시였다. 외환은행 금호지점에서 국내에 있는 아내에게 꽃배달서비스를 신청했다. 북한에서 아내에게 꽃을 보낸다는 사실 자체가 너무나 신기할 따름이다. 그리고 법당에 가서 참배하고 헌금했다. 법당 앞에서 바라본 해안부지의 멋진 백사장이 명사십리가 아닌 명사백리의 절경을 이루고 있는 것이 인상적이었다. 점심은 북한 측 '홍실' 음식점에서 들었다. 특히 '해삼전골'과 '송이비빔밥'은 처음 먹는 음식치곤 별미였다.

　　오후에는 3시간에 걸쳐 원전 발전소 부지를 시찰하였다. 결론은 간단했다. KEDO에 의한 대북 경수로지원사업은 중단되어서는 안

금호지구 해안 백사장(출처: kangjinee.egloos.com)

된다는 것이다. 만에 하나 KEDO가 아니더라도 남북경협 차원에서라도 꼭 성사시켜야 한다는 생각이 머릿속을 꽉 채웠다. 모든 기반시설과 인프라가 구축되어 이제 본 공사에 박차를 가하는 일만 남겨둔 상태에서 KEDO 사업 연기 내지 중단 분위기는 현지의 준비된 공사 진척도와는 아무래도 어울리지 않았다.

저녁식사는 북한 측 초대소인 게스트하우스에서 했다. 이 자리에는 권태면 외교부 KEDO 파견 공사, 이케다(池田) KEDO 공동대표 등이 배석하였다. 비위생적인 식당 환경에 퀴퀴한 냄새까지 나는 분위기가 별로 내키지 않은데다가 음식 맛도 기대 이하였다. 다만 '신선로' 요리 하나만이 그런대로 입맛을 돋워줬다.

오전에 맑던 날씨가 오후부터 흐려지기 시작하더니 밤늦게까지 비가 내리고 있다.

내가 북한에 다녀온 지 2개월이 지난 2003년 12월부로 KEDO에 의한 대북 경수로지원사업이 공식적으로 중단되었다. 중단(suspend)이라고 하지만 사실상 언제 재개될지 모르는 상태로 들어갔다. 거대한 원통형의 발전소 건물이 올라가다 말았다. 각국의 관련 공장에서 만들고 있는 설비까지 합하면 전체 공정의 34퍼센트, 현장에서의 건설공사만으로는 23퍼센트의 공정이 진행된 상황에서 멈춘 것이다.

1994년 제네바 합의에 따라 북한에 경수로 방식의 원자력 발전

경수로 현장

소를 짓기로 하고 미국, 한국, 일본, EU 등으로 구성된 '한반도에너지개발기구'(KEDO)를 결성하고 공사에 들어간 것이 1997년 말이었다. 그 후 1998년 강릉 해안의 북한잠수정 침투사건으로 공사 중단의 우여

곡절을 겪은 끝에 2002년 8월 드디어 원자로가 들어설 암반지역 위에 콘크리트를 치는 일이 시작되었다. 내가 방문한 2003년 9월에는 2기의 발전소 중 1호기는 절반 정도의 외형이 거대하게 솟아 있었고, 2호기도 암반 속에서의 지하공사가 끝나고 평면으로 올라온 단계에 있었다.

그런데 2003년 미국에 부시 행정부가 들어서고 미국과 북한정부가 서로를 도무지 말도 하기 싫은 상대라고 여기면서부터 발전소 건설사업은 삐걱거리기 시작했다. 미국은 북한이 플루토늄으로 핵무기 만드는 일을 못하도록 하는 조건으로 발전소를 지어준다고 했는데 북한은 그간 뒷전에서 비밀리에 고농축우라늄으로 핵무기를 만들려 했다. 미국은 그런 배반자에게 발전소를 건설해줄 수는 없으니 사업을 그만 '종료'(terminate)해야 한다는 것이었다.

이에 대해 한국은 이미 공중으로 치솟기 시작한 발전소 건설을 휴지조각으로 만들 수야 없지 않느냐는 것이고, 일본은 어정쩡하게 지켜만 보는 입장이었다. 그래서 타협안으로 2003년 12월부로 일단은 공사를 '중단'(suspend)하고 지켜보기로 합의한 것이다.

북한이 발전소 건설을 위해 KEDO 측에 할애한 구역은 발전소 부지가 95만 평, 건설관련 인원이 주거할 생활부지가 20만 평이다. 그 외에 원자로를 냉각시킬 바닷물을 끌어오는 해상구역이 105만 평, 시멘트에 쓸 골재를 파오고 식수를 끌어올 하천구역이 50만 평쯤 된다. 그리고 두 개의 경수로를 갖춘 원자력 발전소를 만들기 위해서는 중기공장, 부품공장, 임시화력발전소, 시멘트 제조공장, 유류저장탱크 등 인근에 수없이 많은 관련시설이 있어야 하고, 엄청난 중장비들과 수천 명의 인원이 동원되어야 한다. 수백 명의 관리직 인원이 근무할 사무실이나 나중에 발전소를 운영할 요원들을 교육시킬 훈련원 등 또 다른 시설들도 많다. 공사장 전체가 내려다보이는 전망대에서 바라보는 공사현장은 현대적 인프라라곤 거의 없는 북한 실정에서 보면 그야말로 대역사(大役事)라고 할 정도였다.

그런데 이제 와서 이 엄청난 돈과 비용과 인력이 투입된 발전소 건설 사업이 중단되어야 하다니 통탄할 일이다. 신포 경수로 현장에서 KEDO의 북한 주재 대사로 5백일을 근무했던 외교부의 권태면 대사는 2005년에 펴낸 『북한에서 바라본 북한』이라는 책에서 다음과 같은 표현으로 경수로지원사업의 중단을 어이없어 하고 있다.

이 큰 발전소를 짓다가 말다니? 이 거대한 땅과 시설들이 국제 정치의 볼모가 되어 휴지조각으로 되어 가는 모습에 우리의 근로자들은 어이없어 하였다. 그들은 발전소 건설비 45억 불 중 70%는 우리가 내고, 22%를 일본이 내고, 미국은 북한에 중유를 주지만 발전소에 돈을 내지는 않는다는데, 왜 발전소를 짓느냐 마느냐를 미국이 결정하는지 이해할 수 없어 하였다. 하기는 이라크에서 한 달간 전쟁하는 비용이 39억 불이라니, 미국의 눈에는 이 엄청난 발전소도 한 달 전쟁비밖에 되지 않는 것으로 느껴질 것이다.

05 | 아! 함흥
- 반룡산과 성천강을 굽어보면서

9월 5일 밤 9시 45분, 평양 고려호텔 2-24-27호실, 방금 전 평양 개선문[6] 근처에 있는 아담한 '봉화식당'에서 저녁식사를 마쳤다. 코스요리의 마지막에 평양냉면이 나왔다. 고소한 메밀 사리(국수)의 맛이 평양냉면의 진수였다. 냉면 맛도 일품이지만 봉사원 여성들의 노래솜씨와 애교가 분위기를 한층 돋워 절로 흥이 났다. 한복에 기타를 걸치고 자유자재로 모든 노래를 소화해내는 한 아가씨(홍혜란이라 한다)의 솜씨가 대단했다. 내가 좋아하는 '나그네 설움', '찔레꽃', '반달'(북한에서는 '반월가')을 구성지면서도 현대적인 가락으로 뽑는 데서 잠시 여기가 평양임을 잊게 했다.

오늘 아침 8시 30분, 비바람이 억수같이 쏟아 붓는 가운데 금호지구 유태환 원자력건설 본부장을 비롯한 경수로 관계 근로자들의 환송을 받으면서 함남 금호지구(종전 신포시 금호리)를 출발하여 함흥으로 향했다. 일행은 총 12명으로 한전 KEDO 관계자 6명, KEDO 한전 협력업체인 두산중공업의 박건동 부사장, 심평섭 상무, 대우건설의 홍기성 상무, 현대건설의 최대일 전무, 석원산업의 김률 사장, KEDO 공동대표인 일본의 이케다(池田) 씨였다. 여기에 북측 안내자 4명이 동승했다.

일기가 더욱 악화되면 함흥→평양행 비행기가 못 뜰지도 모른

---

6) 김일성의 업적을 기리기 위해 1982년 4월 70세 생일에 맞춰 지어진 평양 개선문은 세계 최대 규모를 자랑하는 개선문으로 기둥 북면과 남면에는 '김일성 장군의 노래', 동면과 서면에는 백두산이 새겨져 있고 아치 가장자리에는 김일성의 70세를 상징하여 70송이의 진달래꽃이 새겨져 있다.

다는 일말의 불안감을 안고 출발했으나 다행히 날씨는 개이기 시작했다. 인민 경찰차의 호위 속에 진흙탕이 된, 부산에서 두만강까지 이어지는 7번 국도의 비포장도로를 따라 1시간 30분가량 남하하여 신포시 끝자락에 있는 해월정(海月亭)에서 잠시 휴식을 취했다. 이곳 해월정은 고래로부터 풍광이 뛰어나 명승지로 알려진 곳이다. 동해안을 따라 절경을 감상하면서도 차창 밖으로 펼쳐지는 북한 주민의 생활환경에 까닭

함흥

모를 슬픔이 배어나오기도 했다. 우리의 50, 60년대의 생활상이 이러했을까, 아니면 일제강점기의 소박한 모습이 이러했을까. 더 이상의 가치판단을 보류하고자 한다. 비 내리는 해월정의 절경에 취해있던 우리 일행은 공중화장실의 열악한 상황에 맞닥뜨리면서 모두 할 말을 잃고 말았다.

신포를 거쳐 홍원군을 지나 11시 40분경 함흥에 도착했다. 도중에 비교적 긴 터널을 지났으나 터널 안은 조명이 되어 있지 않아 암흑이었다. 함흥 시내 전체를 굽어볼 수 있는 반룡산이 시내 중심가에 우뚝 솟아 있고 그 아래로 성천강이 시내를 둘러싸고 있다. 일제 강점기 때 대륙전진기지로 활용하기 위해 조선질소비료 주식회사를 인근 흥남에 건립하면서부터 함흥은 북한 제2의 도시로 번창하였고, 이후 발전소, 철도, 공장 등이 차례로 들어섰다. 그런 역사를 간직하고 있던 함흥이

성천강

지금은 고즈넉하면서도 생각보다 초라하게 다가온다. 아마 현대적 도시 감각에 마춰된 우리의 시각으로 보아서 그런 것인지도 모르겠다. 도시 한복판만 포장이 된 상태에서 비온 뒤의 진흙이 엉켜 10여년 전에 가본 중국 연변의 어느 도시에 와 있는 듯한 착각이 든다.

그러나 실망하기에는 함흥이 풍기는 역사적, 지정학적, 문화적 향기가 진하게 배어 있어 애정과 호기심을 쏟게 한다. 이성계가 태어난 귀루동에 세워진 경기전(慶基殿)과 왕이 되기 전까지 살았던 경흥동의 경흥전(慶興殿)과 함흥본궁(咸興本宮)의 유적들이 고스란히 보존되어 있으며, 함흥본궁 안에는 현재 북한이 역사박물관을 만들어 유물들을 보관하고 있다.

조선을 건국한 태조 이성계의 본거지이자 이성계가 그의 5남 태종 이방원의 형제 살육(제1차 왕자의 난)에 절망하고 상왕이 되어 은거

북한에서 간행된 1920년대 수필집

했던 함흥은 조선 건국의 역사와 아주 밀접한 연관을 맺고 있다. 이방원은 유교 윤리상의 도리 때문에 이성계를 모셔오고자 함흥으로 사신을 파견했지만 이성계는 사신이 오는 족족 죽였다는 '함흥차사'의 일화가 태동된 곳이기도 하다.

함흥 시내 '신흥관'에서 점심을 들었다. 함흥냉면과 단고기(개고기)국을 시켜 모처럼 북한 전통음식의 참맛을 만끽했다. 특히 단고기는 그 맛이 가히 일품이었다. 생활양식이 다르고 이념의 지향점이 다를지라도 오랫동안 내려온 고유의 맛은 어쩔 수 없나보다.

식사 후 바로 옆에 있는 '신용산려관'에서 간단히 커피를 마셨다. 나는 커피점 옆의 간이판매대에서 평양문학예술종합출판사에서 간행한 『1920년대 수필집』(현대조선문학선집 22)을 한권 샀다. 일제 강점기 일세를 풍미했던 문인들, 예컨대 최서해, 조명희, 리기영, 문일평, 라도향, 현진건, 리익상, 리상화, 리광수, 김동환, 송순일, 엄흥섭, 심훈, 전단, 홍사용, 방인근 등의 수필 100편이 실려 있었다. 읽을 만한 가치가 있는 소중한 글들이 가득 차 있었다. 커피점과 그 옆의 매점만이 우리가 돌아볼 수 있게 허용된 공간이어서 다른 곳을 둘러보지 못한 게 못내 아쉬웠다.

오후 1시 30분 함흥을 출발하여 선덕리(정풍군)에 있는 함흥 비행장으로 향했다. 함흥 시내 한복판을 가르며 흐르는 성천강을 따라 달리다가 함주군을 거쳐 35분 만에 선덕에 있는 함흥 비행장(전에는 선덕

공항이라 불렀다)에 도착했다. 선덕공항까지는 조악하나마 포장이 되어 있었다. 공항까지 오는 도중의 들판에는 현대건설의 포클레인 등 중장비들이 방치되어 있는 모습이 눈에 들어왔다. 공항이라기보다 들판 한가운데 있는 자그마한 운동장처럼 보였다. KEDO 증명서를 여권 대신으로 하여 검사를 마치고 간단한 탑승절차 후 2시 30분에 30인승의 평양행 프로펠러 쌍발기에 탑승했다. 이 공항은 정기적으로 비행편이 있는 것이 아니라 비행기가 필요한 경우 전세를 내어 이착륙하는 형태로 운영되고 있는 것 같았다. 우리가 탄 비행기는 조선민항인 고려항공(Korean Air ways, Air Koryo라고도 표시함) 전세기로 평양에서 오전에 도착하여 대기하고 있었다. 평양↔함흥을 한번 전세 운항하는데 약 1,400달러의 비용을 지불한다고 들었다. 스튜어디스 한 명이 깨끗한 옷차림으로 반갑게 맞아주었다. 사탕과 음료서비스, 그리고 노동신문과 조선화보집 등 읽을거리를 내다 주었다. 비행고도가 그리 높지 않아 평양까지의 북한 산하를 비교적 선명하게 관찰할 수 있었다.

　　함흥에 대한 이해에 도움이 될 것 같아 『1920년대 수필집』에 실린 1920년대 함흥의 풍물을 그린 엄흥섭의 「함흥풍물첩」을 소개한다. 6.25 때 월북했던 작가 엄흥섭은 이 글에서 1927년 함흥을 여행할 때 받았던 느낌에 기초하여 함흥지방의 도시 풍경과 명승고적, 민속 풍습 등을 실감나게 묘사하고 있다.(맞춤법, 띄어쓰기 등에 구애받지 않고 실린 그대로 전재한다.)

함흥풍물첩

엄흥섭

3월 X일

오전 9시 15분 함흥역에 내린다. 지난 밤 경성에서부터 침대에 누워 자면서 왔기 때문에 별로 피곤하지 않다. 출구에는 벌써 설야 형이 빙그레 웃으며 나와 섰다. 설야와 나는 자동차를 타고 시가를 달리였다. 지방도시라고 업수이 여길게 아니다. 2층, 3층의 고층건물이 좌우로 즐비하고 인도, 차도가 정돈된 품이 조선의 6대도시의 하나로서 가히 손색이 없을 것 같다.

자동차는 큰 거리에서 휘여 져 꼬불꼬불 어느 골목으로 들어가더니 XX려관 앞에 선다. XX려관에 류숙. 아침을 먹은 뒤에 설야와 사담을 마치고 뒤이어 함흥 전체를 한눈에 내려다 보려고 반룡산에 오른다. 반룡산은 백두산맥의 락맥이라는데 산의 나라 조선에서는 보기 드문 야산이다.

앞으로 툭 터진 대평야, 그 평야 끝엔 안개가 어리였는데 멀리 바다가 빛나고 뒤로는 하늘 끝 먼 곳에 사정 중첩한 백두산맥이 아슬아슬 눈살을 찌프리게 한다. 시선을 낮추어 발아래를 내려다 보니 서에는 성천강, 동에는 호련천, 남으로는 공장지대 흥남 전 시가가 한눈에 잡혀든다. 성천강은 그다지 깨끗한 정서를 주는 강이 아니다. 첫봄이라 그런지 물이 없다. 있다 해도 황토물이다. 망망한 대평야를 흘러 내리는 강이매 오밀조밀한 운률이라거나 해조를 이 강에서 찾는다는 것은 모순일는지 모른다.

설야는 손가락을 들어 여기저기 가리키며 이 땅의 사적부터 가르쳐 준다.

함흥은 근대공업의 중심지이나 옥저 종족의 부락에서부터 고구려, 발해, 녀진, 고려, 리조에 이르기까지 파란 많은 진통과 로만스를 가진 곳이라 한다.

즉 태조 잠룡시대와 양위후의 사적이 있는 곳이니 목, 습공, 도, 환조 및 후비의 위패를 배사하고 태조의 관식궁전을 보존하고 있는 늙은 수식송과 묵은 런지 본궁이며 운봉산 귀주사와 환조와 동 비 자혜왕후의 릉인 정화릉, 도조와 동 비 경순왕후의 릉인-의릉, 순릉과 태조 즉위전의 저택인 경흥전과 고려 말엽에 원병을 요격 대승한 기념물인 달단동 전승기적비와 그 외 윤관 구성과 신라 진흥왕 순수비와 동북수시대의 잔채인 중령진과 신라 승 원효가 창건한 백운산 룡흥사 등이 있다 한다.

이러한 고적들을 일일이 찾아보고 싶다. 그러나 다 보자면 여러 날 걸린다 한다. 설야는 다시 부전강 수전, 장진강 수전, 흥남질소공장, 함흥 내 자동차 등 근대적문명도시로서의 함흥을 설명해 준다.

반룡산에서 내려오니 배가 고프다. 설야는 함흥에 왔으니 한번쯤은 함흥명물을 먹어 보라고 서울로 치면 어떤 설렁탕집 같은 곳으로 나를 끌고 들어간다.

흡사히 설렁탕집이다. 그러나 풍치가 전연 다르다. 방바닥이 토방인데 갈자리를 깔았다.

"가리국 주오."

류달리 심한 사투리로 설야가 례의 명물을 주문한다. 이윽고 '가리국'이 나온다. 일견 서울의 장국밥이다.

"이게 뭐 명물이야!"

"맛만 보우!"

나는 먼저 '가리국물'을 떠먹어 봤다. 기름진 고기국물이다. 이 '가리국'은 서울서 장국밥 먹듯 해서는 참맛을 모르는 장국밥 아닌 장국밥이다. 말하자면 '가리국' 특유의 먹는 식이 따로 있다. 먼저 장국국물을 후루루 마신 뒤에 남아 있는 건더기는 상우에 놓인 사기병에 들어 있는 고추장을 두세 숟갈 떠 넣어서 비벼서 먹는다. 이렇게 먹는 식이 따로 있으면서도 설야는 시침을 떼고 가르쳐 주지 않더니 내가 서울식으로 먹는 것을 보고서 깔깔깔 웃고 다시 먹기를 주장한다.

한참에 〈가리국〉을 두 그릇이나 먹고 거리에 나오니 배가죽이 팽팽하다. 근래 초유의 포식이다. 그리고도 한 그릇에 3전이라니 기가 막히게 싸다.

거리 우에 나서서 오고 가는 사람들의 표정을 살피나 남자는 별로 특색이 없는데 녀자만은 확실히 표가 난다. 로소를 물론하고 녀자의 체격이라거나 혈색이 일반적으로 매우 좋다. 조선녀자의 체질들이 모두 이 함경도녀자만만 했으면 싶은 생각이 든다.

거리를 구경하다가 이 지방의 문화정도를 엿보기 위하여 서점 신성각에 들어 갔다. 서울서 보지 못하던 서점분위기가 느껴진다. 책을 보고 섰는 사람들 가운데에 공장복을 입은 분들이 많다.

녀학생도 많다. 조금씩 책을 뒤적거려 보더니 카운더로 가지고 가서는 돈들을 내고 턱턱 사간다. 대개 문예서적들이다.

3월 X일

음력 정월 보름달이다. 이날은 '만세교 답교'라는 1년에 한번 있는 이 지방 특유의 년중 행사가 시작되는 날이다. 아침을 먹고 거리에 나서니 남녀로소가 인도가 터져라 하고 서쪽으로 걸음을 빨리 한다. 이날은 아침부터 밤중까지

인산인해로 일대 혼잡을 연출한다고 한다.

택시 한대를 잡아타고 만세교를 행하다가 중간에 내렸다. 사람이 밀려 도저히 그 부근에는 못 간다는 것이다.

거리는 사람들의 (7~8할은 녀자다.) 발길에 먼지가 일어 나 숨을 쉴 수가 없다. 마치 창경원야행 때 밀리는 인파와 같다. 먼발에서 만세교 부근과 만세교를 바라보니 아닌 게 아니라 꽹장하다. 정월 보름날 이 '만세교'를 밟으면 그해 일년중을 아무런 흉운도 없이 무사태평하게 보낼 수 있다는 것이라 한다.

지방에 따라 정월 보름날 이런 류의 풍속이 다 있지만 과연 만세교의 답교 광경은 대규모적인 것이었다.

〈1927년〉

06 | 대동강 양각도, 역사의 우연과 아이러니

  40여 분간 비행 끝에 평양 순안공항(공항 건물탑에는 평양공항으로 표기)에 도착했다. 금방이라도 비가 내릴 듯한 날씨였다. 평양공항 역시 사람과 항공기의 이착륙이 거의 없는 듯 한적한 지방 공항처럼 적막에 잠겨 있었다. 이착륙하는 비행기는 보이지 않고 고려항공기 2대가 공항 한편에 정차되어 있는 것이 눈에 띈다.

  평양공항을 출발하여 평양 시내로 향했다. 안내원 이성진은 김일성종합대학 영문과 출신으로 영어에 아주 능통한 사람으로 소문났다고 한다. KEDO 요원 교육과 관련하여 한국에도 2001년에 다녀갔단다. 공항에서 평양 시내까지 22킬로미터라 한다. 시내는 9.9절 행사준비로 비교적 많은 사람들이 나와서 길거리 청소나 행사 예행연습 등에 여념이 없는 듯 보였다. 9.9절은 1948년 9월 9일 북한정권이 수립된 것을 기념하는 날로, 김일성 생일을 축하하는 태양절(4월 15일)과 북한노동당 창건 기념일인 쌍십절(10월10일)과 함께 북한의 주요 행사로 꼽히고 있다. 화려하고 웅대한 겉모습 뒤에 경제적 어려움에 직면해 있는 평양의 실상이 비쳐지기도 했다.

  공항으로 오는 길에 제일 먼저 맞닥뜨리는 만수산기념궁전 앞을 지나면서 어딘지 모를 착잡함이 다시 되씹어졌다. 웅대한 크기의 개선문 앞에서 정차하여 사진을 한 컷 찍으면서 평양의 정취와 분위기를 느끼고자 했다. 이어 만수산소년궁전, 천리마거리, 청춘거리 등을 지나 대동강변을 따라 2001년 8월 15일에 완공되었다는 3대 헌장기념탑을 둘

리보고 오후 7시 40분 숙소인 고려호텔에 도착하여 여장을 풀었다. 오면서 대동강변 양각도 앞에 1968년 1월 간첩선 혐의로 나포되어 전시된 미국 함선 푸에블로(Pueblo)호를 가리키며 안내원은 대동강 양각도가 바로 1871년 신미양요 때 제너럴셔먼호를 불태운 장소임을 누누이 강조하면서, 역사적 우연과 더불어 대미(對美) 항전에 있어 승리의 필연성을 힘주어 역설했다. 안내원의 이야기를 들으면서 역사의 아이러니에 정신이 번쩍 들었다.

1968년 1월 21일 무장공비 침투에 이은 다음다음 날 북한은 동해안에서 순항 중인 미국 해군의 소형함선인 푸에블로호를 간첩선이라는 이유로 나포하여 한반도 긴장을 최고조에

양각도에 전시된 푸에블로호

달하게 한 바 있다. 그 후 푸에블로호는 육상으로 운반되어 이곳 평양의 양각도에 전시되었다. 안내원의 이야기는 제너럴셔먼호와 푸에블로호 사건은 제국주의에 대한 결연한 승리이며, 그 승리들은 결국 우연을 넘어서는 필연의 결과라는 주체적 확신이 담긴 것처럼 보였다. 그는 역사의 우연과 필연이 그렇게 쉽사리 하나의 확신으로 귀결될 수 있는 건 아니라는 사실을 전혀 모르는 것 같았다. 아니 모를 수밖에 없다. 주체사상에 입각한 일방적 교육을 받아온 그들에게 우연과 필연의 다양성과 복잡성에 대한 이해를 기대한다는 것은 우물에서 숭늉을 찾는 격일 것이다.

제너럴셔먼호 사건은 1866년(고종 3년) 8월 미국 상선 제너럴셔먼호가 조선과의 통상을 빌미로 평양 대동강에 정박해 갖은 행패를 부리자 화가 난 평양감사 박규수와 조선 백성들의 공격으로 배가 불탄 사건이다. 그러니까 제너럴셔먼호가 불탄 것은 안내원이 말한 것처럼 신미양요 때가 아니다. 미국은 제너럴셔먼호 사건의 책임을 물어 5년 후인 1871년 강화도에 침범, 이른바 신미양요를 일으켰다. 명분은 제너럴셔먼호 사건에 대한 책임을 묻는다는 것이었지만 속내는 조선과의 통상이 목적이었다. 미국은 강화도에 두 척의 군함을 파견하여 조선을 압박했으나, 당시 쇄국정책을 주도한 흥선대원군의 강력한 반발과 어재연 장군이 이끄는 조선군의 저항에 부딪쳐 결국 광성진 전투에서 패배(미국측 표현을 빌리면 다시 거론하고 싶지 않은, 영광스럽지 못한 승리)하여 철수했다. 흥선대원군은 이 사건을 계기로 쇄국정책을 더욱 강화했고, 그 의지를 분명하게 보이고자 종로와 전국 각지에 척화비를 세워 국민들의 감정을 고양시켰다. 제너럴셔먼호 사건과 신미양요는 미국에 맞서 이겼다는 역사적 의의가 무엇보다 크겠지만 그로인해 근대화의 길이 늦어졌다는 아쉬움도 남긴 사건이다. 모든 역사적 사건이 승리라는 하나의 의미만으로 수렴될 수 없다는 것, 그것이 바로 역사의 아이러니다.

평양 고려호텔은 평양의 대표적 국제호텔(5성급)로서 평양을 찾는 인사들이 묵곤 하는, 평양 방문의 상징처럼 여겨진 호텔이기도 하다. 그러나 로비의 침침한 모습이 이곳의 심각한 전력난을 말해주고 있었다. 내부와 객실은 구조 변경을 하여 깨끗하고 단정했다. 내 방의 화장

실 변기의 물이 나오지 않아 룸서비스에 전화해 고쳐줄 것을 요구했다. 이어 44층에 있는 전망대에 올라가 맥주 한 잔을 마시면서 해가 지기 직전의 평양 시내를 관망했다. 뿌연 안개와 비가 오락가락하는 가운데 어스름이 찾아오는 평양 시내의 광경을 머리로, 아니 마음속에 오래 간직하고자 했다.

저녁 8시 30분, 호텔 앞과 로비는 9.9절 행사와 관련하여 북한 전역에서 온 최고인민회의의원, 지방대표들로 붐볐다. 국제도시이자 조선의 심장이라고 자랑하는 평양의 밤거리는 사람과 자동차의 모습을 제대로 찾아보기 어려운 캄캄한 거리였다. 고층아파트에도 겨우 몇 군데만 한 층에 한 가구 정도 불이 밝혀져 있을 뿐이었다. 그런 가운데에서도 군데군데 세워져 있는 김일성 부자의 초상화와 주체사상탑만은 찬란하게 빛나고 있었다. 밤 11시경이 되자 주체사상탑의 불도 꺼졌다.

잠을 청했으나 좀처럼 잠이 오지 않는다. 착잡한 심정으로 뒤치락거리면서 밤을 지새우고 있다. 고은 시인은 「대동강 앞에 서서」라는 자작시 서두에서 '무엇하러 여기 왔는가'라고 결연히 읊고 있다. 나도 그 문구를 나직이 읊조려 본다. 분단의 현실과 북한의 폐쇄성 그리고 이념의 굴곡에 의해 자유의 참모습을 깨닫지 못하고 살아가는 북한주민들의 모습이 한꺼번에 떠오르면서 진실로 나는 이곳에 왜 왔는지 반문해본다.

그 반문의 답은 고은 시인이 알려줬다. "때가 이렇게 오고 있다/변화의 때가 그 누구도/가로막을 수 없는 길로 오고 있다/변화야말로 진리이다."라고. 앞으로 나에게 새롭게 주어진 과제가 있다면 그것은 바로 통일에 대한 구체적인 방안을 강구하고 통일 후의 한반도의 지향점을 모색해보는 시간을 많이 갖는 것이리라. 좋다. 내일은 대동강가에서 솟아오르는 아침 해를 바라보면서 찢어진 두 동강이 한 동강이 되도록 마음껏 기원해 보자.

대동강 앞에 서서
_ 고은

무엇하러 여기 왔는가
잠 못 이룬 밤 지새우고
아침 대동강 강물은
어제였고
오늘이고
또 내일의 푸른 물결이리라.
때가 이렇게 오고 있다.
변화의 때가 그 누구도
가로막을 수 없는 길로 오고 있다.
변화야말로 진리이다.

무엇하러 여기 강물 앞에 와 있는가.

울음같이 떨리는 몸 하나로 서서

저 건너 동평양 문수릿벌을 바라본다.

그래야 한다.

갈라진 두 민족이

하나의 민족이 되면

뼛속까지 하나의 삶이 되면

나는 더이상 민족을 노래하지 않으리라.

더이상 민족을 이야기하지 않으리라.

그런 것 깡그리 잊어버리고 아득히 구천을 떠돌리라.

그때까지는

그때까지는

나 흉흉한 거지가 되어도 뭣이 되어도

어쩔 수 없이 민족의 기호이다.

그때까지는

시퍼렇게 살아날 민족의 엄연한 씨앗이리라.

오늘 아침 평양 대동강가에 있다.

옛 시인 강물을 이별의 눈물로 노래했건만

오늘 나는 강 건너 바라보며

두고 온 한강의 날들을 오롯이 생각한다.

서해 난바다 거기

전혀 다른 하나의 바닷물이 되는
두 강물의 힘찬 만남을 생각한다.

해가 솟아오른다.
찢어진 두 동강 땅의 밤 헤치고
신새벽 어둠 뚫고
동트는 아픔으로
이윽고 저 건너 불끈 솟아오른
가멸찬 부챗살 햇살 찬란하게 퍼져간다.

무엇하러 여기 왔는가.
지난 세월
우리는 서로 다른 세상을 살아왔다.
다른 이념과 다른 신념이었고
서로 다른 노래 부르며
나뉘어졌고 싸웠다.
그 시절 300만의 사람들이 죽어야 했다.
그 시절 강산의 모든 곳 초토였고
여기저기 도시들은 폐허가 되어
한밤중 귀뚜라미 소리가 차지하고 있었다.

싸우던 전선이 그대로 피범벅 휴전선이었다.

총구멍 맞댄 철책이

서로 적과 적으로 담이 되고

울이 되어

그 울 안의 하루하루 길들여져 갔다.

그리하여 둘이 둘인 줄도 몰랐다

절반인 줄도 몰랐다

둘은 셋으로 넷으로 더 나눠지는 줄도 몰라야 했다.

아 장벽의 세월 술은 달디 달더라.

그러나 이대로 시멘트로 굳어버릴 수 없다 .

이대로 멈춰

시대의 뒷전을 헤맬 수 없다.

우리는 오랫동안 하나였다.

천년 조국

하나의 말로 말하였다.

사랑을 말하고 슬픔을 말하였다.

하나의 심장이었고

어리석음까지도 하나의 지혜였다.

지난 세월 분단 반세기는 골짜기인 것

그 골짜기 메워버려

하나의 조국이 멀리서 오고 있다.

무엇하러 여기 와 있는가.

아침 대동강 강물에는

어제가 흘러갔고

오늘이 흘러가고

내일이 흘러가리라.

그동안 서로 다른 것 분명할진대

먼저 같은 것을 찾아내는 만남이어야 한다.

큰 역사 마당 한 가운데

작은 다른 것들을 달래는 만남의 정성이어야 한다.

얼마나 끊어진 목숨의 해방이었더냐

흩어진 목숨 떠도는 원혼의 자취였더냐.

무엇하러 여기 와 있는가.

우리가 이루어야 할

하나의 민족이란

지난 날로 돌아가는 것이 아니라

지난 날의 온갖 오류

모든 야만

모든 치욕을 다 파묻고

새로운 민족의 세상을 우르르 모여 세우는 것이다.

그리하여 통일은 재통일이 아니고

새로운 통일인 것

통일은 이전이 아니라
이후의 새로운 창조이지 않으면 안된다.

무엇하러 여기 와 있는가.
무엇하러 여기 왔다 돌아가는가.
민족에게는 내일이 있다
아침 대동강가에 서서
나와 내 자손대대의 내일을 바라본다.
아 이 만남이야말로
이 만남을 위한
우리 현대사 백년 최고의 얼굴이 아니냐.
이제 돌아간다.
한 송이 꽃 들고 간다.

*이 시는 시인 고은이 2000년 6월 15일 남북정상회담 평양만찬
장에서 낭독한 즉흥시 전문이다.

07 | 모란봉아 을밀대야 네 모습이 그립구나

　　아침 7시 30분 고려호텔을 출발하여 주체사상탑과 모란봉 공원 안에 있는 을밀대를 찾았다. 원래 을밀대 방문은 계획에 없었는데 우리가 강하게 주장하여 들르게 되었다. 조금이라도 더 북한의 이곳저곳을 둘러보고 싶은 마음이 간절해서 억지 아닌 억지를 부렸는데 안내원에 대한 문책이 없기를 바란다.

　　을밀대는 금수산 을밀봉 밑에 있는 6세기 중엽 고구려 평양성

을밀대

내성의 북쪽 장대로 세워진 정자로서 평양 8경[7]의 하나로 꼽힐 정도로 경치가 수려하다. 원래 을밀대는 평양시 금수산에 있는 을밀봉의 별칭이다. 을밀봉은 사방이 탁 트여있어 고구려 이래 평양성의 북쪽 포대로 이용되었다. 봉우리 위에 '모든 명승을 모은 대'라는 뜻의 취승대라는 정자가 있었는데, 후에 봉우리 한쪽 벼랑을 축대로 만들어 새로 사허정(사방이 탁 틔어 있는 정자)을 지었다고 한다. 그 후 사허정이 을밀봉에 있는 대라 하여 을밀대로 불렸으며, 더 나아가 봉우리 이름까지도 을밀대라 하였다고 한다. 을밀대란 이름의 또 다른 유래는 먼 옛날 을밀 선

---

7)　평양의 8경은 ①밀대상춘(密臺賞春)—을밀대에서의 봄 경치, ②부벽완월(浮碧玩月)—부벽루에서의 달구경, ③영명심승(永明尋僧)—영명사를 찾아드는 중들의 모습, ④보통송객(普通送客)—보통강에서 나그네를 보내는 광경, ⑤거문범주(車門汎舟)—평양 외성 앞 대동강의 뱃놀이 광경, ⑥연당청우(蓮堂聽雨)—애련당에서 듣는 빗소리, ⑦용산만취(龍山晚翠)—용악산의 늦가을 푸르른 모습 ⑧마탄춘창(馬灘春漲)—대동강 북쪽 여울 마탄의 물이 봄에 넘치는 모습이다.

녀가 기막힌 이곳의 경치에 반하여 하늘에서 내려와 놀았다는 설화와 을지문덕 장군의 아들인 을밀 장군이 이곳을 지켜 싸웠다는 이야기에서 전해진 것이라고도 한다.

　대동강과 을밀대하면 떠오르는 시와 노래가 있다. 「청산별곡」과 더불어 고려가요의 쌍벽으로 평가받는 「서경별곡」, 그리고 고려 인종 때 묘청의 난에 연루되어 김부식에 의해 죽임을 당한 정지상의 「송인(送人)」이 그것이다. 특히 정지상의 한시는 대동강을 무대로 한 이별의 노래로 고려 이후 많은 선비들에 의해서 애창되어 왔다.

　　　雨歇長堤草色多(우헐장제초색다)

　　　(비 갠 언덕에 풀빛 짙어오는데)

　　　送君南浦動悲歌(송군남포동비가)

　　　(남포로 님 보내니 노래는 슬프구나)

　　　大同江水何時盡(대동강수하시진)

　　　(대동강 물은 언제 다 마를까)

　　　別淚年年添綠波(별루년년첨록파)

　　　(해마다 이별 눈물 보태는 것을)

　그러나 이보다도 분단 이후 대동강을 노래한 유행가 중 지금까지도 널리 애창되고 있는 곡이 가수 손인호가 부른 '한 많은 대동강'이다. 1922년 평안북도 창성에서 태어난 손인호는 1946년 평양에서 열린 관서음악콩쿠르에서 1등을 한 후, 가수로서 출세하려면 남으로 가야한다는 주변의 권고에 따라 1947년 가족과 함께 월남했다. 그러한 삶의 여정이 있었기에 그의 노래는 더욱 애틋할 수밖에 없었다.

> 한 많은 대동강아 변함없이 잘 있느냐/모란봉아 을밀대야 네 모양이 그립구나/철조망이 가로 막혀 다시 만날 그때까지/아, 소식을 물어 본다 한 많은 대동강아

> 대동강 부벽루야 뱃노래가 그립구나/귀에 익은 수심가를 다시 한 번 불러 본다/편지 한 장 전할 길이 이다지도 없을 소냐/아, 썼다가 찢어 버린 한 많은 대동강아

모란봉 공원을 가로질러 을밀대로 오르면서 나는 '한 많은 대동강'을 속으로 읊조렸다. 과연 을밀대 정자에서 바라본 사방의 풍광과 전망은 수려하고 매혹적이었다. 그러나 을밀대에서는 15여 분 밖에 머물지 못하고 발길을 돌려야 했다. 10시 북경행 비행기를 타기 위해 평양공항으로 향해야 했기 때문이다. 평양의 날씨는 계속 찌뿌둥한 가운데 내가 그렇게 느껴서 그런지 아니면 평양에서 받은 문화충격 때문인지 내 마음까지 으스스하게 닫혀 있다. 평양시민들(어린 학생들 포함)은 아침 일찍부터 곳곳에서, 군데군데 9.9절 행사 예행연습에 임하느라 바삐 움직이고 있었다. 다만 평양체육관 앞에서 한 무리의 꼬마들이 모여 동네 축구를 하면서 서로 원색적인 우리의 옛 욕설을 주고받는 것이 사뭇 정겹다. 아이들은 남북이 다름없음을 느꼈다.

오전 10시 예정대로 우리는 고려항공을 타고 평양 순안공항을 출발하여 1시간 30분 비행 끝에 10시 30분 북경공항에 도착했다. 공항에서 나는 일행과 헤어져 마중 나와 있던 친우 전귀권 군(서울시 북경 연락사무소 대표)과 함께 공항을 빠져나와 북경 시내의 쉐라톤호텔에 체크인을 하고 한식당에서 점심을 들었다. 이어서 전군의 차량으로 팔달령 만리장성을 찾아 전에 오르지 않았던 동쪽의 개방된 구간 끝까지 갔다가 하산했다. 날씨는 비가 오다 그치기를 반복하고 있다.

북경 시내로 돌아와 사우나와 발마사지로 피로를 푼 다음 천안문 광장 부근에 있는 유명한 오리요리 음식점인 전취덕(Qianmen Quanjude)을 물어물어 찾아갔다. 하지만 1시간 이상 기다려야 할 정도로 사람이 많아 내일 점심에 풀코스요리(1인당 300위안+10%세금+14%봉사료)를 예약하고 근처 두산그룹에서 운영하는 수복성에서 다시 한식으로 때웠다. 호텔에 도착하여 비로소 아내에게 오랜만에 안부전화를 했다. 북한에서의 5박 6일의 일정이 마무리 되었다. 좀처럼 갖기 어려운 기회이자 겪어보기 힘든 경험이었다.

짧은 기간이었지만 많은 것을 보고 느낀 여정이었다. 같은 민족이 두 개의 나라로 나뉘어 대치하고 있는 현실의 아픔을 직접 체감할 수 있는 소중한 기회였다. 그래서인지 '우리의 소원은 통일'이라는 노래가 가슴 한구석에서 울려 나와 비장함을 더한다. 그러나 그 노래가 또한 나의 가슴을 아프게 한다. 일제 강점기 때 천재 예술인으로 불린 안석주가 가사를 쓰고, 안석주의 아들 안병원이 곡을 붙인 이 노래는 원래 '우리의 소원은 독립'이라는 내용으로 불리다가 1948년 대한민국 정

부가 수립되고 분단이 기정사실화되면서 '우리의 소원은 통일'로 가사
가 바뀌었다. 이 노래는 남한에서만 불리다가 1989년 임수경이 북한을
방문해 부르면서 북한에서도 널리 불리게 되었다. 그런데 우리나라에서
는 '이 정성 다해서 통일'라고 부르는 가사를 북한에서는 '이 목숨 다해
통일'로 바꿔 부르고 있다. '독립'에서 '통일'로 바뀐 역사의 아픔과 '정
성'과 '목숨'이라는 두 단어의 뉘앙스가 풍기는 남북한의 차이를 나는
어떻게 받아들여야할 것인가. 아마도 그것이 통일에 대해 내가 앞으로
고민해야할 화두일 것이다.

실론섬 앞에서 부르는 노래

- 인도양의 진주, 바위틈에 피어난 난초의 섬
  스리랑카의 낭만과 문화

3

01 | 한밤중 적도 상공의 번갯불 그리고 콜롬보의 노을

남은 날이라도
내 자신답게 살면서
내 저녁노을을 장엄하게 물들이고 싶다.
- 법정

2년 6개월간의 정부 공직(정무직)에서 물러난 후 3개월이 되었는데도 시간의 줄달음을 느끼지 못하고 있다. 확고한 방향설정을 아니한채 엉거주춤한 다기망양(多岐亡羊)의 마음이지만 불안한 심정은 아니다. 이럴 때일수록 나의 참모습을 돌아볼 수 있는 기회를 찾아야 한다. 지금보다 더 멀리, 익숙해지지 않는 곳으로, 두려움과 설렘이 교차하는 곳으로, 마음의 저 깊은 한켠에서 우러나오는 결실의 소리를 들을 수 있는 곳으로, 그렇다 떠나는 것이다. 지난달 일주일에 걸친 라오스탐사에 이어 스리랑카로.

불현듯 앙드레지드의 『지상의 양식』의 한 구절이 생각난다. "마음속의 책들을 모두 불태워버리고 내면의 이야기에 귀 기울일 것을 당부한다. 그러니 다 읽고 나서는 이 책을 던져버려라, 그리고 벗어나라. 너의 도시로부터, 너의 가정으로부터, 너의 방으로부터, 너의 생각으로부터 벗어나라."는 외침은 이번 스리랑카 여행의 모든 것을 참으로 잘 대변해주는 문장인 것 같다. 뭔가가 보이지 않아 답답할 때, 그곳을 홀연히 벗어나면 모든 게 다 잘 보이기 마련이다.

안데르센의 말처럼 산다는 것은 여행하는 것일지 모른다(To live is to journey). 왠지 가보고 싶은 충동으로 뇌리를 스치곤 했던 나라, 인도양의 진주, 인도라는 거대한 유방의 젖꼭지에서 떨어진 한 방울의 우유 같은 나라, 실론이라는 국명으로, 실론티라는 차(茶)의 나라로 더 익숙한, 바위틈에 피어난 난초의 섬 석란도(錫蘭島). 스리랑카, 바로 그곳에 내가 잃어버린 양 한 마리가 고요히 나를 반기며 숨어있을 것 같다.

G20정상회담 여파로 공항에서의 보안검색 등 탑승수속이 길어질 것으로 예고되어 출발시간 3시간 전에 인천공항에 나갔다. 그러나 예상과 달리 공항은 비교적 한산했고, 탑승수속도 평소보다 오래 걸리지 않았다. 인생은 늘 예견할 수 없는 우연들이 있어 다채롭다. 2시간 반의 여유시간을 아시아나 신청사 라운지에서 때 늦은 오후 새참과 간단한 독서로 때웠다.

오후 4시 20분에 정시 출발한 항공기는 6시간 35분 후에 싱가포르 창이공항에 정시에 착륙했다. 싱가포르항공의 서비스와 기내식, 기내시설 등은 역시 최상급이었다. 36석의 비즈니스석이 만석일 정도로 이용률이 높은 이유를 알 것 같다. 창이공항에서 콜롬보행 싱가포르 에어라인으로 환승했다. 55분간의 환승시간이 빠듯하다. 밤 11시 10분경 출발한 항공기는 3시간의 비행 끝에 스리랑카 현지시각 밤 12시경에 콜롬보 국제공항에 정시에 착륙했다. 스리랑카와 한국과의 시차는 3시간 30분으로 한국이 빠르다. 30분 단위를 표준시간대로 사용하는 스리랑카의 독특한 면을 볼 수 있었다.

콜롬보행 비행기에서 1시간 반 정도 눈을 붙이고 나서 차창 밖을 보니 인도양 너머 비구름 사이로 간간히 벼락이 치는 모습이 장관이다. 마치 불꽃이 타오르다 환히 사라지는 듯하다. 불꽃놀이처럼 일고 있는 번갯불의 향연에 도취되어 있다가 문득 저 벼락이 내가 타고 있는 비행기 엔진에라도 떨어지면 어떻게 될까 하는 데까지 생각이 미치자 낭만적인 생각은 간데없고 머리끝이 쭈뼛 섰다. 제발 그러지 말기를 바라는 마음에 나도 모르게 기도가 나온다. 삶이란 벼락이 치는 순간만큼의 찰나에 지나지 않는다는 생각이 든다. 저 벼락들처럼 각자 저마다의 능력과 소질로 자신의 삶을 한줄기 섬광으로 소진하고 가는 것이 인생이라면, 보다 환하고 굵은 빛으로 어둠을 확연히 가르는 거대한 번개가 되고 싶다는 생각이 머리를 맴돈다. 한밤중의 벼락과 콜롬보행 비행기 안의 나, 우연과 필연의 묘한 조우가 2년 6개월간의 공직으로 건조해진 나의 내면에 촉촉한 단비를 내리게 한다.

스리랑카 외교부 직원이 공항에 대기하고 있다가 입국수속과 안내를 맡아주었다. 이어 경남기업 마중차량을 타고 소낙비가 내리는 공항거리를 내달려 40분 후에 콜롬보 시내에 있는 시나몬 그랜드 호텔(Cinnamon Grand Hotel)에 도착했다. 거의 새벽 2시경에 잠자리에 들었다.

자는 둥 마는 둥 뒤척이다가 7시 반경 기상하여 창을 열고 밖을 내다보니 인도양의 드넓은 바다 사이로 해맑은 내음이 한껏 불어온다. 저 멀리서 배들이 삼삼오오 모여 정답게 대화하고 있는 듯하다. 무척 목가적이고 낭만적인 콜롬보의 아침 정경이 간밤의 피곤을 모두 풀어준다.

　스리랑카 방문기간 중 마침 콜롬보에서 세계불교도대회 의원총회가 열린다는 소식을 손안식 조계종 중앙신도회 부회장으로부터 전해 듣고 나는 첫날 개회식과 직후 행사만 참석하기로 했다. 10시경 세계불교도대회 의원총회(World Fellowship of Buddhists, WFB)가 열리고 있는 호텔 지하 오크룸으로 가니 이미 'General Counsel Meeting'이 진행되고 있었다. '부처님의 가르침을 통한 화해'(Reconciliation through the Teaching of Buddha)라는 슬로건 하에 창립 60주년을 기념하는 제25차 WFB대회에는 세계 각국의 불자대표들이 참석하고 있다. 한국 대표단으로 참석한 조계종 사회부장 혜경스님, 동국대 교수 진월스님, 유인학 전 국회의원, 손안식 부회장 등과 인사를 나누고, 회의장에서 점심을 같이 했다.

　오후 1시 30분 개회식과 식후 행사에 참석을 한 후 나만의 고요한 시간을 갖기 위해 자리를 떴다. 호텔 객실에서 바라보는 콜롬보항의 석양과 낙조의 장엄함이 눈길을 사로잡는다. 인도양의 진주라 불리는 스리랑카의 티크나무 숲으로 붉게 붉게 타오르는 노을보다 더 장엄한 노을을 세상 어디서도 아직까지 본 적이 없다고 감탄하시던 법정스님의 글이 문득 떠올랐다. 현장에서 그 노을을 직접 목도하니 실로 장엄함이 무엇인지 실감이 난다. 노을의 풍경은 보는 이들에게 인생의 의미를 생각해보게 만든다. 법정스님이 스리랑카의 노을을 보고 감탄하신 것은 보이는 풍경의 장엄함 때문만은 아니었을 것이다. 바로 그 노을에서 삶의 순리와 지혜를 보셨기 때문에 세상 어디에서도 볼 수 없는 노을이라

콜롬보의 노을

고 경탄을 하신 것이라고 나는 믿는다. 법정스님의 잠언집 『살아 있는
것은 다 행복하라』에 실린 「허(虛)의 여유」를 보면 스리랑카의 노을에
서 법정스님이 무엇을 보셨는지 선뜻 이해가 간다.

허(虛)의 여유

"문으로 들어온 것은 집안의 보배라 생각지 마라"는 말이 있다.
바깥 소리에 팔리다 보면
내면의 소리를 들을 수 없다.
바깥의 지식과 정보에 의존하면

인간 그 자체가 시들어 간다.

오늘 우리들은 어디서나 과밀 속에서 과식하고 있다.
생활의 여백이 없다.
실(實)로써 가득 채우려고만 하지.
허(虛)의 여유를 두려고 하지 않는다.

삶은 놀라움이요, 신비이다.
인생만이 삶이 아니라
새와 꽃들, 나무와 강물, 별과 바람, 흙과 돌,
이 모두가 삶이다.
우주 전체의 조화가 곧 삶이요,
생명의 신비이다.
우주 전체의 조화가 곧 삶이요,
생명의 신비이다.
삶은 참으로 기막히게 아름다운 것.
누가 이런 삶을 가로 막을 수 있겠는가.
그 어떤 제도가 이 생명의 신비를 억압할 수 있단 말인가.

하루해가 자기의 할 일을 다하고 넘어가듯이
우리도 언젠가는 이 지상에서 사라질 것이다.
맑게 갠 날만이 아름다운 노을을 남기듯이

자기 몫의 삶을 다했을 때

그 자취는 선하고 곱게 비칠 것이다.

남은 날이라도 내 자신답게 살면서,

내 저녁노을을

장엄하게 물들이고 싶다.

저녁식사는 스리랑카에서 20여 년간 기업체를 경영하고 있는 오성길 회장 부부(윤장근 전 법제처 차장의 손위 처남)와 힐튼호텔 일식당에서 했다. 오회장의 사업에 대한 열정, 특히 역사와 문화지식에 대한 깊은 관심 등 나와 많은 점에서 공감과 공유의식을 느낄 수 있어 흐뭇한 만찬이 되었다.

스리랑카의 콜롬보에서 본 노을과 비행기 안에서 본 벼락의 이미지는 나의 기억에서 영원히 사라지지 않을 것이다. 여행지의 풍경이 내면으로 흘러들 때 삶의 향기는 더욱 깊어지는가 보다.

02 | 시기리야, 절벽위의 사자산獅子山

삶이여 나를 용서하라.
나의 수많은 삶을 용서하라.
- 네루다

이번 스리랑카 여행에 가져간 시집이 한 권 있다. 바로 칠레의 국민시인으로 1971년 노벨문학상을 수상한 파블로 네루다의 『실론섬 앞에서 부르는 노래』다. 이 시집은 네루다가 1927년부터 1932년까지 버마(미얀마), 실론(스리랑카), 자바(인도네시아) 주재 칠레 영사로 근무하면서 동양적 신비와 생활방식에 영감을 받아 쓴 시들을 모은 시집이다. 특히 네루다는 1928년부터 1년 6개월간 실론에서 생활한 바 있다.

나는 경실련 사무총장 시절 주한 칠레 대사에게서 받은 이 시집을 가끔 펼치면서 네루다의 시에 매료되기도 하였다. 호텔 꼭대기 층 양식당에서 조찬을 들면서 시집의 책 제목이 된 표제시를 펼쳐 두런두런 읽었다. 창 너머로 인도양의 푸른 바다가 백색으로 아롱지고 하늘은 떠오르는 아침 해를 안으면서 해맑은 광경을 연출하고 있는 가운데 실론차를 한 잔 타 놓고 네루다의 시를 소리 내서 읽는다. 스페인의 대(大)시인 로르카가 네루다를 "철학보다 죽음에 더 가깝고, 지성보다 고통에 더 가까우며, 잉크보다 피에 더 가까운" 시인이라고 극찬했던 이유를 이제야 알 것 같다.

실론섬 앞에서 부르는 노래

다시 대양에 서다. 여명의 아침, 비, 황금에 에워싸여.
무더운 고독의 잿빛 증기 속에서.

그리고, 저기서 새로운 녹색의 물결처럼 솟는
오! 실론, 오! 성스런 섬이여!

내 청춘의 잃어버린 유랑의 마음이 숨을 쉬었던 상자.

나는 숲속의 외로운 사람, 일어나지 않았던 일의 증인,
단지 내 안에서만 존재했던 어둠의 주인공.
오! 세월이여, 오! 슬픔이여, 오! 광란의 밤!
피 냄새 재스민 향기가 어우러진 붉은 달과 물의 밤!
그 밤, 저쪽 저 멀리에서 그림자는 북을 쳐대고 땅을 흔들고
무사들은 나뭇잎 사이에서 춤을 추었지.

그리고, 지금,
내 이마의 고통과 땀을 말리고 있는 너의 작은 손이 곁에 있다.
지금, 신념에 찬 내 목소리, 삶의 빛으로 만들어진 나의 노래,
여기 나는 다시 왔다. 시끄럽지만 고독한 바다 곁에 섰다.
부서지는 별빛이 내려앉은 야자수 위의 밤바람 곁에.
지금은 내가 어떤 존재였는지, 내가 알았던 것이 무엇인지
아무도 없이 혼자 피를 흘리며 고통 받은 것이 무엇인지 아무
도 모른다.

나의 거리를 걷는다.
아무도 없어서 생긴 얼룩, 아니면 습기로 생긴 얼룩,
나무들은 무성한 그늘을 이루었고
고통 받는 단 하나의 집, 빈집이 있다.

30년 전에는 나의 것이었던 집.

30년 전, 내 꿈의 문을 두드린다.

군데군데 떨어져나간 담장, 세월은 나를 기다렸다.

자신의 바퀴로 돌며 기다린 세월.

여기 섬의 가난한 거리에서 나를 기다렸다, 모두들.

야자나무, 암초는 내가 돌아올 것을 늘 알고 있었다.

단지 나만 그것을 몰랐을 뿐.

그리고, 갑자기 모든 것이 돌아왔다. 모래에 그어진 똑같은 물결,

나뭇잎 사이의 춤추는 소리, 습기.

비로소, 나는 내가 존재했음을 느낀다.

그리고 나의 삶이 거짓이 아니었음을 깨닫는다.

여기에 집이 있었다.

바다가, 부재가, 네가, 사랑이, 내 곁에.

삶이여 나를 용서하라.

나의 수많은 삶을 용서하라.

이 길을 따라 슬픔은 바다로 갔다.

그리고, 너와 나는 우리의 입술에 기나긴 입맞춤처럼

초상을, 소리를,

섬의 숨 쉬는 색깔을 지니고 가자.

그래, 지금,

과거는 지난 거다. 지난 거야.

빈 상자를 닫자.

상자 안에는 아직도 그 옛날

바다와 재스민의 향기가 살아 있다.

아직도 바다와 재스민의 향기가 진하게 배어 있는 네루다의 그 빈 상자를 들여다 볼 요량으로 스리랑카에 오고 싶었고, 그래서 이렇게 온 것이다. 그 상자 안의 보물인, 스리랑카의 상징이자 인류문명의 위대성을 간직한 시기리야(Sigiriya) 유적지 탐사를 위해 나는 내 영혼의 빈곤한 상자를 연다.

시기리야를 가기 전 백성학 회장이 설립한 영안모자 스리랑카 공장에 들렀다. 영안모자는 미국을 비롯해 코스타리카, 중국, 스리랑카, 방글라데시 등 전 세계에 14개 생산 거점과 12개 판매 법인을 거느린 세계적인 기업으로, 연간 1억

시기리야 유적지

개 이상의 모자를 팔며 세계 모자시장의 35퍼센트를 차지하고 있는 거대 회사다. 650여명의 현지 생산직원과 4명의 한국인 관리직원으로 이루어진 환상적인 생산라인부터 완제품의 생산모습까지 꼼꼼하게 둘러보았다.

시기리야 입구

9시 15분경 영안모자의 홍이사와 함께 시기리야를 향해 출발하여 12시 20분경에 도착했다. 도보로 정상 바위산의 궁궐터까지 갔다왔다. 시기리야는 유네스코 지정 세계문화유산이자 세계 8대 불가사의 중의 하나로서 아시아가 자랑하는 고고학적 유물 중 하나이다. 기원전 10세기경부터 기반이 조성되기 시작해서, 기원전 3세기에서 기원후 1세기에 이르는 시기에 거대한 바위산 조각이 만들어지고, 기원후 5세기에 아버지를 암살하고 왕위를 찬탈한 카사파 1세(Kassapa I)가 정상부 평지에 궁궐을 세웠다. 시기리야 정상의 궁전으로 향하는 입구는 원래 웅크리고 있는 사자의 입모양처럼 만들어졌다고 한다. 지금은 사자의 형상이 온전히 남아있지 않고 단지 바위산 아래 계단 양쪽에 사자의 발만이 남아있는 상태다. 시기리야가 사자의 형상으로 지어진 이유는 사자가 권세와 위엄을 나타내는 스리랑카 왕실의 상징이었기 때문이라고 한다. 시기리야의 궁궐터는 지금 보아도 도시계획, 건축, 정원기술의 성숙된 모습을 보여주고 있었다. 정말 모든 것을 대체하고서라도 스리랑카에 오면 반드시 가봐야 할 충분한 가치가 있는 곳이 시기리야 절벽 위의 사자산이다.

중간지점에서 홍이사가 갑자기 현기증 증세를 보여 쉬게 하고 혼자서 올라가기로 했다. 정상으로 향하는 바위벽에 그려진 요염하고 풍만한 여인들의 자태는 생동감 넘치는 예술성과 채색의 수려함이 더하여

감탄을 자아내게 했다. 그림 속의 여인들이 누구인지 정확하게 알려진

바는 없지만 대체로 카사파 1세의 왕비와 시녀들이라고 추측한다. 잘록한 허리와 풍만한 가슴, 또렷한 눈매와 도톰한 입술이 관능적인 자태를 내뿜고 있어 보는 이의 눈길을 순식간에 사로잡는다. 관능적이지만 고상함과 우아함이 곁들여 있기에 천박하지 않다. 하루 종일

시기리야 벽화

보고 있어도 질리지 않을 자태다.

정상에서 바라보는 주변의 장대한 파노라마는 시기리야의 우뚝한 바위산이 정글과 밀림초원으로 이루어진 주위의 모든 것을 신하처럼 거느리고 있다는 것을 확연히 느낄 수 있다. 이 장엄한 풍광을 유창하고 낭랑한 언어로 옷을 입힐 수만 있다면 좋으련만! 말과 글로 나타내기에는 너무도 역부족인 나의 재능을 탓하면서 눈과 마음속에 넉넉히 담아오고자 오히려 가슴을 졸였다.

오후 1시 50분 시기리야를 출발하여 50여분 만에 멀리 시기리야산이 한눈에 보이는 담불라(Dambulla)의 아담하고 아름다운 칸달라마 헤리턴스 호텔(Kandalama Heritance Hotel)의 식당에 도착했다. 식당 주변을 감싸고 있는, 인도양 정취가 물씬 풍기는 호반을 마음껏 즐기면서 식사를 마치고 콜롬보로 출발했다. 저녁 8시 약속시간에 제때 도착하기 위해서는 늦어도 7시까지는 호텔에 도착해야 하겠기에 서둘렀

다. 그러나 점심식사를 위한 시간 할애(1시간30여분)에 실패한데다가 엎친 데 덮친 격으로 우리를 태우고 간 렌터카의 경미한 접촉사고로 인하여 40여분 지체되었다. 거기에 소나기로 인한 교통체증이 가세하여 결국 성완종 경남기업 회장이 한국을 떠나기 전에 잡아놓은 스리랑카 대법관, 법제처장, 전 외교부장관과의 만찬 약속이 무산되는 사태(결례)가 초래되었다. 교통체증 상황을 알리고 다음날 간단히 찾아뵙기로 하고 약속을 취소시켰다. 밤 10시가 다 되어 힐튼호텔 일식당에 도착하여 홍이사와 함께 식사 후 숙소인 시나몬 그랜드 호텔(Cinnamon Grand Hotel)에 돌아왔다.

스리랑카의 현실은 빈곤했다. 영국 식민지 시대인 1930년대 초에 닦여진 편도 1차선의 도로는 150여 킬로미터를 가는데 9시간 내지 10시간이 소요되는 것은 물론 목숨을 담보로 승차하고 있는 듯한 모험의 연속이었다. 인내심과 자제력을 많이 배워간다 생각하면서 가슴 졸인 몇 시간의 모험을 액땜으로 간주하고 허허 웃을 수밖에 없었다. 몸은 피로에 지쳐 만신창이가 되었으며, 시기리야의 장엄한 풍경과 스리랑카의 척박한 생활환경이 오버랩 되면서 뭔지 모를 허전함이 마음속에 스며들었다.

접촉사고가 해결되는 동안 나는 마을의 이곳저곳을 둘러보았다. 그곳 여인들의 순박하면서도 삶에 찌든 모습, 경계하는 듯한 눈초리로 이방인을 응시하다가 이내 수줍은 웃음을 되찾는 아이들의 모습, 개와 돼지들이 마당 앞에서 사이좋게 머리를 맞대고 낮잠에 빠져 있는 풍광 등이 허전함을 달래주었다. 여행의 진수는 명승지나 판에 박힌 여정의 반복이 아닌 이런 소박함과 천연스러움의 풍경과 문득 조우하는 것에 있는 건 아닌지, 라는 생각을 해본다. 네루다의 상자 안에 들어있던 게 바로 이런 풍경이 아니었을까.

03 | 캔디, 영겁의 도시

삶의 목적은 자기개발이다.
자신의 본성을 완벽하게 실현하는 것,
바로 그 목적을 위해
우리 모두가 지금 여기 존재한다.
- 오스카 와일드

어제 본 시기리야의 아름다운 풍경이 이곳 콜롬보항 저 너머에서 어른거리는 신기루처럼 창문을 두드린다. 상쾌하다. 아침 8시 40분 경남기업 정일윤 대리의 수행 하에 스리랑카 제2의 도시 캔디를 향해 출발했다. 어제의 악몽(?)같은 도로사정과 운전행태에 비해선 아주 양호한 상황이다. 2시간여 달려 정부가 운영하는 '레스트에리어'에서 간단한 휴식을 갖고 12시 10분경 점심 예약이 되어 있는 캔디의 한 호텔에 도착하였다. 뷔페식으로 점심을 들면서 곁들인 스리랑카의 흑맥주 '라이온 스타우트'의 맛이 일품이었다.

식사 후 캔디국립박물관을 둘러보았다. 캔디는 1815년 영국의 식민지가 되기 전까지 200년간 스리랑카의 수도였다. 스리랑카는 16세기부터 차례로 포르투갈, 네덜란드, 영국 등 서구 열강의 침략을 받았다. 영국이 1795년 네덜란드를 몰아내고, 1815년에 캔디에 근거를 둔 신할

불치사

리 왕조를 멸망시키고 스리랑카를 식민지로 만들었다. 캔디는 영국이 지배하기 전까지 스리랑카 문화의 중심지였던 만큼 가치 있는 많은 유물과 유적이 있으리라 기대했으나 그에 미치지 못했다. 제대로 된 유물들은 아마 영국이 가져간 것이 아닌가라는 생각이 든다. 박물관 안내인도 그런 취지의 얘기를 전했다. 박물관에 전시된 유물 중 스리랑카 화폐 10루피에 그려져 있는 은부처상이 눈에 떠었다.

　　이어 박물관 바로 곁에 있는 불치사(Sacred Temple of Tooth Relic)[1]를 방문했다. 부처님의 치아(송곳니)가 모셔져 있는 웅대 앞에 갔으나 치아를 공개하는 기간이 아니어서 아쉽게 볼 수 없었다. 불치사(과거에는 한자명으로 '佛牙寺'라 불림)는 세계적인 불교유적으로 많은 내방객이 몰려드는 유서 깊은 사찰이자 스리랑카의 최고의 문화재이다.

---

[1]　불치사에는 부처의 왼쪽 송곳니가 안치되어 있다. 부처님의 송곳니를 소유한 자가 인도를 지배할 수 있다는 전승 때문에 인도의 왕들 사이에 전쟁이 벌어졌다. 마지막으로 부처의 성물(聖物)을 차지한 왕이 칼링가 왕국의 구하시바 왕이었는데, 스리랑카의 왕 키르티 스리 메가반나의 통치시대이던 371년에 스리랑카로 반출되었다. 성물은 섬 이곳저곳을 돌아다니며 여러 곳에 모셔졌다가 마지막으로 캔디의 불치사에 안치되었다. 현재의 불치사는 1998년 힌두교도인 타밀족 분리주의자들의 폭격으로 파손된 것을 그 후에 복구한 것이다.

특히 이곳 불치사에 있는 팔리어로 된 필사본 불교경전은 보물급이었으나 독일인들이 과거에 모두 가져가고 지금 서고에 남아있는 양은 빈약하다고 한다. 팔리어 경전의 용지는 야자수의 섬유다. 필사도구는 철제 추형으로 야자수 용지 위에 글자를 그려서 잉크 같은 것으로 칠한 후에 닦아버리면 검은 글씨만 남게 된다고 한다. 과거에는 시필(試筆)한 것을 한 조각씩 팔기도 하였다고 하나 지금은 그것마저 구할 수 없었다.

일제 강점기인 1930년대 초 연희전문대학 교수인 이순탁은 선박으로 세계 일주를 하던 중 스리랑카의 콜롬보항에 들렀을 때 8시간 동안 시간을 내서 캔디를 방문한 내용을 그의 저서 『최근 세계일주기』에서 역사적 사실과 당시 현상을 비교하면서 흥미롭게 적고 있다. 내 관심을 환기시킨 것은 당시(1933년) 콜롬보에서 캔디까지의 82마일의 도로 포장의 완벽함에 대한 그의 지적이었다. 내가 자료로 복사해간 그 여행기에서 그 부분을 그대로 옮겨 본다.

> 홍콩이나 싱가포르나 페낭이나 석란(스리랑카)을 막론하고 그 도로의 완전함은 실로 놀랄만하다. 절벽 현애에는 석주·철근으로 가설하고, 평지 저지대에는 목재·석재로 부설하여 아스팔트를 쫙 깔아 35마일의 속력으로 질주하는 자동차가 서슴없이 서로 어긋나 지나게 되는 것은 나로 하여금 대영제국의 위력을 다시 한 번 놀라게 한다.

그런데 1930년대 영국식민지 시절에 닦아진 도로가 80년이 지난 지금에도 대부분 그대로이고, 왕복시간도 그때나 지금이나 별반 다름이 없다는 점이 새삼 의아하다. 오히려 소요시간은 교통량의 증가로 그때보다 배 이상 걸린다는 것을 체험했다. 다만 20년 전부터 우리의 경남기업이 스리랑카의 구(舊)도로를 확장·보수하는 공사를 거의 전담하다시피하면서 스리랑카 정부와 국민들로부터 깊은 신뢰를 얻고 있다.

캔디 구시가지를 잠깐 거닐면서 오래된 불상이나 골동품을 찾아보았으나 수집할만한 가치가 있는 것은 별로 없었다(혹 내 지식의 한계 내지 내 눈이 담아내기에는 부족한 식견도 작용했을지 모르겠다). 하여튼 살만한 것이 선뜻 들어오지 않는 것은 사실이었다. 이어 캔디의 명소인 페라데니야(Peradeniya) 식물원을 한 바퀴 간단히 돌아보았다. 페라데니야 식물원은 스리랑카에서 가장 큰 식물원이다. 영국이 지배하기 전까지는 왕실의 정원이었는데 1823년 영국인에 의해 식물원으로 만들어졌다. 4,000여종의 열대 목본식물들이 아름답게 배열되어 있다. 식물원을 둘러본 후 오늘의 숙소인 빅토리아(Victoria) 골프리조트 내에 있는 개인 산장으로 향했다.

캔디 시내에서 50분 정도 걸려 도착하니 경남기업의 이병훈 스리랑카 IPA도로 현장소장과 강영흠 SUM도로 현장소장이 벌써 와서 영접해 줬다. IPA와 SUM은 현지 지역 명을 딴 경남기업의 도로포장공사 사업의 이름이다. 숙소는 스리랑카 최고의 산림휴양지라고 알려져 있는 곳의 별장으로, 열대의 스리랑카 산림 속에서 하룻밤을 지낸다는 사실에 나는 흥분을 감추지 못했다. 간단한 여장을 풀고 샤워 후 골프클럽하우스에서 폭넓은 주제와 얘깃거리로 흥겨운 담소를 나누면서 저녁식사를 즐겼다. 마음에 드는 사람과 좋은 음식을 나누며 같은 관심사에 대해 즐겁게 이야기할 수 있다는 건 정말 행복한 일이다. 의미 있고 기억할만한 밤이었다. 아내에게는 전화 대신 '스리랑카 고도 캔디 근처 산방갈로 도착, 일박 예정'이라는 문자메시지를 보냈다. 때론 말보다 문자가 더 살뜰한 감정을 전달할 수 있다.

이튿날 6시에 기상하니 주변이 온통 짐승 울음소리와 산새들의 합창으로 열대의 산악지방에 내가 있음을 실감하였다. 40여분동안 아침 산책을 하면서 주위를 살펴보니 절경과 장관이 펼쳐져 있음에 감탄을 아끼지 않을 수 없었다. 댐 건설로 인하여 이곳까지 호수의 여러 시발점이 생겨 마치 몇 개의 천연호수가 연결된 것 같은 착각이 들기도 했다. 삼림의 깊숙한 곳에서 뿜어져 나오는 야생과 원시의 숨결이 내 가슴을 적신다. 도시에서는 느끼지 못하는 인간 본연의 야수성이 되살아나는 듯하다. 그 야수성을 억압하고 길들이는 것이 바로 현대의 문명이다. 그래서 사람들은 숲이나 원시의 풍경이 펼쳐진 곳에 가게 되면 자신의 내면에 잠자고 있던 또 다른 자신을 발견하게 된다. 오늘 나도 새로운 나를 발견했다.

아침식사를 마치고 9시경 SUM도로 현장시찰에 나섰다. 강소장의 해박하고 자신감 넘치는 달변의 설명을 들으면서 장장 4시간에 걸쳐 40킬로미터를 자동차로 답사했다. 험난한 난구간의 산악지형을 극복면서 도로를 넓히고 직선화하면서 포장하는 역사(役事)였다. 힘들었지만 보람 있는 시간이었고, 훗날 내가 어느 위치에 있던 두고두고 애깃거리가 될 만한, 내세울만한 현장답사였음을 확신한다. 아울러 경남기업의 훌륭한 기술과 저력, 해외에서의 지명도 특히 20여 년 전 스리랑카에 진출하여 지금까지 쌓은 명성이 국위선양으로 이어지고 있음을 실감하였다. 그 과정에서 20년 넘게 그리고 스리랑카 현장에서만 10년 넘게 근무하면서 뛰어난 경험과 노하우로 자신 있게 업무에 임하고 있는 강소장과 IPA도로공사 현장의 이병훈 소장의 든든한 모습에 연신 흡족한 기분이 넘쳐났다.

1시경 산중턱에 자리 잡은 SUM도로 현장사무소에서 한식을 곁들인 점심식사를 맛있게 들고서 1시 50분경 콜롬보로 출발했다. 비가 내리는 가운데(스리랑카는 10월부터 1월까지 우기임) 캔디를 거쳐 7시 10분경에 콜롬보에 당도했다. 힐튼 호텔 일식당에서 정대리와 함께 식사를 마치고 숙소인 시나몬 그랜드 호텔에 저녁 8시경 도착했다. 헬스클럽에서 운동을 하고나서 모처럼 물을 받아 욕탕에 몸을 담갔다. 열대 삼림에서 되살아났던 나의 야수성이 아련하게 노곤해지면서 저절로 눈이 감긴다. 내일의 태양 아래는 무슨 일이 벌어질까.

04 | 인도양을 바라보며 『노자』를 읽다

스스로 뽐내는 자는 공이 없고
스스로 자만하는 자는 으뜸이 될 수 없다.
- 노자

　　인도양이 바로 앞에서 손에 닿을 듯 넘실대는 콜롬보의 시나몬 그랜드 호텔(Cinnamon Grand Hotel) 8층, 아침을 여유롭게 마치고 나서 유유한 상념에 잠긴다. 열대의 따가운 햇살이 한가롭다. 야오간밍의 『노자(老子)강의』를 꺼내 도와 덕을 설명하는 '노자, 성공의 길을 말하다'는 부분을 펼쳤다.

　　노자는 말한다. 도(道)라고 말할 수 있는 도는 영원불변의 도가 아니고, 이름 붙일 수 있는 이름은 영원불변의 이름이 아니다. 도라는 것은 있는 듯 없는 듯 황홀하지만 그 곳에 형상이 있고 실물이 있다. 도는 그윽하고 아득하지만 그 곳에 정기(精氣)가 있고, 그 정기는 아주 진실하다. 그 진실 속에 경험과 규칙이 있다.

　　진실 속에 경험과 규칙이 있다, 이 얼마나 멋진 말인가! 야오간밍은 철학자 펑유란(馮友蘭)의 말을 인용한다. 성공으로 가는 인생에는 세 가지 요소가 있다. 타고난 재주가 있고, 스스로의 노력이 있으며 주어진 명(命)이 있다고. 여기서 명(운명)은 미신이 아니라 당신이 살아가는 사회와 역사의 시공(時空) 아래 당신이 가지는 기회요, 명운이라고 말한다. 한편 덕(德)은 사람의 고상한 인격으로 활달한 흉금, 불굴의 정신, 넓고 깊은 학문, 장기간에 걸친 각고의 노력 등이 덕을 형성한다고 설명한다. 공감이 간다. 1시간 30여분 동안 깊은 바다와 같은 노자의 세계에 흠뻑 빠졌다 다시 고개를 드니 저 멀리서 호화여객선이 콜롬보항을 향하여 들어오는 모습이 보인다. 참으로 멋진, 따로 기억 속에 간직해 둘 여행의 한 장면이 아닐 수 없다. 아, 벌써 10시다.

호텔을 나서 콜롬보 시내의 붓다 석가모니가 다녀가셨다는 절과 국립박물관을 찾았다. 신발을 벗은 채로 사찰을 들어가기가 여러 모로 불편해서 밖에서 보고 나왔다. 박물관은 비교적 많은 사료와 가치 있는 것으로 보이는 전시물이 진열되어 있었다. 특히 중국의 자기 전시실에는 송, 원, 명, 청의 자기(청화, 오채) 등이 있어 관심을 끌었다. 영국 식민지 전의 포르투갈, 네덜란드의 지배 아래 있을 때 유럽으로 싣고 가던 자기 중 양국의 상관(商館)에서 유출되거나, 당시 실론왕국이 구입한 자기의 일부가 아닌가 추측된다. 하여튼 가치가 있는, 수려한 모습을 간직한 중국 고대 자기를 스리랑카에서 모처럼 대하고 보니 전부터 가지고 있던 앞서의 내 추측, 즉 무역도자기로서의 중국도자기의 해외진출 경로에 대한 추측이 얼추 맞았음을 확인할 수 있었다.

점심은 김도희 지사장, 서성수 차장 등 경남기업 콜롬보 현지에서 근무하는 한국직원 네 명과 같이 사원아파트에서 들었다. 한식으로 장만한 성찬(?)으로 정말 맛있게 한 그릇 반을 뚝딱 해치웠다. 식사 후 2시 30분 경 김도희 지사장과 함께 현대건설이 수주하여 건설하고 있는 콜롬보 항만건설 현장을 시찰하였다.

콜롬보 항만 건설

현대건설 김형 상무가 지사장으로 총지휘를 맡고 있는 항만건설 프로젝트는 원래 수주액만 3억 7천만 달러에 달하는 스리랑카 역사상 가장 규모가 큰, 완공되면 건설 사업으로 부산항과 맞먹는 하역시설을 갖추게 될 것이라고 한다. 김상무로부터 간단한 현황보고를 들은 후 김상무의 차를 타고 직접 현장을 둘러보았다. 정말 스리랑카의 현재를 바꾸는 대역사가 진행되고 있었다. 인도양으로부터 무방비로 맞받아오는 엄청난 파도 때문에 직접 바다를 가로지르는 항만 중요공사는 11월부터 4월까지 5개월만 할 수 있다고 한다. 내 후년(2012) 4월 완공을 목표로 공사가 차질 없이 진행되고 있다고 한다. 중동 등 세계 건설시장을 누빈 현대건설의 노하우와 정열, 도전정신으로 뭉쳐진 지사장 이하 140여명에 달하는 한국인 직원(생산직 포함)의 결기를 보니 한국인에 의한 기적의 인공구조물이 콜롬보에 또 하나 탄생하리라고 굳게 믿었다. 김지사장의 말에 따르면 현대건설이 금년도 수주한 해외건설 총 공사비는 무려 140억 달러에 달한다고 한다. 아마 이명박 대통령이 현대건설의 사장, 회장을 지냈다는 무형의 자산이 수주액의 규모에 영향을 주고 있지 않나 생각했다.

이어 4시경 삼성SDS를 방문하여 전우택 지점장으로부터 업무현황을 보고 받고 몇 가지 주제로 환담했다. 삼성SDS는 스리랑카 중앙, 지방정부의 전산화 사업을 주도하고 있었다. 비록 지금까지의 수주금액은 미흡했지만(4천만 달러) 지점장과 총 4명의 직원으로 스리랑카의 신경조직인 전산망 사업을 총괄하고 있다는 점에서 세계 1위에 걸맞은 한국 전자정부 시스템의 위상과 후광을 볼 수 있었다.

저녁식사는 나의 초청형식으로 현대건설 김상무, 삼성SDS 전 지점장, 그리고 경남기업 지사장과 직원들과 함께 '니혼바시'라는 일식당에서 담소를 곁들이며 정겹게 들었다.

밤 10시 40분 싱가포르로 출국하기 위해 서성수 차창 수행으로 콜롬보 공항으로 출발했다. 내일이 라자팍사 대통령의 2차 취임선서일이라서 시내 곳곳을 통제하고 있었다. 그리고 아예 내일 새벽 7시부터 오후 2시까지는 호텔로 통하는 모든 차량을 폐쇄할 것이라면서 그 시간에 항공기를 타려는 사람은 오전 7시 전에 호텔을 떠나라는 호텔지배인의 메시지까지 도착해 있었다. 다행히 나는 새벽 1시 20분 항공기여서 그 번거로움을 면했다. 타밀족과의 오랜 내전이 끝났지만 아직도 과거의 테러 악몽에서 벗어나지 못하고 있는 그들의 심정을 이해할만 하였다.

하지만 라자팍사 대통령이 헌법을 고쳐서 종신집권의 길을 트고 국가요직인 국방부, 재무부, 국토부 장관을 겸하는가 하면 그의 나머지 삼형제가 국회의장 등의 국가요직을 독점하면서 철저한 독재와 우상화 (전국 어디서나 시골 구석구석까지 그의 크고 작은 초상화가 즐비하다)

---

2) 스리랑카를 식민지화한 영국은 인도로부터 타밀족 노동자를 이주시켜 농장을 경영했다. 그로 인해 스리랑카 주민의 70퍼센트를 차지하는 신할리족과 타밀족 간의 대립이 시작되었다. 타밀족은 스리랑카 북부에 근거를 마련하고, 타밀엘람해방호랑이(LTTE) 등의 반군 세력을 중심으로 정부군과 분리 독립을 요구하며 27년 동안 내전을 치렀다. UN은 1983년 이래 8만~10만 명이 내전으로 인해 사망한 것으로 추정하고 있다. 타밀 반군의 패배로 2009년 내전은 공식적으로 막을 내렸지만, 현재 스리랑카에 거주하고 있는 타밀족의 대부분은 여전히 LTTE를 지지하는 것으로 나타나 분쟁의 씨앗은 아직도 남아있다. 2010년 1월 26일에 치러진 대선에서 승리한 라자팍사 대통령이 LTTE의 거점지역이었던 도시들을 중심으로 긴급조치를 유지하면서 국가통합 차원에서 주민 정착 및 재건활동을 전개하고 있다.

의 길로 가고 있는 이 나라의 현실을 보면서 법조인의 한사람으로, 그리고 얼마 전까지 한국 법제업무를 총괄하면서 헌법정신에 의한 인류보편의 가치를 국정에 구현하려고 노력했던 사람으로서 착잡한 심정을 가눌 수 없었다. 내전을 종식시킨 라자팍사가 스리랑카 국민들의 지지를 받고 있다 하더라도 민주주의에 대한 국민의 욕구는 시간이 지나면 상승하는 법이다. 종신 집권과 권위주의의 독재체제로 간다면, 더욱이 그 일가에 의한 축재가 이어지면서 또한 형제 사이의 불화도 예상 못 할 바 아니라는 점에서 향후 10년 또는 그 전후에 비극적 상황으로 권좌에서 떠나지 않을까 하는 우려가 앞선다. 이러한 전망은 나의 주관적인 추측이 아니다. 인류의 모든 역사를 통해 이미 증명된 필연의 논리다. 우리가 역사를 배워야 하는 이유가 바로 여기에 있다. 역사란 현재와 과거 사이의 끊임없는 대화라 했던 E. H. 카의 정의는 인류가 존재하는 한 영원한 진리로 남을 것이다.

　　교통을 통제해서 그런지 오히려 차는 잘 빠졌다. 50여분 만에 공항에 도착했다. 출국 수속을 마치고 라운지에 잠깐 들러 휴식을 취했다. 밤 12시 20분 탑승을 위해 나섰으나 게이트가 B12에서 B7로 갑자기 변경되어 혼선을 빚었다. 공항당국이 사전 통보 절차 없이 12시 5분경에 갑자기 게이트를 변경했다는 사실을 곧바로 승객에게 알리고, 따로 불편함을 초래해 죄송하다는 사과의 글을 그 짧은 시간(15분)에 인쇄해서 승객들에 돌리는 싱가포르항공의 기동성과 서비스정신의 투철함이 혀가 찰 정도였다. 비행기는 예정대로 출발하여 3시간 40분 비행 후 싱가포르공항에 착륙했다. 역시 싱가포르답게 입국절차도 일사천리로 진행되어 20여분 만에 자연스럽게 마쳐졌다. 이번이 세 번째 싱가포르 방문인 것 같은데 매번 인상적인 느낌을 받았다.

공항에서 미화 200불을 싱가포르 달러로 환전(253달러)한 후 택시로 숙소인 그랜드 하얏트 호텔에 도착하니 8시 40분이었다. 예약 당시 'Early Check in'을 신청했는데도 10시 30분경에야 입실이 가능하다고 하여 일단 체크인 절차를 마치고 호텔 근처 세븐일레븐에서 내가 좋아하는 팥빵 하나와 크로와상 하나로 간단하게 아침식사를 했다. 이어 호텔 바로 옆 빌딩의 가두에 있는, 돌로 만든 의자와 책상에 앉아 싱가포르의 거리 풍물과 사람들의 오고 감을 관찰하면서 이 글을 쓰고 있다. 싱가포르에서 이틀을 푹 쉬기로 하여 마음이 한층 여유롭다. 세상의 어떤 속박이나 조건에 구애됨이 없이 자유자재로 노니는 장자의 소요유(逍遙遊)를 떠올리며 상상의 나래를 펼친다. 벌써 10시 30분이 다 되어가고 있다. 이제 호텔로 발길을 옮겨야겠다.

05 | 싱가포르 단상

성공이란 계속된 실패와 자기 성찰을 통해서만 이뤄진다.
- 혼다 소이치로

싱가포르 오차드 로드(Orchard Road)는 아시아, 특히 동남아시아 번영의 상징으로, 세계 최대의 쇼핑센터가 밀집되어 있는 곳이다. 1970년 도시계획 이전의 오차드 로드는 땅콩공장이 즐비하게 늘어선 도시였다고 한다. 도시의 산업과 교통, 주거와 위락, 사회와 교육 시설 등 도시의 제반 환경을 효율적으로 배치하여 삶의 조건을 높이려는 도시계획의 의도가 성공적으로 반영된 사례 중 하나가 바로 싱가포르의 오차드 로드가 아닌가라는 생각이 든다. 세계 어디를 가도 이처럼 넓은 폭의 도로와 길 양편의 거대 빌딩의 운치 있는 배치와 편리한 이동시설 등은 일찍이 보지를 못한 것 같다.

이틀 동안 저녁 시간대에 오차드 로드의 일부(하얏트 호텔에서 다카시마야 백화점까지)를 가벼운 마음으로 산책을 했다. 거리, 백화점, 상점마다 젊은이와 관광객 등으로 인산인해를 이루어 발 디딜 틈이 없을 정도였다. 백화점 식당가 역시 번호표를 받아 길게 줄을 서야했다. 첫날 저녁 한국식당(다카시마야 백화점 4층)에서 20여분 기다렸으며, 둘째 날 저녁 식사시간에는 1시간가량 기다려야 한다고 하여 결국 포기하고(옆 일본의 돈가스 전문식당에도 상황은 마찬가지) 지하에 있는 식당에서 일본 스파이시차슈라멘으로 때웠다.

섭씨 30도가 넘는 바닷가의 습지를 메우고, 길을 넓혀 이와 같은 거대문명의 상징을 이룩한 싱가포르인(중국인이 주류를 이루고 있다)들

오차드 로드

의 노고와 저력에 찬사를 보내고 싶다. 인류사를 보면, 이러한 찬란한 문명이 몇 천 년 지나, 아니 몇 백 년을 견디지 못하고 아련하거나 모호한 흔적을 남기고 사라져 버린 예가 흔하다. 이러한 인류문명의 극치가 언제까

지 지속될 것인지, 그리고 수백 수천 년 후에 쇠퇴하면서 또 다른 문명으로 어떻게 대체될 지는 누구도 예측하기가 어렵다. 역사의 흥망성쇠는 인간의 욕망과 긴밀한 연관을 갖고 되풀이된다. 그러나 그 순환은 단순한 반복이 아니다. 일정한 차이를 내포하면서 끊임없이 되풀이되는 것이 역사다. 『펠로폰네소스 전쟁사』를 저술한 투키디데스가 역사는 영원히 되풀이된다고 했던 이유도 바로 인간의 욕망이 역사의 근간을 이룬다는 것을 간파했기 때문이리라. 화려한 호텔과 신기한 음식, 세계적인 명품들이 넘쳐나는 싱가포르의 야경을 보며 과거 포르투갈과 네덜란드 그리고 영국의 지배를 받았던 싱가포르의 암울했던 역사를 떠올려본다. 경제성장을 바탕으로 교육과 주택문제를 원활히 해결하면서 성공적으로 근대화를 이룩한 싱가포르의 미래가 어떻게 펼쳐질지 자못 궁금하다.

싱가포르에 머무는 동안 두 가지 사실을 꼭 지적하고 싶었다. 싱가포르의 명암, 아니 옥과 티를 동시에 보여주는 것으로 봐도 좋을 것이다.

콜롬보공항을 출발해 오전 8시 10분경 창이공항에 도착해서 숙소인 그랜드 하얏트 호텔까지 택시를 타고 30여분 만에 도착했다. 요금은 45불(이하 싱가포르 달러)에 팁 포함하여 50달러를 지불했다. 운전사가 40불 정도 나온 미터기에서 싱가포르 달러로 환산한다며 다시 조작하여 미터기가 45불을 가리켰다. 나는 당연히 믿고 50불을 지불했다. 그런데 오늘 아침 호텔에서 잡아준 택시(호텔 출발 6시 53분)를 타고 공항터미널3에 도착하니 시간은 대략 30분 정도 소요되었으며 미터기에는 20.3달러를 가리키고 있었다. 갈 때나 올 때나 교통체증은 거의 없었으며 경로도 같았다. 다만 공항 출발 때는 터미널2(같은 청사에 있음)에서 출발한 것만이 차이가 있을 뿐이다. 나는 20달러 30센트가 나온 미터기를 다시 한 번 확인하면서 팁 포함하여 25달러를 운전사에게 건넸다. 무려 20달러나 차이가 나는 택시미터기의 현실을 어떻게 설명해야 할지 곤혹스럽다. 아무래도 그제 아침의 택시기사가 폭리를 취한 것 같아 씁쓸했다. 효율과 완벽과 친절과 신속을 추구하는 싱가포르의 모습을 인정하고 감탄해하면서도 이런 상황을 어떻게 설명해야할지 싱가포르 당국자에게 전해주고 싶다.

또 다른 호텔에서 있었던 일화다. 그제 저녁 옆방에서 중국인 투숙객들의 소음으로 인하여 다음날 오후 방을 바꿔달라고 호텔 측에 요청했으며, 호텔 측은 즉각 이에 응했다. 13층의 업그레이드된 방으로 옮겨주면서 별도의 불편을 끼친데 대한 사과편지와 호주산 와인 1병을 보내주었다. 그러면서 15층 클럽라운지에서의 이브닝 칵테일, 인터넷, 콘티넨털식 아침식사 등을 이용할 수 있도록 했다. 그리고 한국인 직원을 통하여 별도로 사과전화를 하기도 했다. 나는 그들의 대응과 성의를 고맙게 받아들이면서도 제공한 선물과 편의는 이용하지 않고 오늘 아침 6시 50분경에 호텔을 가벼운 마음으로 나섰다.

바가지요금이나 호텔의 서비스에 대한 나의 지적은 어느 나라에 가든지 있을 수 있는 일로, 별 것 아닌 것으로 여길 수 있다. 그러나 그 별 것 아닌 사소한 인간의 욕심들이 모여 결국에는 커다란 재앙을 불러일으킨다는 것을 역사를 통해 늘 확인했던 터라 나에게는 눈에 걸릴 수밖에 없었다. 한 국가의 부흥이나 개인의 성공은 끊임없이 현재를 돌아보는 성찰에서 나온다. 혼다 창업주 소이치로 혼다가 "성공이란 계속된 실패와 자기 성찰을 통해서만 이뤄진다. 사실상, 성공은 실패라고 불리는 99퍼센트에서 나온 1퍼센트의 결과를 대표하는 것이다."라는 말을 떠올리며 싱가포르공항으로 발길을 옮긴다.

상처의 현장, 미래의 땅

– 미얀마, 풍요와 비극의 역사

4

01 | 미얀마에서 리영희와 네루다를 생각하다

진실은 한 사람의 소유물일 수 없고
이웃과 나눠져야 할 생명인 까닭에
그것을 알리기 위해서는 글을 써야 했다.
그것은 우상에 도전하는 이성의 행위다.
- 리영희

십여 일 넘게 연일 혹한이 이어지고 있다. 차가운 겨울공기를 들이마시니 혼몽한 정신이 얼음처럼 한없이 맑고 투명해진다. 새벽 6시 30분, 아내가 모는 차를 타고 호치민시티행 베트남항공 VN 10시 15분 발을 탑승하기 위해 공항터미널에서 인천공항으로 향한다. 아내의 배웅이 더없이 고맙고 따뜻하다. 8시 10분 공항에서 조용근 한국세무사회 회장 내외, 세무사회 민오기 사무처장과 합류했다. 이번 여행은 한국세무사회와 조용근 회장이 설립한 석성장학회가 미얀마 랑군에 지어준 '사랑의 학교' 건물 기증식과 장학금 수여식에 세무사회 고문 자격으로 참석하는 일정이다.

여행자의 묘한 설렘을 안고 비행기에 탑승했다. 그런 나의 마음과는 달리 베트남항공 승무원의 무뚝뚝한 표정과 기계적인 서비스가 거슬리기는 했지만 아직 국영기업 수준의 사회주의 색채를 벗어나지 못한 것이려니 하고 새겨 넘기기로 했다. 기내식도 비즈니스클래스치고는 수준미달로 일반석 서비스 정도다. 5시간 30분 비행 끝에 1시 40분경 (현지시각, 베트남과 한국과는 2시간의 시차) 호치민 국제공항에 도착했다. 미얀마 랑군 국제공항까지 다시 VN으로 환승하기 전까지 2시간 여유가 주어졌다. 공항식당에서 베트남 쌀국수로 기내식의 부실을 보충했다. 벼르던 베트남 쌀국수의 진미를 맛볼 수 있었다. 여행지에서 그 나라의 고유한 음식을 맛보는 일은 호사 중에서도 더없이 유쾌한 호사라 하지 않을 수 없다.

음식의 맛이 혀를 즐겁게 한다면 독서는 뇌를 즐겁게 하는 또 하나의 진미라 하겠다. 출발 전 인천국제공항 서점에서 산, 김삼웅 전 독립기념관장이 쓴 『리영희 평전』을 꺼내 미얀마 도착 전까지 주요 부문 위주로 산독(散讀)했다. 산독은 여행과 매우 잘 어울리는 독서법이다. 산책을 하듯 행간과 행간을 훑어가는 독서의 경쾌한 리듬은 여행의 설렘과 너무 잘 조화가 된다. 이영희는 진보와 보수로부터 상반된 평가를 받는 인물이지만 나는 그러한 논쟁적이고 무익한 평가를 떠나 지식인, 언론인, 학자로서 치열하게 시대정신과 가치관의 일관성 유지를 위해 고민하고 투쟁하면서 글쓰기의 새로운 전형(典型)을 창출한 걸출한 한국의 지식인으로 자리매김하고 싶다. 이념보다 사람이 우선하기 때문이다. 이념의 잣대로 인물을 평가하는 일은 지극히 편협한 행위다. 좌와 우의 이분법적인 구분으로 편을 가르는 것은 삶의 다양성을 훼손하는 일종의 폭력이다. 그런 면에서 이 책은 그의 전 생애를 자료 중심으로, 글쓴이의 독특한 필체를 가미하면서 이영희의 삶을 균형 있게 잘 정리한 역작이라고 하겠다.

랑군

　　호치민에서 1시간 50분 비
행 후 미얀마 랑군에 도착했다. 김
명천 선교사와 현지여행사 대표
허철의 영접을 받고 숙소인 세도나
호텔에 여장을 풀고 곧바로 시내
의 트레이더 호텔 한식당에서 저녁식사를 마쳤다. 가이드에게 세무사회
단체 팀과 합류하지 않고 나 혼자 세계적 불교유적지인 바간(Vagan)
을 내일이나 모레 당일치기로 갈 수 있는지 여부를 상의했으나 항공편
이 여의치 않아 바간 단독방문 일정을 취소할 수밖에 없었다. 아쉽지만
다음 기회를 기약할 수밖에 없었다. 기대와 아쉬움이 남아야 미래가 풍
요로운 것이 삶의 한 이치가 아닐까, 라는 위안으로 마음을 다독여 본
다. 현재(1월 중순) 랑군의 날씨는 건기다. 저녁은 우리 가을 날씨, 한낮
은 초여름 날씨와 유사하다. 오히려 생각보다 덥지 않은 것만은 사실이
라고 해야겠다.

　　랑군[1]은 네루다와 깊은 인연이 있는 도시다. 칠레의 국민시인으
로서 1971년 노벨문학상을 수상한 파블로 네루다는 1927년 그의 나이
24세 때 버마(미얀마)의 랑군(양곤) 주재 칠레 명예영사를 지낸 적이 있

1)　랑군은 미얀마의 일족인 몬족(族)이 살던 이름 없는 작은 어촌이었는데, 1755년 중부 버마족의 왕 알라웅
　　파야가 이곳을 정복하고, '전쟁의 종결'이라는 뜻을 지닌 '양곤'이라고 명명하였다고 한다. 1874년 영국이
　　제2차 버마 전쟁에서 승리하면서 남부 미얀마를 합병하고 양곤을 식민지 통치의 거점으로 삼아 도로와
　　항만 등 도시를 정비했다. 이때부터 양곤은 영어식 표기인 '랑군'으로 불리게 되었다.

2)　1927년 미얀마 랑군 주재 명예영사로 임명받은 네루다는 5년 동안 콜롬보·실론·자카르타·자바·싱가포
　　르 등지에서 외교관 생활을 했다. 외교관으로서의 활동은 물론 힌두교에 대한 관심, 아시아인들의 문화와
　　역사에 대한 탐구를 통해 인식의 지평을 넓혔다. 이러한 행적은 그의 자서전에 자세히 나왔다. 눈에 띄는
　　그의 행적 중 자바에서 네덜란드 출신의 마리아 하게나르와 첫 결혼, 버마 처녀 조시 블리스와의 연애가
　　있는데 그러한 경험은 그의 시에 '사랑'이라는 에로틱한 주제로 드러난 것 같다.

다. 네루다는 일본 도쿄와 싱가포르를 거쳐 랑군에 입항하면서 미얀마의 중앙을 흐르는 이라와디 강을 처음 보고 "이 강은 세계의 어느 강보다 아름다운 이름을 갖고 있다. 이라와디 강. 이 강과 함께 새로운 삶이 시작되고 있다."라고 찬탄을 했다. '이라와디'의 어원은 'airavati' 라는 산스크리트어에서 유래한 것

네루다

으로 '코끼리의 강'이라는 뜻이다. 새로운 삶이 시작되었다는 그의 시적 영감은 백인들의 침략으로 훼손된 미얀마의 역사와 그 속에서 살고 있는 미얀마 사람들의 애절하고도 신비로운 삶에 대한 찬탄으로 구체화되었다. 그의 그러한 인식은 「랑군 1927년」이라는 시 속에 아름답게 승화되어 표현되고 있다.

랑군, 1927년

뒤늦게 랑군에 도착했다. 모든 것이 이미 끝나 있었다.
피, 꿈 그리고 황금의 도시.
야만의 정글에서 뜨거운 도시로 내려오는 강.
문둥병 환자 같은 거리에 백인들을 위한 하얀 호텔이 있고
황금빛 사람들을 위한 황금탑은

지나는 것도 지나지 않는 것도 아니었다.
랑군은 베텔 열매를 뱉은 침으로 상처받은 계단이었다.
버마의 아가씨들은 맨몸에 비단을 조여 매고
불이 아마란토 혀를 가진 양 춤을 추었다, 천상의 춤을.
시장을 향한 발의 춤, 거리를 향한 다리의 춤.

머리 위에 쏟아지는 천상의 빛,
하늘의 풍선이 내 눈에 들어왔고
그 빛은 핏줄을 타고 온몸 구석구석을 누벼
헤아릴 수 없는 유배된 사랑의 권리를 내게 주었다.

그때, 나는 그녀를 마르타반 강의 더러운 물가에 있던
철선 근처에서 보았다. 그녀는
남자를 찾고 있었다. 그녀 역시
철과 같은 단단한 색깔이었다.
그녀의 머리는 쇠로 만들어졌고,
태양은 굽쇠를 달구듯, 그녀를 달궜다.
그때는 몰랐던 나의 사랑 그녀.

나는 그녀 곁에 앉았다.
그러나, 그녀를 보지는 않았다.
나는 혼자 있었고 강도, 황혼도 찾지 않았고

부채도 찾지 않았고 돈도 달도 찾지 않았다.

내가 찾은 것은 여인이었다.

내 손, 내 가슴을 위한 여인,

내 사랑, 내 침대를 위한 여인,

해맑은 여인, 검은 여인, 창녀, 순수한 여인,

하늘빛의 육식동물, 주황빛의 육식동물,

아무래도 좋았다.

사랑하고 사랑하지 않기 위해, 접시와 수저를 위해,

가까이 있을 수 있는 존재, 너무나 가까워

키스하며 이빨을 물 수 있는 여인,

혼자 있는 향기로운 여인을 원했다.

끓는 망각으로 여인을 원했다.

그녀는 어쩜

그 마르타반 강, 쇳빛 물가에서

내가 원하는 것을 원했을 수도 아닐 수도 있다.

강이 흐르는 밤이 되자

거대한 생선으로 꽉 찬 어망처럼 그녀와 나는 함께 걸었다.

절망하는 자들의 쓰디쓴 쾌락 속으로 잠수하기 위해.

　　역사에 대한 절망과 그것을 딛고 일어서기 위한 자기구원의 행로로 사랑에 대해 끊임없이 목말라하는 네루다의 모습이 눈에 선하게 떠오른다. "내가 찾은 것은 여인이었다./내 손, 내 가슴을 위한 여인,/내 사랑, 내 침대를 위한 여인"이라고 외친 네루다의 심경을 헤아리며 랑군의 거리를 걷는다. 역사보다 위대한 것이 사랑 아닐까? 계급투쟁이나 이데올로기의 광폭한 대립을 보며 인간의 근원을 탐구하고 그곳으로 회귀하려했던 그의 행보를 '민중시인'이라는 말로 단칼에 규정하기엔 뭔가 허전하다. 밤 9시경 세도나 호텔에 도착하여 취침 전 50여 분간 헬스장에서 걷기운동을 하면서 실존의 경계를 생각해본다. 역사와 사랑이라는 거대한 주제와 헬스장에서 운동을 하고 있는 나의 사소한 일상이 만나는 그 어느 지점에 황금빛 행복이 있을 듯한 밤이다.

02 | 인레 호수의 노을, 모음母音들이 만든 황홀한 음악

사람들은 누구나
해질녘이면 노을 한 폭씩
머리에 이고 이 골목 저 골목에서
서성거린다.
– 조태일의 시 「노을」 중에서

기대하는 게 많으면 약간은 조급해지는 게 공통의 심사인 것 같다. 앞으로 펼쳐질 미얀마 일정에 대한 가벼운 설렘 때문인지 새벽 5시 40분에 기상을 했다. 일찍 일어나는 새가 더 많은 양식을 얻는다는 속담으로 새벽의 피곤함을 달래본다. 그런데 나의 들뜬 심정과는 달리 휴대전화 로밍이 안 되는 나라라서 그런지 일정을 원활히 소화하기에 불편한 점이 한둘이 아니라 신경이 쓰인다. 모닝콜도 내 스마트폰 시간을

2시간 30분 늦춘 8시 10분의 한국시각에 맞춰서 울리게 했다. 그러나 그런 불편도 여행에서는 나름 달콤하게 다가온다. 인레호수가 있는 헤호(Heho)행 8시 45분발 바간항공을 타기 위해 7시 30분에 호텔을 나섰다. 내복을 챙긴 간단한 손가방만 들고 나머지 짐은 호텔에 머무는 민 사무처장에게 맡겼다. 긴팔 남방 대신 짧은 남방에 여름철 재킷만 챙겼는데 그것이 실수였다는 것을 나중에 깨달았다. 비행기는 예정보다 35분 늦게 출발해서 1시간 후에 만달레이(Mandalay) 공항에 도착했다. 나를 제외한 모든 사람이 내리고, 헤호를 거쳐 랑군으로 가는 승객을 싣고 15분 후에 다시 이륙했다. 이곳에서 세무사회 본진 여행팀(이들은 1월 7일 한국출발) 16명과 합류했다. 미얀마 국내선은 하나의 도시만 왕복운행하지 않고 2~3개 도시를 순환하여 랑군을 가는 이색적인 시스템으로 운행되고 있었다.

간단한 기내식이지만 빵 작은 것 두 개와 과일 서너 쪽이 입에 당겨 맛있게 먹었다. 뱃속의 공복과 깔끔하고 적은 양의 음식이 모자란 듯 서로 어우러져 입맛을 돋운 것이다. 넘치는 것보다 약간은 부족한 것이 더 만족감을 준다는 사소하고 평범한 지혜를 깨달은 것 같아 흐뭇했다. 과유불급(過猶不及)이라는 고사성어도 거창한 사색에서 나온 것이라기보다는 이러한 일상의 작은 경험에서 우러나온 것이리라. 경험이 진정한 지혜의 원천이며, 일상의 이런저런 실수를 되풀이하지 않게 하는 든든한 삶의 방패라는 것을 새삼 다시 느낀다.

어디를 가든 자투리 시간이 생기면 무조건 글자를 읽는 게 나의 고질병이라서 미얀마 홍보부에서 발행한 영자신문 「New Light of

Myanmar」을 기내에서 죽 훑어보았다. 마지막 뒷면에 적힌 표어 중에서 "VOA, BBC-Sowing hatred among the people"이라는 문구가 눈에 띄었다. "국민들 사이에 증오심을 심어주는 VOA(미국의 소리), BBC"라는 뜻인데, 이런 선동문구가 국가 홍보부에서 발행한 신문에 실린다는 점을 보니 미국에 대한 미얀마의 태도가 어떤지 확연히 파악된다. 아울러 신문 일면에 "모든 국민은 그가 어디에 살든 강한 연방정신을 갖는 것이 진정한 애국심"이라는 표어에서도 미얀마의 역사와 현재를 짐작할 수 있어 흥미로웠다. 그러한 일련의 표현들은 2003년 경제제재조치법안(Burmese Freedom and Democracy Act)을 제정해 미얀마에 대해 투자 동결, 고위 인사 비자 발급 중단, 미얀마 정부 자산 동결, 원조 중단, 미얀마 송금 금지, 미얀마 제품 전면 수입 금지 등의 강력한 제재 조치를 취하고 있는 미국에 대한 미얀마의 적대적 태도를 그대로 반영한 것이다.

　　만달레이 이륙 후 25분 만에 헤호에 착륙하니 비가 내리고 날씨가 무척 쌀쌀했다. 긴팔 속옷을 갖추지 못한 데다 양복마저 여름용이어서 더욱 추위가 엄습해왔다. 아침의 실수가 뼈저리다. 1시간가량 차를 달려 인레호숫가의 선착장인 냥쉐(Nyaungshwe)마을에 도착하니 비는 더욱 세차게 내리는 데다 바람마저 불어 체감온도는 영하권이었다. 뭉글하게 뼛속이 시렸다. 20분간 5인용 모터보트에 타고 우산을 받쳐 들고 비를 가리면서 인레호수 내 수상호텔인 미얀마 트레져 리조트(Myanmar Treasure Resorts)에 도착했다. 재킷 뒷부분이 흠뻑 젖었다. 동행한 세무사회 최 부회장이 약간 두터운 새 남방셔츠를 나에게 주어 고맙게 받았다. 오로지 감사의 마음을 전할 따름이다.

인레호수의 노을

　독채로 된 방갈로 형식의 수상호텔은 생각보다 쾌적하고 훌륭했다. 날씨도 춥고, 무릎을 침대 모서리에 부딪쳐 컨디션이 좋지 않아 오후 관광을 포기하고 호텔에서 쉬기로 했다. 늦은 점심을 룸서비스로 시켰다. 음식이 비교적 맛이 있어 흡족하게 먹었다. 이어 스파를 1시간 반 동안 받고나니 기분이 한결 나아졌다. 방에 냉기가 도는 것은 어쩔 수 없었고 오늘밤이 꽤 추운 밤이 될 것 같아 적이 염려가 된다.

　인레호수의 절경은 바로 노을이다. 비가 완전히 개지 않은 탓에 구름 사이로 언뜻언뜻 보이는 햇살이 호수에 내리면서 황금빛 낙조의 풍경을 만들어내는 마술 같은 풍경이 너무도 비현실적이어서 황홀하다. 노을이 내려앉은 호수를 온화하게 감싸고 있는 산맥의 자태는 연인을 품고 있는 사내처럼 건장하다. 호수의 갈대숲과 수초 사이로 보이는 어스름한 마을의 정경과 그 앞으로 노를 저어가는 카누의 느린 움직임이 겹쳐지면서 내 마음 속에서 원초적이고 형언하기 어려운 감정이 솟구친다. 석양을 배경으로 조용히 흘러가는 보트 위에서 한 발로 노를 젓는 어부의 실루엣이 한 폭의 그림처럼 펼쳐지니 내 마음속에 잠재해 있던 애틋한 동심과 아무에게도 보여주지 못했던 심연의 감정을 자극하여 한없는 무상의 상념에 젖어들게 한다. 그 풍경이 뿜어내는 원초의 영원한 모음(母音)들이 마음속에 들끓어 올라 하나의 음악을 만들어낸다. "검은 A, 흰 E, 붉은 I, 푸른 U, 파란 O: 모음들이여,/언젠가는 너희들의 보이지 않는 탄생을 말하리라."라는 시구로 시작되는 랭보의 「모음들」이라는 시의 의미가 무엇인지를 이제야 알 것 같다. 풍경은 음악이고, 그 음악은 모음들의 부드러운 음상 속에서 만들어져 내 무딘 귀를 거쳐 심장으로 흘러들어 원시의 춤을 춘다. 언젠가 꿈꿨던 듯한 아름다운 풍경을 보며 시인처럼 넋을 잃은 것은 참으로 오랜만이다. 이 순간은 죽어도 잊지 못할 경험으로 남아 내 의식의 심연을 장식할 것이다.

노을의 서정적 풍경을 더 아름답게 만드는 것이 인타족(Intha, '호수의 아들'이라는 뜻)들의 꾸밈없는 모습과 소박하고 정겨운 삶의 체취들이다. 보트 가득 야채를 싣고 한 발로 노를 젓는 그들의 여유가 노을과 섞여 유유히 흐르는 것을 보니 삶은 더없이 아름다운 순간이라는 것을 절감한다. 사람이 꽃보다 아름답다는 노랫말처럼 이 모든 게 정녕 아름답고 아름다워서 사춘기 소년처럼 뜻 모를 눈물이 나려한다. 더 이상의 표현은 사족이 될 것 같아 침묵하고 침묵하며 인레호수의 시간을 눈으로 음미해본다. 이 모든 풍경을 보자니 문득 조태일 시인의 「노을」이라는 시가 떠오른다.

저 노을 좀 봐.

저 노을 좀 봐.

사람들은 누구나

해질녘이면 노을 한 폭씩

머리에 이고 이 골목 저 골목에서

서성거린다.

쌀쌀한 바람 속에서 싸리나무도 노을 한 폭씩 머리에 이고

흔들거린다.

저 노을 좀 봐.

저 노을 좀 봐.

-조태일 시인의 「노을」 부분

꿈같은 시간이 화살처럼 흘러갔다. 사위가 어둑해지니 얄밉게도 허기가 도둑처럼 찾아온다. 오, 인간 육체의 한계여! 식사를 마치고, 잠자리를 정리하는데 침대 위에 쪽지가 눈에 띈다. 내 이름까지 인쇄해 적어 놓은 쪽지의 글이 가슴에 와 닿았다. 1,300미터 고지대의 미얀마 인레호숫가의 한 수상호텔방에서, 낭만과 풍요로운 추억이 가득한 내 방랑의 새로운 역사에 마침표를 찍는 이정표와도 같은 쪽지.

Dear Mr. LEE, SEOG YEON

He alone is great who turns the voice of the wind into a
song made stweeter by his own loving.
Have a good sleep!

Kyu Kyu Thin
Housekeeping supervisor
2011. 1. 10. Monday

대충 의역하자면 "바람의 소리를 자신의 내면에서 우러나는 달콤
한 사랑의 목소리로 승화시키는 자야말로 위대하다." 쯤 되겠다. 이곳 분
위기와 어울리는 멋진 표현이다. 무엇보다도 저런 표현을 일상처럼 쓰고
있는 이곳의 사람들이 놀랍기만 하다. 이쯤 되니 나는 누구이고, 무엇을
하며 살아왔는가, 라는 자문을 해보지 않을 수 없다. 과연, 내 삶은 얼
마나 아름다웠는가? 비가 갠 후 구름 사이로 간간히 보이는 상현의 달
빛과 별빛이 크고 시리게 눈에 들어온다. 달과 별이 마음에 가득한 것을
얼마 만에 느꼈는가, 아니 처음으로 깨달았다고 보아야겠다. 삶은 아름
다워야 한다는 주문을 외우며 싸늘한 냉기가 감도는 잠자리에 든다.

03 | 정신문명의 찬란한 집대성, 마하시 선원과 쉐다곤 불탑

죽음보다 더 강한 것은 이성(理性)이 아니라, 사랑이다.
- 토마스 만

어젯밤 이불을 세 겹으로 덮고 잤다. 내복에 긴 남방셔츠까지 껴입고, 거기에 뜨거운 물을 넣은 고무 튜브를 두 개나 껴안고 잤는데도 겨우 추위를 면할 정도였다. 인레호수의 장엄한 노을과 지난밤의 요상한 추위, 별로 어울리지 않는 두 경험이 만나 색다른 인상을 빚어낸 이곳, 오래오래 기억에 남을 것 같은 수상호텔에서의 하룻밤이었다.

5시 30분경 기상하여 6시경 창문을 여니 어슴푸레한 연무가 호숫가에 드리워져 있다. 사위(四圍)는 새소리가 가득하다. 여린 귀를 기울여야 들을 수 있는 호숫물 속의 깊은 소리와 내 마음에 숨어있는 내면의 소리가 연무처럼 어우러진 채 한없는 목가적 정경으로 펼쳐져 있어 나마저도 풍경이 된 듯한 아침이다. 비는 갰지만 구름과 안개가 덮여 일출의 눈요기는 접을 수밖에 없었다. 이곳에서 만약 일출의 장관까지 보았다면 나는 모든 일정을 접고 바람처럼 호숫가를 맴돌며 며칠을 더 머물렀을 것이다.

9시경 인근 헤호공항에 도착하여 탑승 직전 활주로를 걸으면서 바라본 하늘. 가벼운 구름이 두둥실 떠 있고, 거기에 더하여 푸르고 푸른빛으로 주변을 감싸고 있는 산맥의 장엄함이 연출한 정경에 잠시 넋을 잃었다. 청정, 삽상, 상쾌, 흔연, 탈속, 황홀의 향연 이다.

1시간여 비행, 랑군공항에 도착했다. 오후 일정 중 장학금 전달식 동행에 빠지는 대신 랑군 시내 불교유적지를 관람하기로 했다. 우선 67미터의 와불(臥佛)이 있는 마하시 선원을 참관했다.[3] 마하시(Mahasi)는 미얀마의 대(大)승려로서, 위파사나 명상수행법을 전 세계에 전파한 세계적인 선사다. '마하'는 크다는 뜻이고, '시'는 북이란 뜻이다. 이름처럼 큰 북소리로 세상에 지혜를 전한 탓인지 세계 각지에서 마하시 선원을 찾는 사람이 많다고 한다. 종교와 인종과 국적을 따지지 않고 깨달음을 얻으려는 모든 사람에게 최소의 비용으로 숙소와 묵언실을 제공해준다고 한다.

마하시 선원을 나와 세계 최대이자 최고(最古)의 불교사원인 쉐다곤(Shwedagon)에 있는 불탑을 둘러보았다. 쉐다곤 탑의 정교함과 웅장함은 물론 시민들의 애착심이 묻어난 산뜻한 관리로 보존이 잘 되

마하시선원

어있어 인류의 정신문화, 문명의 집대성을 한 눈에 보는 것 같아 불교도 여부를 떠나 누구나 격찬을 보내야 할 유적이다. 『정글북』의 저자이자 1907년 노벨상을 수상한 최초의 영국인 작가인 루드야드 키플링은 쉐다곤 탑을 보고 "이것이 바로 버마이니 그대가 알고 있는 다른 어떤 곳과도 다를 것이다."라고 찬탄했다. 부처님 머

3) 마하시 선사(1904~1982)가 1947년에 건립한 선원이다. 전 세계 500여 곳에 분원이 있을 정도로 그 영향력이 막대하다. 석가모니 때부터 행해온 '위파사나'라는 명상법을 수행하는 곳으로 유명하다. 위파사나는 일상의 활동과 마음의 행로를 무심의 명상으로 관찰하고, 그 관찰을 통해 깨달음을 얻는 수행법이다. 2만평이 넘는 넓은 대지 위에 세워진 마하시 선원은 170개의 건물에 최대 4,000명 정도를 수용할 수 있다. 선원 안에는 마하시 사야도의 밀랍상이 있고, 벽에는 그가 저술한 책이 대리석에 새겨져 있다.

쉐다곤 불탑

리카락 일곱 가닥을 모신 쉐다곤 탑은 부처님 생전에 지은 세계에서 가장 오래된 불탑으로, 미얀마와 미얀마 불교의 상징으로 꼽히고 있다. 그래서 쉐다곤 탑을 '랑군의 영혼'이라고 하기도 한다. 원래는 8미터 높이였으나 미얀마 왕조들의 끊임없는 증축으로 현재의 높이가 99.2미터다. 특히 불탑의 꼭대기에 달린 황금 돔의 꼭짓점에는 76캐럿짜리 다이아몬드와 4,300여개의 보석들이 박혀있어 그 가치만 해도 9,000만 달러가 넘는다고 하니 감탄이 절로 나온다. 탑에 박힌 보석들을 보기위한 망원경이 따로 설치가 되어있을 정도니 그 위용과 화려함이 말문을 막아버릴 정도다.[4] 쉐다곤 탑은 황혼 무렵에 가장 찬란하게 빛을 발하기 때문에 많은 사람들이 불탑이 보이는 호텔 방이나 레스토랑에서 탑의 아름다움을 여유롭게 감상을 한다.

---

4)   최상부에 있는 76캐럿의 대형 다이아몬드를 정점으로 4,351개(1,800캐럿)의 보조 다이아몬드가 높이 56센티미터 지름 27센티미터의 순금 돔에 박혀있는데 이는 새싹을 상징한다고 한다. 그 아래는 길이 130센티미터, 폭 76센티미터의 풍향 날개가 달려있는데 이 또한 수많은 보석 장식이 되어있다. 날개 아래에는 높이 13미터 지름 5미터의 대형 우산이 탑을 장식하고 있다. 이 우산에 사용된 순금이 500킬로그램이며, 83,850개의 보석과 4,016개의 순금종이 달려있는데 이는 모두 불자들이 드린 공물들이다.

인간은 두려움과 불안을 극복하기 위해 종교를 만들었고, 신에 대한 믿음으로 내세의 고통을 위안하며 죽음 이후의 행복한 삶을 추구해왔다. 쉐다곤 탑의 화려함과 웅장함은 그러한 종교적 염원이 하나하나 모여 만들어진 것이다. 이성적인 관점으로 본다면 값비싼 보석으로 탑을 치장하는 것보다 그 보석들을 다른 방식으로 사용해서 현실의 삶을 조금 더 개선하는 것이 합리적이지 않겠냐고 할 수 있을 것이다. 이성주의자들은 우연적이고, 비합리적인 것들을 신봉하는 것이 종교라고 여겼으며, 그러한 태도에 대해 늘 비판의 각을 세워왔다. 그러나 때로는 합리적인 것보다 비합리적인 것이 인간에게 더 큰 위안과 힘이 될 수 있다. 이성을 바탕으로 행동하는 것이 가장 인간적이라는 점을 강조했던 합리주의 사상이 인류역사에서 가장 크고 잔혹했던 1,2차 세계대전을 일으켰다는 사실을 기억할 필요가 있다. 합리와 비합리는 대립하는 것이 아니라 상호보완적인 관계에 있는 것이다. 쉐다곤 탑을 보면서 나는 합리와 비합리의 조화를 읽을 수 있었다. 인류의 모든 문명과 유적은 합리적이면서 비합리적인 것들의 지극한 조화 속에서 만들어진 것이다. 그 조화를 이룰 수 있게 만드는 원초적 힘이 바로 믿음이며 사랑이다. 그러므로 종교의 본질은 이성을 넘어선 사랑이라는 것을 수많은 사상가와 성인들이 설파했던 것이다.

호텔로 돌아와 잠시 휴식을 취하고, 저녁에는 주한 미얀마 대사가 관저에 마련한 만찬에 참석하여 미얀마의 국내 사정과 한국과 미얀마의 경제 교류 확대 필요성 등을 주제로 환담했다. 9시경 숙소로 돌아왔다. 피곤하였지만 50여 분간 호텔 헬스클럽에서 언제나 대로 러닝머신을 탔다. 숲길을 달리는 것보다는 못하지만 달린다는 사실 그 자체가 나에게는 늘 즐거움을 준다. "나는 달린다. 고로 존재한다."는 생각을 하며 하루를 마감한다.

04 | 비극의 역사 현장, 아웅 산 국립묘지를 찾다

역사란 때의 경과를 증명하는 증인이다.
현실을 비추고 기억력을 강화하며 고대의 소식을 가져다준다.
- 키케로

오전에 이번 미얀마 방문의 주목적인 학교건물 기증식에 참석했다. 호텔에서 30여분 달려 랑군의 외곽지역에 있는 제3학교에 도착했다. 그간 세무사회조용근 회장의 노력으로 이번에 세 번째 '사랑의 학교'건물을 지어 미얀마 교육청에 기증하게 된 것이다. 초중고에 걸쳐 1,200여 명의 제3고등학교 학생 전부와 선생님, 학부모까지 모두 나와 학교 입구에서 행사장까지 양쪽으로 늘어서 웃으면서 진심으로 우리를 맞아 주었다. 기증식은 거교적인 행사로, 참가한 학생들 하나하나가 정말이

'사랑의 학교' 건물 기증식(앞줄 왼쪽 4번째 저자, 6번째 조용근 회장)

지 순수하고 맑고 웃음이 넘치는 표정을 하고 있었다. 그들의 표정을 보니 그동안 세파에 시달렸던 내 마음의 묵은 때가 일시에 벗겨지는 것 같았다. 정성껏 마련한 현지식의 점심식사와 우리가 준비한 한국김치가 어우러져 훌륭한 성찬이 되었다. 정말 오래도록 기억될 만한 행사였다. 사재까지 털어서 학생들의 보금자리를 마련해준 조회장의 정열과 노력에 거듭 찬사를 보낸다. 일신의 안일을 위한 교육보다는 자유와 정의가 무엇인지를 알게 하는 참교육이 이 학교에서 이루어지길 바라는 마음이 간절하다. "참된 교육의 목적은 사람들에게 선한 일을 행하도록 하는 것뿐만 아니라, 그 일에서 기쁨을 느끼게 하는 데 있다. 청렴할 뿐 아니라 청렴함을 사랑하게 하는 데 있다. 정의를 실천하게 하는 것뿐만 아니라 정의에 굶주리게 만드는 것이다."라는 존 러스킨의 말이 뇌리를 스친다.

오후에는 이번 일정의 마지막으로, 1983년 10월 9일 북한의 테러로 서석준 부총리를 비롯하여 17명이 희생된 아웅 산(Aung San) 국립[5]묘지를 찾았다. 전두환 대통령의 국빈방문을 수행한 각료와 수행원 등의 순직은 내가 당시 정훈장교로서 군복무 시절에 발생한 사건으로 아직까지도 생생하게 그날의 참상을 기억하고 있다. 국민적인 충격과 분

---

5)   미얀마의 독립운동 혁명가, 정치인, 군인으로 미얀마의 독립에 결정적 공헌을 했다. 아웅 산은 일본에서 군사 훈련을 받고 1942년 일본군과 함께 미얀마로 돌아왔다. 아웅 산은 일본의 통치가 영국보다 더 잔인하다는 것을 깨닫고 인민자유동맹을 결성해 일본을 상대로 독립운동을 전개했다. 2차 대전에서 패한 일본이 철수하고 영국이 다시 미얀마를 재점령하자 아웅 산은 영국과의 담판을 통해 독립을 얻어내는데 결정적인 역할을 했다. 이 과정에서 아웅 산은 공산주의자들에 의해 '영국 제국주의의 앞잡이'라는 비난을 받았다. 독립을 6개월 앞두고 아웅 산은 그의 동생이 포함된 6명의 각료들과 랑군의 회의실에서 신원불명의 인물에게 암살되었다. 아웅 산은 지금까지 미얀마 국민들로부터 "민족의 영웅"으로 추앙받고 있으며, 미얀마의 야권 지도자인 아웅 산 수치의 아버지이기도 하다.

노, 세계인의 비난을 불러일
으킨 사건의 현장, 그러나 그
곳은 그 후 지금까지 완전
봉쇄된 채 주변의 접근을 철
저히 금하고 있다. 우리는
차에서 내려 최대한 접근이

아웅 산 국립묘지

가능한 곳까지 가서 당시를 회고하며 순국자들의 명복을 비는데 그칠
수밖에 없었다. 사건 이후 우리 정부가 심었다는 무궁화 꽃이 순국 현
장 주변에 드문드문 피어 있었다. 그 모습이 처량해보였으나 한편으로
비장한 각오를 다지게 만드는 힘이 되었다.

　　아웅 산 테러 이후인 1987년 11월 말, 대통령 선거를 코앞에 두
고 중동에서 서울로 오던 KAL기가 김현희 일파에 의해서 공중 폭파되
어 전원이 사망한 충격적인 사건이 발생했다. 그 사건의 현장 역시 미얀
마 상공이었다. 미얀마는 우리한테 깊은 상처와 비극을 안겨준 역사의
현장이 되었으며, 미얀마인들 역시 이 사건들을 통해 한국에 대한 태도
와 인상을 그 이전과는 달리 새롭게 갖게 되었다.

　　아웅 산 사건이 한참 지난 1989년, 미얀마 정부는 희생자 유족
들을 초청하여 국빈 대우로 예우하면서 사건 현장과 관련 시설을 방문
하도록 하였다고 한다. 이에 앞서 미얀마 정부는 이 사건이 북한의 소행
으로 밝혀지자 즉각 북한과 단교하고, 국가 승인을 취소하는 강경조치
를 취했었다. 그 후 2007년에 북한과의 재수교를 하기 위해 우리 정부
에 먼저 동의 여부를 구했다. 당시 우리 정부는 대북한유화정책(햇볕정

책)의 기조 하에 재수교에 동의함으로써, 2007년 북한과 미얀마는 대사급 외교관계를 재수립했다.

오후 4시경 한국식당에서 이른 저녁식사를 하고 랑군 밍글라돈 국제공항으로 출발, 하노이를 경유해서 1월 13일 새벽 5시 30분 인천 국제공항에 도착함으로써 3박 5일간의 여정을 마무리했다.

바간(Bagan)과[6] 만달레이를 가지 못한 것이 아쉬웠지만 동행자인 세무사협회 회원과 직원들의 따뜻한 배려와 원만한 진행으로 아주 만족할만한 여정이었다. 언젠가는 반드시 바간을 다시 찾게 되리라는 기대와 염원을 동기의 씨앗으로 뿌리며 미래를 기약한다.

---

6) 바간은 세계 최대의 불교 문화유적지로 유네스코에 의해 인류 문화유산으로 지정되었다. 캄보디아의 앙코르와트와 더불어 세계 3대 불교 유적지 중 하나다. 2천5백 개 이상의 파고다와 수도원이 건립된 미얀마의 고대 수도 바간은 지금까지도 탑이 건립되고 있어 현재 3천 5백 개가 넘는다고 한다. 만달레이는 미얀마 제 2의 도시로 무역이 활발한 도시다. 미얀만 마지막 왕조인 따웅조의 왕도로, 지금도 도시 한 복판에 왕궁이 해자를 둘러싸고 있다. 이라와디 강변의 제방 위 13킬로미터 구간에 촘촘히 세워진 2천 2백 개의 불탑이 유명하다.

풍요로운 자연, 삶은 그처럼 소중한 것이다
– 화산과 운하의 나라 코스타리카와 파나마의 과거와 현재

5

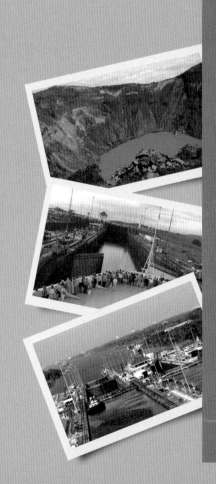

01 │ 『이승만의 청년시절』과 함께 떠난 코스타리카 기행

지식인이란 자기 내부와 사회 속에서
구체적 진실에 대한 탐구와 지배자의 이데올로기 사이에
대립이 존재하고 있음을 깨달은 사람이다.
- 사르트르

　　　아직 초봄의 차가운 기운이 옷깃을 스치는 아침. 아내의 배웅을 받으면서 삼성동 공항터미널로 향한다. 약 2주간에 걸친 코스타리카와 파나마 여행을 위한 출발이다. 아내는 함께 가지 못하는 아쉬움보다 내가 없는 동안에 있을 집수리 뒤치다꺼리에 더 신경이 쓰이는지 조금은 유쾌하지 못한 표정이다. 아내에겐 미안한 마음이 들었지만 나의 기분은 이제 막 싹을 틔운 봄 햇순처럼 상쾌하다. 가장의 역할을 하지 못하고 떠나는 반쯤의 불편함을 슬그머니 집에 내려두고 앞으로 내 눈앞에 펼쳐질 화산과 운하의 거대한 파노라마를 떠올리며 설레는 발길을 거듭 재촉한다. 모든 여행은 약간의 이기성과 단호한 결단이 있어야만 시작될 수 있다. 이러저런 이유에 매이게 되면 결국 그 자리에 주저앉게 된다. 그래서 여행 경험이 많은 사람들은 김포공항까지 가는 게 제일 어렵다고 말들 한다. 모든 사람의 동의나 축복을 받으며 할 수 있는 일이란 세상에 결코 없다. 아내에게 느끼는 미안함이 이번 여행의 풍요로운 밑거름이 되리라는 다짐으로 발길을 옮긴다.

　미국 댈러스(Dallas)에서 「뉴스코리아」를 발행하고 있는 이성권 사장을 만나 공항터미널에서 댈러스까지 동행하게 됐다. 체크인을 마친 이성권 사장과 곧바로 인천 공항으로 향했다. 공항서점에서 『이승만의 청년시절』(이정식 저)과 미국 영화배우 커크 더글러스(Kirk Douglas)가 쓴 『My stroke of luck』(한국에서는 '시련은 곧 희망입니다'라는 제목으로 출간) 그리고 간단한 스페인어 회화집을 샀다.

　댈러스행 대한항공은 예정대로 11시 25분에 출발했다. 기내에서 『이승만의 청년시절』을 읽기 시작했다. 초대 대통령 이승만은 그동안 '만년의 독재', '민주주의 억압', '정적 탄압', '오욕의 정치가' 등의 좋지 않은 수식으로 우리에게 인지되고 각인된 분이었다.

　그러나 어느 누구라도 좋은 점과 더불어 어두운 면, 치욕의 경력이 있게 마련이듯이 이승만에 대한 평가도 장점과 단점의 경계를 넘나드는 것은 마찬가지일 게다. 그런데 그의 청년시절과 중년의 미국에서의 활동상에 대해서는 거의 외면하거나 정확한 평가를 내리지 않고 있다는 점에서 그에 대한 세간의 평가는 새롭게 조명해볼 필요가 있다. 우리는 건국 대통령으로서 이승만의 초기 활동상에 거의 무지한 지경이다. 미국의 초대 대통령 조지 워싱턴의 어린 시절과 발자취는 꿰고 있으면서, 심지어 김일성의 젊은 시절의 항일 빨치산 무용담까지 듣고 지내면서 한말의 격동기에 온몸으로 시대와 민족의 애환을 끌어안고 몸부림치던 청년 이승만의 발자취는 애써 외면하는 것은 지식인의 수치가 아닌가!

최근 몇몇 국회의원들이 친일파 명단을 발표한 것은 민족정기를 바로 잡으려는 충정이라는 차원에서 일면 이해는 간다. 그러나 역사적 인물에 대한 평가는 그 시대와 처한 상황에 따라 양면이 있을 수 있다. 그런 점에서 평생 독립과 육영, 민족 계몽으로 일관하던 인물들의 행적이 '일제 말기 잠깐의 친일 행적으로 모두가 송두리째 묻혀서는 안된다'는 점 역시 지적하고자 한다. 몇몇 특정인을 의도한 듯한 친일 명단 발표가 많은 논의와 충분한 사회적 합의를 거쳐 나온 것인지, 그리고 국민적 공감을 불러일으킬 만한 것이었는지에 대해서는 의문이다. 펜실베이니아대학 이정식 교수의 위 책을 읽으면서 한말의 우리 역사를 이승만의 행적을 따라 반추해 보는 것 역시 오늘의 우리에게 요구되는 과제라 하겠다.

연암 박지원의 손자이자 개화파 선각자인 박규수는 비록 평양감사 시절 제너럴셔먼호를 불태움으로써 신미양요의 빌미를 제공하였으나, 대원군 실각 이후 우의정이 되었다. 박규수는 1874~5년 사이 일본이 수교를 하자고 사신을 보냈을 때 조정 분위기가 일본 측 문서에 '황국', '대일본', '칙'(勅) 등 불손한 용어를 썼다고 하여 수교를 거절하자 그런 지엽적인 문제는 중요하지 않다며 수교를 해야 한다고 주장하였다. 만약 박규수의 주장대로 당시 수교를 하였다면 그 다음 해 운요호 사건에 의한 굴욕적인 강화수호조약은 없었을 것이고, 그렇게 되었다면 그 후 일본과의 관계도 다른 방향으로 전개되지 않았을까 한다. 명분과 구호, 민족적인 우월 감정만을 앞세운 대일 대응논리는 일본에 대한 우리의 대처가 부실하다는 것을 은폐하기 위한 합리화 수단에 지나지 않는 것이라 하겠다. 진정한 극일(克日)은 감정과 구호가 아닌 상호이해와 일본을 능가할 힘을 축적하는 내실의 바탕에서 나와야 한다.

중앙청 건물을 일제 잔재라 하여 광복 50년 만에 철거를 했는데, 그렇다고 해서 우리의 민족정기가 바로 서고 일본에 대한 올바른 극일정신과 논리가 정립되었던가? 오히려 정권의 만용과 국민의 충동적인 애국심이 빚어낸 또 하나의 역사 파괴 내지 은폐의 장이 되고 말았다. 50년간 대한민국 국사(國事)의 핵심이었던 중앙청 건물의 철거는 우리의 빈약한 역사의식을 그대로 드러낸 것이 아닌가 한다. 그 후 김영삼 정권은 말년에 외환위기의 징조가 보이자, 일본에 가서 외화를 빌려달라고 구걸(?)하였으나 거절당하고 건국 이래 최대 국난의 하나인 IMF 신탁통치라는 굴욕적인 사태를 당하게 된다. 일본의 '버르장머리'를 고쳐 놓겠다고 외교적 무례를 서슴지 않고, 민족정기를 바로 잡겠다며 우리의 역사의 일부가 된 중앙청을 때려 부수던 패기는 어디로 가고 초라하게 물러섰단 말인가!

최근의 역사교과서 파동 또한 너무 즉흥적이고 배타적인 애국심에 호소하는 듯한 방향으로 가고 있는 것이 아닌가 생각한다. 논리적이고 현실적인 대응이 필요하다. 그러기 위해서는 국사를 초등학교부터 필수과목으로 가르치고 고시 등 국가시험에서도 필수과목으로 지정해야 한다. 국민들 특히 청소년들에게 투철한 역사의식을 심어줌으로써 일본을 극복하고 세계를 향하여 웅비할 수 있는 토대를 마련하는 것이 급선무라 하겠다. 마찬가지로 일제 패망 57년이나 지난 시점에서 친일을 단죄하고 극일하자면서 자의적 기준에 의하여 전격적으로 친일파 명단을 발표한 행위는 역사적 관점에서 교훈을 얻기에는 설득력이 없다고 하겠다. 국민 모두가 공감할 수 있는 친일의 기준과 청산의 역사적 의의를 먼저 세웠어야 한다.

어떻든 『이승만의 청년시절』은 흥미로웠다. 이승만이 한때 일본을 동경하고, 그에 경도(傾倒)된 때가 있었다는 사실, 19세기 말에 결혼하여 아들까지 두었으나 그 아들이 미국 유학시절 디프테리아로 사망하였다는 사실 등 새로운 내용들이 나의 관심을 끌기에 충분했다. 책을 2분의 1정도 읽고서 잠을 청했으나 잠이 오지 않았다. 최근에 도진 뒷골 부분의 당김 현상 내지 뒷머리 아픔이 여전히 계속되어 주의를 분산시키면서 마음을 움츠러들게 하고 있다.

거의 잠을 못 잔 상태에서 출발일과 같은 날인 오전 9시경에 댈러스 공항에 도착했다. 코스타리카의 수도 산호세(San Jose)로 가기 위해 짐을 찾아 검색을 받고 아메리칸 에어라인 항공기에 그대로 실었다. 공항에 미주 한인회 중남부 연합회장인 김범준 회장이 마중 나와 있었다. 작년 미국 국무부 초청 방문 시 댈러스에 들렀을 때 인사를 나눈 적이 있었다.

김회장 집에 도착하여 간단히 샤워를 하고 웨스틴 갤러리아(Westin Gelleria) 호텔로 갔다. 댈러스 지역 아시아 상공인 모임인 'Asian American Chamber of Commerce' 행사에 참석하기 위해서였다. 이틀 전 서울에서 차기 회장인 이성권 사장의 부탁을 받아 같이 참석하기로 했다. 댈러스에서 산호세로 가는 비행기가 오후 5시 30분에 있기 때문에 그 사이 시간을 댈러스에서 활용하기로 한데 따른 것이다.

이성권 차기 회장의 요청에 의해서 나는 몇 안 되는 초청인사로 소개되었다. 약 500여명의 댈러스 지역 아시아 상공인들 속에 현지 미국 상공인들도 많이 참석하고 있었다. 댈러스에서 시작된 '세븐일레븐'의 회사 소개와 성공담이 눈길을 끌었다. 댈러스 「뉴스코리아」 편집국장과 간단한 인터뷰(코스타리카 방문 목적)를 하고 「뉴스코리아」 사내에서 잠시 휴식을 취한 후 댈러스 공항으로 갔다.

오후 5시 29분발 AA 항공기를 타고 코스타리카의 수도 산호세로 향했다. 3시간 35분간의 비행 끝에 오후 9시 15분경 코스타리카 산호세 공항에 도착했다. '영안모자' 현지공장장 김윤태 부사장의 영접을 받고 공항에서 가까운 앨 로데오(El Rodeo) 호텔에 여장을 풀고 나니 밤 11시가 다 되었다. 호텔이 좀 낡은 것 같아 보였으나 그런대로 품위가 있어 보였다. 영안모자의 백성학 회장도 이곳에 오면 이 호텔에 머무른다는 사실에 위안을 하면서 아내에게 무사히 도착했다는 전화를 하고나니 시간이 자정을 넘어서고 있었다.

다음날 아침 5시 20분경 눈을 뜨니 밖은 이미 밝아 있었다. 샤워를 하고 호텔 주변을 둘러보았다. 숲에 둘러싸인 호텔이 더욱 운치 있게 느껴졌다. 해맑고 따뜻한 햇살 속에 적도를 가로지르는 중미의 흙 내음, 풀 내음이 삽상(颯爽)하게 마음을 어루만지고 있다. 마치 산속의 한적한 별장에 와있는 듯한 생각이 든다. 조용하고 호젓한 컨트리 인(Country Inn)에서의 며칠이 마음과 몸에 쌓인 낡은 찌꺼기를 거두어 가기를 바라며 설레는 마음으로 오늘의 문을 두드린다.

02 | 포아스 화산과 아라비카
그리고 몽혜 전 코스타리카 대통령

다 태워버리는 불, 이것이 나의 삶이다.
- 니체

코스타리카는 생전에 꼭 한번 가보고 싶은 나라 중 첫 번째로 꼽힐 만큼 늘 내 마음에 자리 잡고 있었다. 그런데 그 기대가 현실이 되었다. 오래전부터 가까이 지내고 있던 백성학 영안모자 회장의 배려로, 영안 회사의 자동차 공장이 있는 코스타리카를 방문하게 된 것이다. 코스타리카는 중미 남부에 위치한, 우리나라 경상도와 전라도를 합친 크기의 나라로 인구는 약 390만 명 정도다. 인구는 적지만 중남미에서 순수 백인 비율이 가장 높고, 문맹률은 7퍼센트로 가장 낮다. 동서로 대서양과 태평양이 있어 아름다운 해변이 많고, 전 국토의 25퍼센트가 생태 보존지구로 지정될 정도로 자연 환경이 뛰어나 살기 좋은 나라로 손꼽힌다.

태양이 작열하는 열대 지역이지만 따사롭고 포근한 날씨며 아름다운 여인들의 자태, 보존이 잘된 자연경관과 정치·사회적으로 안정된 분위기 등이 나의 생각을 오랫동안 정지시킨 나라가 바로 코스타리카였다. 코스타리카는 중남미에서 민주주의가 가장 잘 토착화되고 정치가 안정된 입헌공화국이며, 세계에서 최초로 헌법에 의해 군대를 폐지한 나라다. 빼어난 자연 환경과 안정된 정치가 조화를 이루고 있는 코스타리카, 바로 그 나라에서의 첫 아침을 맞고 있다. 숙소에 대한 약간의 아쉬움이 있었지만 밖을 보니 따사로운 햇살과 새들의 지저귐, 살쾡이 같은 요상한 소리를 내는 짐승의 울부짖음이 낯선 곳에 대한 신선한 호기심을 부추긴다. 호텔 주변을 산책하니 숲이 둘러싸여 분위기가 산장에 온 듯하다. 이국적이면서도 마치 늦여름, 아니 초가을의 정취를 자아내는 풍경이 무척 상쾌하다.

　아침식사를 간단히 끝내고 9시 30분경 영안모자 현지공장의 김 부사장과 함께 포아스(Poås) 화산으로 향했다. 해발 2,700미터에 자리 잡은 화산의 주 분화구에 가볼 작정이다. 고산지대이면서도 숲과 나무들이 즐비하고 목장과 인가가 정겹게 어울려 로맨틱한 정경을 연출하고 있었다. 자연이 잘 보존된 지역답게 사람들도 낙천적이고, 오가는 사람을 반기는 표정이 맑아 괜스레 기분이 좋았다. 정상으로 가는 길목의 초입부터 고지대까지 이 나라의 주생산품인 커피나무가 즐비하게 늘어서 수확을 기다리고 있었다.

　정상에 다다르니 운 좋게 구름이 걷힌 분화구를 볼 수 있었다. 지리산 천왕봉에서 일출을 보려면 3대가 덕을 쌓아야 된다는 얘기가 잠깐 떠올랐다. 팥죽처럼 끓어오르는 진흙, 지옥을 연상케 하는 노란 유황연기와 분화구 호수의 에메랄드빛이 장관이다. 아무튼 다른 나라 화산의 분화구들과 다른 것은 화산 한 가운데 푸른 호수가 마치 진주에 박힌 푸른 점처럼 아주 신비스러웠다는 것이다.

　정상 부근의 산장에서 이 지역의 특산품인 커피를 마셨다. 코스타리카는 아라비카(Arabica) 품종만을 재배한다고 한다. 또한 커피의 고유한 풍취를 최대로 유지할 수 있는 습식 가공법(Wet Method)만을

포아스 화산 분화구

고집하여 코스타리카의 커피는 세계적으로 '완벽한 커피'라는 칭송을 받고 있다. 커피 애호가들 사이에서 코스타리카는 천국보다 더 천국 같은 곳으로 여겨지고 있을 정도라고 한다. 커피에 대한 식견이 부족한 나로서도 맛의 색다름을 충분히 감식할 수 있었다. 지대가 높아서 그런지 날씨가 서늘하여 반팔차림이었던 나는 김 부사장의 잠바를 빌려 입었다. 좀 전 산장에서 마셨던 따뜻한 커피가 다시 그립다. 내려오면서 화산 주변의 폭포수를 둘러보았다. 전에 가보았던 동남아 발리섬이나 필리핀의 한촌(寒村) 풍경과 유사하나 깨끗한 주변 환경과 높은 생활수준이 확연히 다르게 다가왔다. 아마 열대지방 특유의 산촌 정경은 환태

평양 지구대와 같은 차원에서 형성된 것이 아닌가 한다. 포아스 화산은 정상까지 숲이 우거지고 다양한 종류의 식물과 동물들이 모습을 뽐내고 있어 이채로웠다. 가히 생태환경의 최고라 하지 않을 수 없다.

2시 10분경 호텔로 돌아와 점심식사를 미룬 채 몽헤(Monge) 전 코스타리카 대통령을 방문하기 위해 그의 관저로 향했다. 이번 코스타리카 방문의 주목적 중 하나가 코스타리카 대선 과정 관람과 몽헤 전 대통령 예방이었다. 포아스 화산으로 가는 길에도 산촌의 깊숙한 곳까지 나무 사이로 대선 후보의 선거 포스터가 걸려 있는 것이 눈에 띄었다. 코스타리카 대통령은 4년 단임제로 40퍼센트 이상을 획득하지 못하면 차 순위 득표자와 결선 투표를 하도록 되어 있다. 40퍼센트를 최저 득표율로 한 것이 특이했다. 현재 진행 중인 대선은 지난 2월 초(첫 일요일)의 투표 결과 40퍼센트 득표자가 없어 4월 첫 일요일에 있을 결선 투표를 위한 선거전이었다(2월 선거에서 유력 야당인 자유당의 분열로 여당후보가 39퍼센트, 자유당후보가 31퍼센트, 자유당에서 분리된 후보가 25퍼센트를 획득하였다고 한다).

선거전이 조용하면서도 축제분위기 속에서 치러지고 있었으며, 투표율도 70퍼센트대로 비교적 높았다. 정치보복이 없는 안정된 상황은 비록 작은 나라지만 정치 선진국의 면모를 보이고 있어 우리가 배워야 할 점이 아닌가 한다. 대통령 선거 1년 전부터 이미 선거 국면으로 접어들어 온 국민과 나라가 편을 나눠 사활을 건 투쟁을 벌이고 있는 정치 과잉의 우리 모습과는 사뭇 대조적이었다.

몽헤(Luis Alberto Monge) 씨는 1982년부터 1986년까지 코스

타리카 대통령을 지낸 분으로, 그 후에도 코스타리카의 정신적 지도자로 남아 있다. 한국에서 백 회장을 통해 미리 약속이 되어 있어 3시 10분경 관저에서 만났다. 비서가 친절하게 맞아주면서 잠시 기다리라고 했다. 사무실과 집이 붙어있었으며, 경호 같은 것이 없는 듯 한가로웠다. 이 나라에서는 현직 대통령도 수행원 한두 명만 대동하고 외출할 정도로 정치·사회적인 안정을 이루고 있다.

　　배가 좀 나온 것 말고는 70대 후반의 나이답지 않게 건강해 보였다. 통역을 맡은 김 계장은 영안 현지공장의 직원으로서 서울에서 초등학교 3학년 때 태권도 사범인 아버지를 따라 이곳에 와서 대학까지 졸업하고, 현재 변호사 시험을 준비하고 있으며 한국말도 유창했다. 몽헤 전 대통령은 국내적으로는 경제안정의 바탕 위에서 국가통합을 이루었고, 국제적으로는 평화정책, 특히 인접 국가들과의 적극적인 관계수립에 힘을 기울였다. 그러나 일단 주변국들이 내전이나 전쟁 상태에 빠지면 철저히 중립을 지키며 손을 떼는 순발력 있는 정책이 주효했다고 설명했다. 코스타리카는 1983년에 중립국을 선언하였는데, 이는 중남미의 복잡한 정세 속에서 자국의 활로 모색을 위한 고도의 외교정책술과 밀접한 연관이 있다. 코스타리카는 니카라과 내전 때는 반정부게릴라들에게 국경을 개방하기도 하였으나, 쿠바와는 내정간섭을 한다는 이유로 단교를 하였다. 이러한 순발력 있는 외교는 국제관계에서 코스타리카의 입지를 한층 강화했다. 몽헤 전 대통령은 1983년 10월 아웅 산 테러사건이 터지자 유엔에서 한국 입장 지지를 주도했고, 북한과 맨 먼저 단교를 할 정도로 친한(親韓) 정책을 추구하였다고 당시를 회고했다. 그 결과 한국

정부가 그의 재임 중 경제적으로 많은 도움을 주었다고 한다. 이러한 예들은 실리외교의 정석이 무엇인지를 제대로 보여준다고 하겠다.

현재 대선 주자 중 자유당 후보(2월 선거에서 31퍼센트 지지율을 얻은 후보)가 그의 조카인데, 전직 대통령으로서 어떤 역할을 하고 있으며 선거의 전망이 어떠냐고 물었다. 자신은 건강 때문에 정치에는 관여하지 않고 있으나, 이번에는 조카의 경우이기 때문에 어쩔 수 없이 어느 정도 관여하고 있으며 분리 후보 진영의 표를 원래대로 복귀시킬 경우 전망이 밝다고 하였다. 한국을 다시 방문할 기회가 있으면 좋겠다고 하면서 1985년 한국 방문 시 교통 체증으로 차에서 내려 시내를 걸은 경험이 좋은 추억으로 기억된다고 했다. 나는 다시 한국을 방문할 기회를 조성하도록 노력해 보겠다고 말하면서 1시간에 걸친 예방을 마쳤다. 집무실 테이블을 배경으로 기념사진을 촬영하면서 나에게 다음에 방문할 때는 충분한 시간을 내서 더 많은 대화를 갖자고 하였다. 오늘 오후 지방으로 급히 갈 일이 있어 바쁜 와중에도 시간을 할애하여 준 것에 대하여, 그리고 나의 질문과 의견 제시에 진지하게 답변해준 데 대하여 고마움을 표했다.

기대가 없는 삶은 향기 없는 꽃처럼 따분하고 지루하다. 내가 코스타리카를 방문하게 된 것은 아마도 가고 싶다고 끊임없이 열망하고 염원했기 때문에 이루어진 것이 아닌가, 라는 생각을 한다. 모든 기대가 다 이루어지는 것은 아니지만, 기대가 없다면 이루어지는 일은 거의 없을 것이다. 불가능한 꿈을 꾸라했던 체 게바라가 문득 떠오른다.

03 | 이라주 화산의 장엄한 풍경에 취하다

자연은 결코 배신하지 않는다.
우리 자신을 배신하는 것은 항상 우리들이다.
– 루소

청아하게 지저귀는 새소리와 더불어 눈을 떴다. 푸른 하늘 햇살
이 좀 따갑게 느껴졌지만 얼굴을 스치는 미풍이 상쾌함을 선사하는 아
침이다. 아침 식사 전 호텔 주변을 가볍게 산책했다. 이른 아침의 산책은
하루를 위한 축복이라는 말이 실감난다. 생각하기에 존재하는 것이 아
니라 걷고 있기에 존재한다는 것이 더 어울리는 시간이다.

9시경 코스타리카의 이라주(Irazu) 화산으로 출발했다. 30여분
쯤 달려 매주 일요일 오전에 장이 선다는 과일장에 들렀다. 세계 어디를
가나 시장은 풍요롭고 정겹다. 풍부하면서도 싱싱한 과일과 채소가 싼
값에 거래되고 있었다. 귤 비슷한 과일을 좀 사고, 하얀 과일 주스를 한
잔 마시고 시장을 나왔다. 산호세로부터 카르타고(Cartago)라는 도시
를 지나 2시간 정도 달려서 해발 3,432미터 정상에 있는, 이 나라에서
가장 높은 화산의 분화구 근처 주차장에 도착했다. 해발 3,000미터가
다 되는 지대에도 숲이 무성하고 목초지가 보기 좋게 다듬어져 있으며,
아름다운 마을이 형성되어 있는 모습은 정말 환상적이다. 숲과 산림, 그
리고 초지를 자연 상태로 보존하면서 고지대에서도 자연과 더불어 공
생하는 코스타리카 사람들의 모습이 아름답고 또 부러웠다. 열대 지방
인데도 습하지 않았다. 맑은 공기와 아름다운 풍경이 폐와 눈을 맑게
만든다. 거기에다 따갑지 않은 햇살이 어우러져 지상의 천국 같은 느낌

이 온 몸을 감싼다. 이 풍경의 품에 도취되어 깨어나고 싶지 않은 생각이 든다.

정상의 분화구 주위에는 축구장보다도 넓은 분지가 형성되어 있다. 분화구는 직경 1,050미터, 깊이 300미터의 장엄한 자태다. 분화구 밑바닥에는 푸른색의 유황호수가 만들어져 장관을 연출하고 있었다. 어제 본 포아스 화산 분화구의 호수가 남색에 가깝다면 이라주 화산의 그것은 플랑크톤이 노니는 녹색의 바닷물이었다. 세 개의 분화구가 제각각 다른 자태를 드러내고 있어 매력적이다.

3,000미터가 넘는 정상 바로 옆의 계곡과 산에는 숲이 무성하고 향기가 그윽했으며, 상쾌한 모습을 한 들꽃들이 정상의 분지에 서식하고 있었다. 노란 꽃(패랭이꽃 비슷하다)의 향기가 하도 그윽하여 나는

이라주 화산

몇 번이고 맡고 또 맡으면서 동행한 김 부사장과 박 과장에게 맡아보도록 권했다. 꽃향기를 맡으니 내가 꽃이 된 기분이다. 3,000미터가 넘는 정상인데도 바람 한 점, 구름 한 점 없이 맑고 따뜻했다. 정상에서 내려오는 길은 천국으로 향하는 이정표를 본 듯 그야말로 환상적이었다. 정상 바로 옆의 봉우리도 마치 정원사가 손질한 것처럼 나무와 목초지가 흐트러짐이 없이 잘 조성되어 있어 내가 지금 3,000미터가 넘는 지역에 서 있는 게 맞나, 라는 착각이 들 정도였다. 눈앞에 펼쳐진 자연의 아름다움과 경이로움 그리고 소박한 인간의 삶이 어우러진 이 물아일체(物我一體)의 정경을 말이나 글로 표현하기엔 나의 상상력과 문장력이 턱없이 모자란 것을 인정하자니 그저 안타까울 뿐이다.

돌아가는 길에 이 나라 중부 도시 '오시스'에 있는 3백여 년 된 성당을 관람하고 근처 호텔식당에서 생선구이를 점심으로 들었다. 이 나라는 인구의 97퍼센트가 가톨릭 신자이며, 성당과 교회에 대한 국가 지원이 헌법에 명시되어 있다고 독실한 가톨릭 신자인 김 부사장이 설명했다. 산골 지방의 어느 마을이든 모두 잔디축구장이 갖추어져 많은 젊은이들이 축구 경기에 열중하는 모습에서 축구에 대한 코스타리카 사람들의 열정을 살펴볼 수 있었다. 이어 카르타고에 있는 대성당, 특히 기적이 일어난 곳으로 세계에 널리 알려진 지하의 지점을 참관하였다. 카르타고 대성당에는 기적을 일으키는 '검은 마리아'가 모셔져 있어 세계 각지에서 순례자들이 찾아온다고 한다. 산호세로 돌아와 시내를 자동차로 쭉 둘러보았다. 생각보다 규모가 작았으나 정적이면서도 깨끗한 편이었다.

나는 많은 사람들이 쓴 여행기의 내용을 그다지 신뢰하지 않고 있다. 그들이 단편적으로 느끼거나 또는 그들 식대로 여행하면서 극히 예외적인 현상으로 부딪혔던 사실들을 마치 그 나라, 그 지역의 일반적인 현상인 것처럼 정당화하는 경우가 많기 때문이다. 나 역시 기행문식의 일기에서도 그런 주관적 예외 현상을 객관화하려는 유혹에 빠져들 때가 있었음을 느낀다. 어느 여행기에서 산호세가 매연으로 꽉 차고 질식할 것 같아 빨리 벗어나 지방으로, 자연 속으로 가고 싶다는 글을 읽은 적이 있었으나, 실제 산호세나 그 주변지역은 매연이나 막힘 또는 답답함의 현상이 거의 없었다. 오히려 고원지대이면서도 유난히 따사롭고 맑은 대기를 느낄 수 있었으며, 사람들의 표정도 느긋하고 완만하여 마음을 편안하게 해주고 있었다.

인간이 자연을 동경하는 것은 인간의 삶이 정의롭지 못해서가 아니다. 자연을 예찬하는 사람들 중에는 인간의 추악한 욕망에 대해 지적을 하는 경우가 많다. 그리고 그에 대한 반대급부로 자연으로 돌아가야 한다고 말한다. 도시가 싫고, 매연이 싫고, 인간의 욕망이 싫다는 이유만으로 무조건 자연으로 돌아가야 한다고 주장하는 것은 무책임하고 잘못된 것이다. 자신에게 주어진 삶에 최선을 다하고, 그 삶의 시간에 자연의 이치와 순리를 담아가려는 자세가 중요하다. 자연은 삶을 외면하는 사람보다 삶을 보다 아름답게 가꾸려고 노력하는 자에게 풍요와 휴식의 시간을 준다. 세계적인 고전이자 자연생활에 대한 지극한 내용을 담고 있는 『월든』의 저자 헨리 데이비드 소로가 "나는 삶이 아닌 것은 살지 않으려고 했으니, 삶은 그처럼 소중한 것이다."라고 말했던 이

유가 뭘까? 그에 대한 답을 나는 코스타리카의 풍요로운 자연과 그 속
에서 삶을 보다 아름답게 가꿔가려고 노력하는 해맑은 코스타리카 사
람들의 미소에서 찾을 수 있었다.

04 | 커크 더글러스와 한 사업가의 철학을 떠올리며

신이 계시한 미래는
바꾸기 위해 쓰인 미래다.
- 파울로 코엘료

    아침식사 후에 갖는 모처럼의 망중한(忙中閑)이다. 호텔 식당의
탁 트인 베란다 테이블에 앉아 주변 사위를 바라보면서 커크 더글러스
의 『시련은 곧 영광입니다』를 읽는다. 인공심장 박동기를 꽂고도, 헬기
사고로 척추를 다치고도, 중풍으로 언어마비가 온 후에도 꼿꼿이 역경
을 극복하고 「Diamond」라는 영화에 주연으로 출연한, 올해 87세의 노
장이 겪은 파란만장한 얘기가 가슴을 울린다. 그는 휠체어에 앉은 채로,
세 번이나 미국 대통령으로 선출된 루즈벨트, 사지 마비 장애인으로는
최초로 하원의원에 선출된 짐 랑주벤 의원의 삶을 바라보며 "아, 나는
이 사람들에게 얼마나 큰 빚을 지고 있는가. 나보다 훨씬 강한 이 사람
들에게 말이다."라고 고백하며 더욱더 강고하게 살고자 다짐에 다짐을
거듭한다.

    오늘의 내가 겪고 있는 신체적, 사회적 고통은 더글러스의 경우
와는 비교하기조차도 부끄러울 정도로 사소한 것에 지나지 않는다. 그

는 자신에게 닥친 시련을 삶의 영광으로 바꾼 탁월하고 적극적인 인간이다. 더글러스는 자신의 인생철학을 매뉴얼이라는 형태로 만들어 매순간 실천했다. "힘겨운 상황에 처할 때면 항상 상황이 그보다 더 나빠질수도 있었음을 기억하라."는 그의 '실행 매뉴얼'은 정말이지 곰곰이 되새겨 볼만하다. 그의 매뉴얼에 덧붙여 나는 "오늘의 상황이 힘겹다고 느껴지거나, 절망에 빠졌다고 여겨지거든 지금보다 상황이 더 악화될 수도있음을 기억하고 오히려 이 정도의 역경과 고통을 준 것에 진심으로 감사하라."고 말하고 싶다. 더글러스의 매뉴얼은 모두 6개 항목으로 되어있는데 그 하나하나가 금과옥조로 삼아도 손색이 없을 정도다.

나의 '실행 매뉴얼'

1. 힘겨운 상황에 처할 때면,
   항상 상황이 그보다 더 나빠질 수도 있었음을 기억하라.
2. 절대로, 절대로 포기하지 마라.
   끊임없이 말하기를 연습하고 자신의 삶을 끌고 나가라.
3. 결코 유머감각을 잃지 마라. 자기 자신을 향해 웃어주라.
   다른 사람들과 함께 웃음을 나눠라.
4. 다른 사람을 생각하면서, 다른 사람과 접촉하면서,
   다른 사람을 도우면서 그로 인해 좌절을 털어버려라.
5. 다른 사람들이 자신에게 해주었으면 하고 바라는 그대로
   그 일들을 다른 이들에게 베풀어라.

6. 기도하라. 자신을 치유해달라고 기도하지 말고,
   스스로를 도울 수 있게 해달라고 기도하라.

눈앞에 펼쳐지는 적도의 하늘에 간간히 구름이 흘러가고 있다. 베란다 앞 조그만 수영장 옆의 인공폭포에서 흘러내리는 물소리가 새들의 노랫소리와 하모니를 이룬다. 야자나무와 열대지방 특유의 나무가 주위를 둘러싸고, 황적색의 꽃을 매달은 덩굴나무가 수영장 주위를 감싸며 이름 모를 나비들이 주변을 애무하고 있다. 바람이 알맞게 불어 몸과 마음을 상쾌하게 간지럽힌다. 배경은 적도 북쪽의 정취가 물씬하지만 공간은 우리 초가을의 한가한 시골 풍경을 연상케 한다. 한 폭의 적도화가 아닌 서정화(抒情畵)가 아닌가! 코스타리카의 여행의 진미였다.

11시 코스타리카 신숭철 대사와 오찬을 함께 하기로 되어 있어서 30분 전에 한국대사관으로 출발하였다. 30여분 정도 신 대사와 대사관에서 환담을 나누다가 리틀 서울(Little Seoul)이라는 한국식당으로 향했다. 모처럼 먹는 한국음식이어서 그런지 맛이 있었다. 안민식 서기관과 최근 1달 전에 부임한 또 다른 서기관이 동석하였다. 여러 주제를 가지고 가볍게 얘기를 하면서 식사를 하였다. 특히 이 나라 자연경관의 아름다움과 그를 보존하고 지키기 위한 노력은 우리가 본받아야 할 필요가 있다는 점에 모두가 공감하였다. 신 대사는 나와 같은 연배로서 나름의 정의감과 일관된 신념을 중시하는 모범적인 외교관이었다. 얼마 전까지 멕시코 공사로 일하다가 작년 말에 이곳 대사로 부임하였단다.

점심식사를 마치고 오후 2시 30분경 영안의 버스공장인 마우코

(Mauco)를 방문하였다. 약 5년 전 3개 회사로 이루어진 합작공장을 백성학 회장이 인수하여 세계 유수의 자동차 회사의 제품과 겨루면서 이곳에서 선전하는 모습이 눈에 역력했다. 현지인 부사장과 판매총책 등의 안내로 공장 구석구석을 돌아보았다. 한국인 직원은 김 부사장을 포함하여 4명이었다. 지금은 비록 적자 상태지만 곧 흑자로 전환될 것이라고 귀띔한다. 1984년부터 가동했던 이곳의 모자공장은 인건비 상승으로 몇 년 전 스리랑카와 방글라데시로 이전하였다고 한다. 버스 엔진을 포함한 기본 차체를 현대자동차에서 사들여 이곳에서 조립 가공하여 판매하고 있었다(현재는 2004년 영안모자 그룹이 인수한 대우버스에서 모든 부품을 조달하고 있다). 3만 불에 현대에서 공급 받아 완제품을 7만 불에 판매하고 있으나 큰 이익이 남는 것은 아니라는 김 부사장의 말에 국내도 아닌 해외에서 운영하는 제조업의 어려움을 조금이나마 느낄 수 있었다.

이어 3시 10분경 이곳에서 1시간쯤 떨어진 카르타고 시에 있는 한 고아원을 방문하였다. 이 고아원은 영안의 백 회장이 건립하여 기증한 건물과 시설로 천주교 수녀회에서 운영하고 있었다. 원생은 현재 15명이며, 4명이 곧 입양될 예정이라고 했다. 시설은 훌륭했으며 원생들도 모두 밝고 생기에 차 있었다. 이 밖에 코스타리카에는 영안모자에서 건립 기증한 사회복지 시설이 여러 곳 있었다. 영안모자 공장이 있는 스리랑카와 방글라데시에서의 사회복지 활동 역시 그곳 국민들의 깊은 관심과 찬사를 받고 있다고 한다.

철저한 현지인 위주의 회사경영과 이윤의 사회 환원을 통해 국위를 선양하고 있는 백 회장의 기업가 정신과 현지화 전략에 경의를 표하고 싶다. 평소 검소한 생활태도를 견지하면서 온몸으로 부딪혀 기업을 일구고 힘겹게 번 돈을 사회적 약자와 소외 계층을 위한 시설건립 및 운영, 그리고 국가의 장기적 전략에 꼭 필요한 곳에 소리 없이 내놓고 있는 백성학 회장의 기업 철학은 이미 국내외적으로 주목을 받고 있다.

05 | 파나마 운하의 빛과 그늘

얼마든지 아름답게 만들 수 있는 것을
아무렇게나 만드는 것은 결코 바람직하지 않다.
– 체 게바라

아침 6시 30분경 산호세의 엘 로데오(El Rodeo)호텔을 나서 파나마시티행 항공기를 타기 위해 산호세 국제공항으로 향했다. 서늘한 가을 날씨를 연상시키는 청명한 아침이다. 이곳은 적도에 가까운 지방이라 일찍 해가 뜨고 일찍 해가 지며(오후 6시경이면 어둑해짐), 밤낮의 길이가 거의 같은 날이 일 년 내내 지속되고 있다. 공항에는 먼저 도착한 승객들이 길게 늘어져 체크인 순서를 기다리고 있었다. 대부분 파나마로 여행을 떠나는 미국인들이었다.

출발 30분 전 돌발 상황이 발생했다. 가이드로 함께 가려던 한국계 코스타리카인인 김 계장의 여권에 문제가 있어 탑승할 수 없다는 공항당국의 조치 때문에 할 수 없이 나 혼자 출발하기로 했다. 파나마에 도착해서 스페인어 가이드 대신 영어 가이드로 교체하면 별 문제가 없을 것 같았다. 어쨌든 일일 투어비용으로 515달러나 지불한 값비싼 파나마 여행을 절대 포기할 수 없었다. 또한 이번 코스타리카 방문의 주목적 중의 하나가 파나마 운하를 가보는 것이 아니었던가. 모험이 수반되는 결단이었다.

기내에 올라오니 창가 내 자리에 백인의 중년 부인이 먼저 앉아 있었다. 일부러 창가 좌석을 요청했는데, 그 부인은 비켜줄 생각은 않고 눈만 굴리고 있었다. 날더러 창가가 아닌 옆자리에 앉으라는 표정 같았다. 그래도 이렇다는 양해도 없이 내 자리에 앉아 있다니……. 한마디 해주고 싶었으나 1시간여 비행시간이니 그냥 옆자리에 앉아 가기로 했다. 비행기는 정시에 출발하여 이륙 후 약 1시간만인 9시 반에 목적지에 도착했다.

공항에 내리자 푹푹 찌는 적도 지방의 전형적인 날씨가 날 기다리고 있었다. 습도가 높아 끈끈한 땀이 금방 흘러내릴 듯한 기세다. 입국심사 시 비자가 필요 없다고 심사관이 말하는 것을 듣고 괜히 비자 발급을 받는다고 코스타리카에서 아우성친 것이 멋쩍었다. 입국심사를 마치고 나오자 내 이름의 팻말을 든 파나마 여행사 가이드가 기다리고 있었다. 김 계장이 같이 오지 못한 이유를 설명하고 영어로 안내할 수 있느냐 물으니 문제없다고 한다.

곧바로 파나마 운하의 갑문이 있는 미라플로레스(Miraflores)로 향했다. 도착하자마자 마침 '대상해(大上海)'라는 이름의 대형 선박이 태평양 쪽에서 대서양 방향으로 지나가고 있었다. 장관이었다. 82킬로미터에 달하는, 태평양과 대서양을 잇는 파나마 운하는 세계 경제 발전과

파나마 운하

인류의 진보에 크게 공헌한 인류 업적의 하나이다. 태평양과 대서양을 하나로 연결하려는, 수세기에 걸친 인류의 꿈은 세계 각국의 힘이 합쳐져 결국 미국에 의해서 완성되었다.

　　1534년, 스페인의 찰스 1세는 파나마 지협을 통과하는 운하 통로의 현지답사를 최초로 명하였다. 첫 공사는 3백년이 지난 후에나 착공되었으며, 프랑스인들[1]이 1878년에 시작해서 10여 년 동안 일했으나 기술상의 문제와 질병과 재정 문제로 중단하였다. 1903년, 콜롬비아로부터 독립을[2] 한 파나마와 미국은 파나마 지협을 가로지르는 대양 간의

---

1)　수에즈 운하를 건설했던 레셉스가 1878년 콜롬비아 정부와 운하 건설 계약을 체결하여 공사를 진행하였으나, 수에즈 운하와는 달리 파나마 운하의 중앙부가 높아서 수평식 운하 건설이 적합지 못해 공사의 어려움을 겪었다. 여기에다 황열병, 말라리아의 기승 그리고 재정난까지 겹쳐 1889년에 공사가 중단되었다.

2)　1903년 미국은 콜롬비아와 '헤이-에란'조약을 맺는데, 그 내용은 미국이 운하가 건설될 지역의 폭 10마일 내의 지역을 영구임대 한다는 것이다. 이 조약에 대해 콜롬비아 상원이 비준을 거부하자 미국은 문제를 해결하기 위해 콜롬비아의 내전을 이용했다. 미국이 파나마 지역의 독립을 부추겨 결국에는 1903년 11월 미국을 배후에 업은 파나마가 독립을 선언하고, 동시에 미국에게 파나마운하 지역을 영구임대 한다는 내용의 조약을 체결한다.

운하 건설을 미국이 착수하기로 하는 조약을 체결하였다. 그 다음 해 미국은 프랑스 운하회사로부터 공사에 대한 권리와 재산을 4,000만 달러에 매입하고 공사를 시작하였다. 이 기념비적인 사업은 10년 동안 당시 화폐로 약 3억 8,700만 달러를 들여 완성하였다. 총 길이가 82킬로미터, 통과 소요시간만 8~10시간, 하루 평균 40척, 연평균 1만 3천 척의 배가 통과하는 세계최대의 운하가 건설된 것이다. 운하의 성공적인 완성은 근본적으로 존 F. 스티븐스와 조지 W. 괴탈스 대령 같은 사람들의 기술과 경영능력, 그리고 윌리암 C. 고가스 대령이 황열병과 말라리아 같은 질병을 해결한 덕분에 가능했다. 기술상의 문제들은 록키산맥 분수령을 파는 일, 당시로서는 최대 규모의 지상 댐 건설, 일찍이 상상할 수 없었던 가장 육중한 운하 갑문의 건설, 거대한 수문의 건설, 그리고 막대한 환경문제를 해결하는 일 등이었는데 그 모든 문제를 원활히 해결했다는 점이 놀랍다. 인간의 위대함이 다시금 느껴진다.

　　한 시간 가량 미라플로레스의 전망대에서 선박이 지나가는 모습을 지켜보고 있노라니 장엄한 풍광에 가슴이 설렌다. 오전에는(정확히는 자정에서 정오까지) 태평양 쪽에서 대서양 방향으로, 오후에는 대서양 쪽에서 태평양 방향으로 가는 배가 갑문을 통과하게 되어 있다. 이 통과허가를 받기 위해 대개 하루 정도 발보아 (Balboa) 항구나 대서양 쪽 호수

파나마 운하 전망대

에서 기다린다고 한다. 요청에 따라 우선 통과 할 수 있는 통과예약제도도 있다. 1914년 8월 15일 미국에 의해서 완공된 파나마 운하 공사의 가장 험난한 공사구역은 약 8마일의 게일라드 횡단로(Gaillard Cut)였다고 한다. 1999년 12월 31일 운하의 관리권이 미국으로부터 파나마 정부에 이양되면서 운하의 통행료가 비싸졌다. 화물선의 경우 톤당 2.57달러이며, 여기에서 얻어지는 통행료는 파나마 1년 수출의 15퍼센트를 차지할 정도로 어마어마하다. 물을 가두어 두었다가 갑문의 높낮이를 이용하여 물의 수위를 조절하는 방식으로 선박을 교차시키고 있는 것이 특이했다. 통행방식에 대한 자세한 설명은 전문적, 기술적, 공학적인 내용을 곁들여야 할 것이나, 나의 지식으로는 구체적인 묘사를 할 수 없어 아쉽다.

파나마 운하 기행을 마치고 파나마시티로 향했다. 오랫동안 미군이 주둔하고 있던 주변 기지들이 텅 비어 있었다. 일부는 파나마 정부가 다른 목적으로 이용하기 위해 개조하고 있었다. 미군기지 비행장은 국내선 공항으로 이용하고 있다는 것이 가이드인 인스테르도스 씨의 설명이었다. 이어 파나마 시내로 들어와 12시 50분경 파나마 전통식사로 점심을 먹었다. 닭고기 스프, 생선구이, 볶음밥, 바나나구이가 그런대로 먹을만했다. 아이스크림과 차도 곁들여졌다. 가이드는 다른 곳에서 식사하고 40분 뒤에 나타났다.

파나마는 인구가 약 300만 명으로 그 중 수도인 파나마시티에 100만 가량이 살고 있다. 파나마시티는 현대도시의 면모 속에 빈곤과 저개발이 공존하고 있어 푹푹 찌는 날씨만큼이나 역동적이면서도 숨이

막히는 도시였다. 빈곤가의 비참한 모습이 고층 건물과 아파트의 화려함에 오버랩 되어 머릿속을 어지럽히고 있다. 운하 통행료만 받아도 굶어 죽지는 않겠으나 역대 독재정부와 권력자들의 횡포와 나태로 저개발 속에 파묻혀 도시 곳곳의 유적이 폐허가 된 채 방치되어 있었다.

파나마시티는 16세기에 스페인인들이 맨 먼저 도착한 아메리카 대륙의 한 지점이다. 그 당시에는 유적지가 많이 있었으나 제대로 보존·복원되지 않은 채 슬럼화된 인근 지역에 묻혀 방치되어 있었다. 파나마 최초의 대학, 성당 건물들이 초라한 몰골로 서 있는 것이 오늘의 파나마의 실정을 말해주고 있는 듯했다.

발보아 항구(파나마 운하가 시작되는 태평양의 항구) 앞에 서니 대교 앞에 운하 통과를 기다리는 대형 선박들이 즐비하게 바다에 떠 있다. 미군 해군기지 앞쪽에서 사진을 찍어주면서 지금은 파나마 정부가 해군기지를 관리하고 있다고 가이드가 말해주었다. 언덕 앞쪽으로 난 도로는 코스타리카→니카라과→과테말라→멕시코→미국으로 이어지는 북중미 대륙의 종단 도로라고 한다. 코스타리카로부터 과테말라시티까지는 14시간 반 정도 걸린다고 한다. 다만 남미 대륙으로 가는 도로는 인접 콜롬비아 국경에서 차단되어 항공편밖에 없다고 한다. 아마 양국의 역사적, 정치적 관계가 오늘의 중남미 대륙의 종단을 이곳에서 막고 있는 것이 아닌가 한다. '파나마 만'을 끼고 '발보아 애비뉴'를 따라 시내 관광을 즐겼다. 일반 서민들의 빈한한 삶의 모습은 덥고 축축한 날씨처럼 막막하게 이어지는데 한 편에서는 현대식 빌딩과 대형 슈퍼마켓, 그리고 특급호텔이 위용을 자랑하며 빈부격차를 극단적으로 드러내고 있었다.

　왕년의 독재자이자 마약 밀매업자로 미국에 의해 체포되어 50년 형을 받고 현재 미국 플로리다 마이애미 교도소에 복역 중인 전 대통령 '노리에가'의 관저, 그가 미군에 의해 체포 압송된 장소, 그리고 그가 태어난 집을 차례로 둘러보았다. 그의 생가는 100만 달러에 달하는 초호화 저택이었으나 현재는 텅 빈 채로 방치되어 있었다. 그 앞에서 사진을 두세 장 찍었다. 노리에가 관저에서 멀지 않은 곳에 현 대통령(미레야 모스코소 여성대통령)의 관저가 있었으며 군인들이 삼삼오오 경비를 서고 있었다. 일반인들이 쉽게 접근할 수 있는 주택가 근처에 자리 잡고 있는 것이 이채로웠다.

　구 파나마시티 지역을 둘러보니, 1519년에 스페인에 의해 세워진 역사적인 지역이 폐허가 된 채로 황량하게 서 있는 것이 쓸쓸해 보였다. 1519년에 세워진 작은 아치형의 올드 브리지가 그 자태를 그대로 간직하고 있었다. 스페인과 프랑스의 식민지 전투지역, 원주민과 스페인과의 생사를 건 전투지역을 둘러보았으나 유적지 관리가 소홀해 슬럼화 지역에 파묻혀 있는 것이 정말 안타까웠다.

　파나마 시내를 비교적 자세히 훑어보고 나니 4시가 가까워졌다. 7시 19분 코스타리카행 코파 에어라인을 타기 위해 공항으로 향했다. 비록 하루 여정이었지만 정말 뜻깊고 알찬, 이국적인 풍광에 심취한 파나마 기행이었다. 충분히 올 만한 가치가 있었고, 후회는 없었다. 체크인 후 탑승 직전에 공항 라운지에서 두서없이 이 글을 쓰다 보니 핵심을 빠뜨리지 않았는지 걱정이다. 옆자리에서 강한 악센트의 스페인어로 애기하는 한 무리의 젊은 여행자들의 웃음소리가 싫지만은 않다.

파나마에서 돌아와 김윤태 부사장이 사택에서 베푸는 환송 만찬에 참석하였다. 영안 파견 직원 4명과 가족들이 함께 자리하여 더욱 풍성한 만찬이었다. 김 부사장의 부인이 직접 마련한 한식 메뉴, 특히 육개장이 맛이 있어 반 그릇이나 더 비웠다. 이분들의 호의에 감사할 따름이다.

환송회 자리를 파하고 호텔로 돌아와 피곤하지만 즐거운 상태에서 곧 잠자리에 들었다. 아침 7시 15분경 호텔을 떠나 공항으로 향했다. 과테말라시티를 경유해 LA로 가는 비행기를 타기 위해서다. 오늘로 5박 6일의 코스타리카 방문을 마치게 된다. 이번 여행을 통해서 유익한 경험과 새로운 활력이 우러나 나의 미래에도 지속되기를 기대한다. 내가 좋아하는 영국의 수필가 해즐리트가 쓴 「여행길」이라는 수필의 한 대목이 귀로에 오른 나의 심정을 대변하는 것 같아 인용해본다.

지금도 이 황홀한 곳으로 돌아가고 싶으나, 혼자서 돌아가려 한다. 이제 단편적으로 기억할 수 있을 뿐, 깨어지고 지워진 그때의 벅찬 생각과 후회와 기쁨을 누구와 나눌 수 있겠는가. 어느 높은 바위에 올라서서 당시의 '나'로부터 지금의 나를 격리시켜 놓은 세월의 절벽을 내려다볼 생각이다.

대장부 한번 가면 어찌 다시 돌아오리

– 가족과 함께 한 북유럽 인문탐사기행

6

01 │ '특별한 반항'의 기회
– 가족여행, 백야의 스톡홀름에서 시작하다

나의 밤은 당신의 낮보다 훨씬 아름답다.
– 도스토예프스키의 「백야」 중에서

인간은 사회적 동물이다, 라는 아리스토탈레스의 정의는 부정할수 없는 진실을 내포하고 있다. 물론 그 명제를 부정하며 비사회적인 방식으로 삶을 꾸려가는 유별난 사람도 있을 것이다. 그러나 그것은 일종의 어린아이 같은 반항일 것이다. 부모에게 투정을 부리는 것은 부모에 대한 나름의 못마땅함이 있기 때문에 그리 하는 것이지 부모의 존재 자체를 부정하는 극단의 행동은 아니다. 사회와 개인에 대한 관계도 그렇다. 부모와 자식의 관계처럼 서로 대립할 수는 있겠지만 서로의 존재를 부정하는 적대적 관계는 아니다. 그런데 현실을 살아가다보면 그 관계가 그리 간단하게 정리되지 않는다. 개인에게 강요된 경쟁과 속도의 시스템은 어마어마한 부담이며 억압이다. 현대인의 소외, 우울증과 같은 정신질환, 자살 등의 사회적 문제는 사회가 개인에게 가하는 폭력의 산물이다. 사정이 그렇게 심각한데 개인과 사회를 부모와 자식의 관계에 비유한다는 것이 너무 나이브한 것이 아닌가라는 생각이 든다. 이제부터는 개인들 스스로가 자신의 삶을 풍요롭게 만들 수 있는 '특별한 반항'의 기회를 마련해야 할 것 같다. 그 특별한 기회가 나에게는 여행이다.

그동안 나는 너무나 루틴(Routine)하고 컴팩트(Compact)한 일상의 삶에 바빴고 지쳤다. 사회적 활동에 적극적으로 임한 열정의 시간들이 후회되는 것은 아니지만 본연의 나를 위한, 그리고 가족을 위한 배려가 부족하지 않았나, 라는 마음이 든다. 그래서 이번 여름휴가는 가족과 함께 여행을 가되 좀 특별한 일정으로 짰다. 시국과 업무에 대한 신경, 건강에 대한 염려 등 주변의 굵직하고 자잘한 일상사를 모두 훌훌 털어버리고 항상 나를 낭만과 이상의 세계로 애틋하게 이끌어주곤 했던 낯선 세계를 향하여 가족과 함께 떠나기로 마음먹자 기분이 쾌청해졌다.

이번 가족여행은 북유럽 4개국(스웨덴, 핀란드, 노르웨이, 덴마크)과 네덜란드, 독일을 경유하는, 15박 16일의 다소 촘촘한 일정이다. 3개월 전부터 준비하면서 기본적인 일정과 코스는 내가 직접 짰다. 패키지로 편하게 일정을 여행사에 의탁할 수 있겠지만 그건 또 다른 구속이며 속박이다. 미리 스케치로 그려진 그림에 색칠만 한 것을 자신의 그림이라고 말할 수는 없을 것이다. 서투르고 미흡하더라도 내가 직접 밑그림을 그리고 색을 칠하는 게 여행의 정도(正道)다. 단, 항공편과 호텔 예약은 거래 여행사인 '유유'에 부탁했다. 만약 그런 것까지 내가 직접 챙긴다면 여행을 떠나기도 전에 중요하지 않는 일에 시달려 심신이 지쳤을 것이다. 디자인은 내가 직접하고 제품을 만드는 일은 해당 분야의 전문가에게 맡기는 게 현명하다.

일정을 다 준비해놓고 가족에게 알렸다. 학교 공부 때문에 동참을 마다하던 고1인 큰아들 근평이를 설득시키는데 며칠이 걸렸다. 한치 앞을 예상하기 어려운 꽉 짜인 일상의 삶 속에서 나 자신을 위한 여정의 폭을 결정하는 데도 많은 고민과 인내를 요구했던 것이 사실이었는데 공부만으로도 일상이 벅찬 근평이는 오죽했을까. 어쨌든 근평과 둘째 근우에게는 만 3년 전 2주간에 걸친 영국, 프랑스, 스위스, 이태리 여행에 이은 나와 함께하는 두 번째 유럽여행이 된다.

장마가 장마답지 않게 끝나는가 했더니 이어 찾아온 태풍 닐(Niel)이 큰 피해를 내지 않고 지나가면서 오히려 해갈의 선물을 주었다. 태풍의 여파로 서울도 며칠째 비가 오락가락하고 있다. 오늘 아침 역시 잔뜩 찌푸린 하늘에 검은 구름이 요동치는 전형적인 장마 후반의 모습을 드러내는 일기 속에 우리 가족은 콜택시를 타고 김포공항으로 향했다. 날씨는 흐렸지만 모두의 마음은 설렜다.

런던을 경유하여 첫 여정지인 스톡홀름행 비행기를 타는 것으로 이번 보름간의 대장정이 시작된다. 공항 2청사는 예상만큼 붐비지는 않았다. 런던까지는 대한항공, 런던에서는 스칸디나비아항공으로 갈아타기로 했다. 그동안 가족들 모두 비교적 해외여행을 많이 한 결과 마일리지가 축적되어 있어 이코노미 클래스로 항공권을 구입하여 비즈니스 클래스로 왕복 업그레이드를 하였다.

체크인 후 출국장에 입장하기 전 작은 소동이 하나 있었다. 내가 공항이용권(관광세 포함) 5매를 분실하여 아내가 다시 구입한 것이다. 정신없이 서두른 과정에서 나의 부주의가 발동된, 어쩌면 예정(?)됐던 사건이 아닌가 하여 기분이 좀 씁쓰름했다. 모든 일을 처음부터 끝까지 꼼꼼하게 직접 처리하는 게 나의 스타일인데 그런 일이 벌어지다니 황망하다. 완벽을 추구하지만 결코 완벽에 이를 수 없는 게 인간사의 일이다. 같은 실패나 실수를 반복하는 건 문제지만, 실수 그 자체가 문제되는 것은 아니라는 위안으로 마음을 가라앉힌다. 출국심사를 마치고 대한항공 라운지에서 잠시 쉬면서 음료를 마시며 어수선한 분위기를 일신했다.

이륙 직전 북경관제탑의 기기 고장으로 출발이 1시간 30분간 지연되었다. 문제는 런던에서 환승하는 승객이 많다는 것이다. 나의 경우 런던에서 2시간 반의 시간이 주어졌기 때문에 급히 서두르면 환승이 가능할 것 같아 별 문제가 없었다. 그러나 안심할 수 없는 상황이었다. 현지 직원과의 교신으로 탑승이 가능하다는 확인을 받았다는 승무원의 전갈을 받고 나서야 마음이 놓였다.

비즈니스 클래스답게 극진한 서비스를 받아가면서 특히 저녁식사 때 메인요리 대신 시킨 라면 맛은 일품이었다. 런던 히스로(Heathrow)공항에 예정보다 1시간 반 늦은 현지시각 오후 6시 35분에 도착하였다. 기내에서 내려 환승기 쪽으로 발길을 옮기자 남은 시간은 40여분, 다행히 스칸디나비아항공(SAS)탑승구가 대한항공과 같은 청사 내에 있어 겨우 스톡홀름행 비행기를 탈 수 있었다. 동양인은 우리가족 5명뿐이다. 비행기는 오후 7시 35분, 정각에 출발하여 2시간 25분 후인 밤 11시에 스톡홀름 교외의 알란다(Arlanda)공항에 도착하였다. 런던과의 시차는 1시간이다.

스톡홀름 야경

　비행기 상공에서 바라본 북구의 하늘은 밤 10시가 넘었어도 저녁노을 때보다 더 밝은 빛으로 백야의 장관을 연출하고 있었다. 밤 11시, 스톡홀름의 정경은 땅거미가 어둑어둑 지는 때의 시각과 같은 백야의 연속선상에 있었다. 애잔하고 서정적인 백야의 풍경을 보자니 도스토예프스키의 단편 「백야」가 떠오른다. 페테르부르크의 다리에서 하염없이 울고 있는 한 여인을 보고 이야기를 나누게 된 청년은 그 여자를 사랑하지 않는 조건으로 친구가 된다. 그리고 그녀의 첫사랑에 대한 이야기를 듣게 된다. 그 여자는 떠나간 첫사랑 남자와 만나기로 했지만 그가 오지 않자 울고 있었던 것이다. 사랑하지 않겠다고 약속했지만 그 청년은 이미 그녀를 운명적으로 사랑하고 있었다. 친구로서의 역할에 충실했던 그 청년이 페테르부르크의 다리에서 자신의 감정을 표현했을 때 둘은 서로의 아픔을 보듬으며 연인이 될 것 같았지만 운명은 참으로 잔인했다. 다리 저 앞에 그녀가 그토록 보고 싶어 했던 첫사랑이 서 있는 게 아닌가. 여자는 떠났고, 편지로 미안하다는 말과 결혼 소식을 전한다. 젊었을 때 이 부분을 읽으면서 나는 여자란 이기적이고 얄미운 존재라는 생각을 했었다. 하지만 그녀의 잔인한 편지를 읽고 청년이 읊조린 말은 오래 기억에 남아있던 걸로 기억한다.

"당신의 마음속의 하늘이 언제까지나 높고 푸르기를, 당신의 아름다운 미소가 언제까지나 아늑하게 지속되기를 그리고 더 없는 기쁨과 행복의 순간에 하느님의 은총이 함께 하기를. 그것은 당신이 다른 한 사람의 고독과 감사에 넘치는 마음에 건네주는 행복이기도 한 것이다. 아아! 더없는 기쁨의 완전한 순간이여. 인간의 기나긴 삶에 있어서, 그것은 결코 부족함이 없는 한순간이 아니겠는가."

'북구의 베네치아'라는 스톡홀름에서 저리 아름다운 백야를 보니, 신의 은총으로 그녀의 앞날을 축복하며 그 짧은 만남의 시간이 행복했고 부족함이 없었던 순간이라 말하는 청년의 넉넉한 사유가 왠지 더 슬프게 다가온다.

공항에서 택시로 숙소인 스톡홀름 중심가의 디플러맷(Diplomat) 호텔에 도착하였다. 택시기사가 달러는 받지 않는다고 한다. 밤 11시가 넘어 도착했기 때문에 공항환전소가 모두 닫혀 환전을 하지 못했다. 할 수 없이 택시기사를 데리고 호텔 프론트에 가서 상황을 말하고 호텔에서 대신 택시비를 지불하고 요금을 호텔비용 청구서에 올려놓도록 했다. 내일부터 펼쳐질 북구의 신비가 한껏 기대된다.

02 | 웁살라 대학의 교육이념과 스웨덴식 복지의 명암

사람은 의식주를 얼마나 잘 갖추고 누리고 사느냐가 문제가 아니라
얼마나 많은 사람에게 얼마나 좋은 영향을
얼마만큼 미치면서 사느냐가 중요하다고 나는 생각한다.
- 아산 정주영

　　디플러맷 호텔은 옛 궁전을 개조한 것으로서 깨끗하고 품위가 있
어 좋았다. 흠이 있다면 요금이 비싸다는 것. 곧바로 잠자리에 들었으나
시차에 아직 적응이 안 되어서 그런지(한국과 7시간 차이), 아니면 여정
의 흥분이 지속된 탓인지 이리저리 뒤척이다 새벽 4시경에 눈을 떴다.
밖은 이미 한낮처럼 훤하게 밝아져 있었다. 투명하고 파랗고 하얀, 미칠
듯이 선명한 북구의 햇살이 우리를 곧바로 시내 산책에 나서도록 유혹
하고 있다. 5시 30분경 호텔을 나서 주변을 걸었다. 공해 없고 습기 없
는, 정말 상쾌하고 신선한 공기가 하늘을 가득 채우고 있어 이보다 더
좋을 수가 없었다.

　　산책로와 자전거로가 중앙선을 기점으로 하나의 도로 상에 가
로수 숲을 호위병 삼아 길게 늘어진 길을 비디오로 촬영을 해가면서 걸
었다. 새벽이라서 그런지 사람들의 발길은 거의 없다. 근처 유르고르덴
(Djurgarden)섬에 있는 북방민족 박물관과 바사(Vasa)호 박물관까지
갔다. 박물관 외부만 눈요기하고 다시 다리를 건너 노벨공원을 뒤로하

---

1)　유르고르덴은 18세기 후반까지, 스웨덴 왕실의 사냥터로 쓰였던 곳으로, '동물 정원'이라는 뜻의 호반도시다.
　　자작나무숲으로 둘러싸인 유르고르덴 섬은 무엇보다도 '박물관의 섬'으로 유명하다. 세계에서 가장 큰 야외
　　박물관인 스칸센, 바이킹 후예들의 삶과 문화를 한 눈에 살펴볼 수 있는 북방민족 박물관, 첫 항해에서 침몰
　　해 333년 만에 인양된 바사 호를 복원해 전시한 바사호 박물관, 스웨덴의 유명한 아동문학가이자 『말괄량이
　　삐삐』의 저자인 아스트리드 린드그렌(Astrid Lindgren)이 참여해서 만든 삐삐 박물관 등이 있다.

고 호텔로 돌아왔다. 호텔에서 제공하는 아침식사 후에 현지 여행사가 실시하는 3시간짜리 스톡홀름 시외관광코스 투어에 참여했다. 1시간 반 동안 2층 버스를 타고 시내의 구석구석을 돌아다녔다. 영어로 진행하는 해설을 대충 짐작으로 들으면서 스톡홀름 시내의 진면목을 어느 정도 파악할 수 있었다.

북구의 베네치아라 불리는 스톡홀름은 편안하고 아늑한 그러면서도 엄숙한 분위기가 깃든 도시다. 1,2차 세계대전으로 전 세계가 혼란스러울 때 스웨덴은 철저하게 중립을 지키면서 1950년부터 공업을 중심으로 경제발전을 꾀해 부와 발전이라는 두 마리 토끼를 잡았다. 그 결과 스톡홀름은 빈민가가 없는 복지도시가 되었으며, '요람에서 무덤까지'라는 복지보장체계를 수립할 수 있었다. 그러나 지금은 복지에 필요한 세금으로 인해 경쟁력이 떨어져 자금들이 해외로 유출되는 등 많은 문제들이 발생했다. 그러나 복지의 상승에 따른 산업의 저효율과 쇠퇴라는 현상에도 불구하고 스웨덴의 복지정책은 여전히 세계 복지정책의 좌표가 되고 있는 건 사실이다. 사회의 공정성과 공공성을 유지하기 위한 스웨덴의 노력을 스톡홀름의 시내를 둘러보며 살펴볼 수 있었다.

버스투어 이후에 예정되었던 1시간가량의 왕궁(Royal Palace) 투어는 우리가 너무 늦게 서두르는 바람에 참여하지 못하고 우리 가족끼리 왕궁에 가서 몇 군데만을 훑어보는데 그쳤다. 스웨덴 왕궁은 608개의 방이 있는 세계에서 가장 큰 왕궁으로, 지금은 국빈을 위한 만찬장으로 사용되고 있다. 왕궁투어는 보물의 방, 왕실 일부, 크네라 뮤지엄, 전시품들을 관람할 수 있도록 만든 프로그램이다. 시내투어 출발지에 와서 왕궁투어에 참석하지 못한 사유를 얘기하였더니 그 부분 비용을 되돌려 주었다. 어떻든 기분이 좋았다.

남강회관이라는 한국식당을 택시로 찾아가 점심식사를 마치고, 걸어서 스톡홀름 중앙역까지 갔다. 유레일패스의 'Validating stamp'(개시 도장)를 받기 위해서였다. 이번 여행의 주 교통수단은 철도로 잡았다. 유레일패스 일등석을 구입하여 유람선 여행까지 활용하기로 한 것이다. 15일간의 유레일패스의 첫 개시 확인을 철도역에서 받아야만 유레일패스가 유효하게 제 기능을 발휘한다. 이어서 우리 가족은 유레일패스 개시 기념(?)으로 스톡홀름서 급행열차로 45분 거리에 있는 인구 20만 명의 유서 깊은 대학도시 웁살라(Uppsala)에 가기로 하고, 4시 10분발 열차에 몸을 실었다. 특실에 자리를 잡고 차창 밖으로 펼쳐지는 북구의 따사로운 햇살과 투명한 대기가 조화로운 모습으로 연출하는 파노라마를 아내와 정담을 하면서 감상하는 심정이야말로 생의 활기와 보람을 갖게 해주기에 충분한 것이었다. 저 환상의 이미지들이 가슴을 뚫고 들어와 순식간에 영혼을 뒤흔든다. 여행의 묘미가 바로 이런 것이리라!

웁살라 중앙역에 도착하여 택시로 웁살라 대학으로 향했다. 웁살라 대학은 1477년 설립된 스웨덴 최고의 대학이자, 북유럽에서 가장 오래된 대학이다. 웁살라 시내 전체에 대학건물이 흩어져 있어 마치 웁살라는 대학의 숲에 묻힌 듯했다. 웁살라의 인구는 19만 명인데 그 중 4만 명이 웁살라 대학 학생이고, 교수진을 포함한 5만 5천 명이 웁살라 대학에 고용되어 있어 주민의 4분의 1이 학생이거나 학교 관계자인 셈

웁살라 대학

이다. 웁살라 대학은 세계적인 대학으로, 1901년 이래로 스웨덴의 노벨상 수상자 19명 중 8명이 웁살라 대학 교수일 정도로 우수한 대학이다. 식물학의 시조이자 식물학 분류의 기초를 마련한 칼 폰 린네도 웁살라 대학 출신이다. 우리는 시간관계상 대학본부만을 찾았다. 대학본부는 여름관광 철에는 관광객에게 개방되어 있었다. 조용하고 아늑한 그러면서도 어딘지 무게가 있는 휴양지와 같은 정경이었다. 대학본부에 있는 강당 입구에 쓰여 있는 18세기 스웨덴 시인 트릴드의 시구(詩句)가 인상적이었다.

자유롭게 사고하는 것은 훌륭하다.
그러나 바르게 사고하는 것이 더욱 훌륭하다.

사고의 자유, 사색의 자유, 사상의 자유, 학문과 예술의 자유의 근원은 대학의 이념과 이성으로부터 우러나오는 것이다. 자유와 정의에 기반을 둔 인문정신을 근간으로 해서 산업 현장과 연계한 웁살라 대학의 학풍이 스웨덴 국가경쟁력을 높인 초석이라는 것을 두 눈으로 직접 확인할 수 있었다.

웁살라 대학을 돌아보다 카메라가 없어진 것을 알았다. 막내 근경이가 들고 다니겠다고 고집을 부려 맡긴 것이 화근이었다. 분실장소가 열차 안인가, 역 구내인가 아니면 택시 안인가도 서로 엇갈렸다. 속은 쓰리지만 잃어버린 것으로 간주하고 웁살라 시내를 산책삼아 다시 중앙역으로 향했다. 웁살라 대학 바로 앞에 있는 웁살라 대성당은 정말 그 위용과 고풍스런 모습이 나그네의 발길을 사로잡을 만큼 특별했다. 1880년대에 세워진 대성당의 첨탑은 웁살라의 상징이다. 원래의 웁살라 대성당은 150년의 공사기간을 거쳐 1435년에 완공되었다. 1702년 화재로 두 개의 첨탑이 소실되었고, 지금의 탑은 19세기 후반에 복원된 것이라고 한다.

역에 돌아와 혹시나 하고 역 구내에 카메라가 있을까 찾아봤으나 보이지 않았다. 행여 구내매점 카운터에 보관되어 있지는 않을까 하는 마음으로 카메라의 행방을 물으니 곧바로 'Kenox' 카메라를 찾느냐고 하면서 보관하고 있던 카메라를 내주었다. 너무 반가워서 고맙다는 연속의 말과 함께 매점 아가씨에게 악수까지 청했다. 막내가 음료수를 고르면서 카메라를 그곳에 둔 채로 고른 물건만 가지고 왔던 것이다. 사회보장이 완비된 선진국의 실체를 실감하는 순간이었다. 안정된 복지가 사람들의 인성에 어떤 영향을 미치는 지를 미뤄 짐작할 수 있었다.

스웨덴을 비롯한 북구 4국이 높은 국민소득과 완벽한 사회보장으로 세계인의 부러움을 산 것은 어제 오늘의 일이 아니다. 실제 와서 부딪혀보니 그 말은 어느 정도 사실이지만(예컨대 호텔의 가이드북에는 휠체어이용자, 시각장애자, 알레르기환자, 흡연자 등을 위한 정보까지 자세히 수록되어 있다) 그 토대는 높은 세금과 더불어 고물가에 기댄 것이 아닌가 하는 생각이 든다. 스웨덴의 물가는 이제까지 내가 여행해 본 세계 여러 나라 가운데 가장 비쌌다. 모든 화장실 심지어 백화점 안에 있는 화장실도 5크로나(우리 돈으로 730원 정도) 돈을 내야만 이용할 수 있을 정도로 물가가 가히 살인적(?)이다. 최대다수의 최대행복을 위한 복지이념의 실현은 높은 세금 부담과 비싼 물가의 토대에서 가능한 것으로, 그것이 반드시 인류의 이상적인 사회발전의 지향점인가라는 점에 대해서는 나로서는 판단을 유보하고 싶다. 유보라기보다는 더 많은 공부가 필요할 것이다. 어느 정도의 빈부 격차, 틈이 엿보이는 사회구조의 존재 그것이 더 나은, 더 높은 곳을 향한 희망의 불빛이 되지 않는가 하는 생각도 든다. 아무튼 짧은 여정이지만 복지국가의 실상과 허상을 동시에 느낄 수 있었다. 시장경제와 복지의 조화, 그것이 앞으로 우리가 풀어가야 할 인류의 이상이 아닐까 생각해본다.

오후 7시 10분 발 스톡홀름행 열차에 탔을 때는 모두 녹초가 된 상태에서 잠에 곯아 떨어졌다. 곧바로 호텔로 돌아와 저녁식사도 거른 채 샤워 후 개운한 마음으로 잠자리에 들었다. 나는 뱃속이 안 좋고 피곤이 극에 달했으나 새벽 4시경 잠을 깨니 원상회복이 되어 있었다. 이래서 여정은 즐겁고 인생은 살만한 것이 아니겠는가!

03 | 실자라인 선상에서 헬싱키와 무민랜드까지

숲은 나뭇가지 끝마다
하얀 입김을 내뿜는다.
자유는 와아와아 들판을 내달리는 아이들의 함성으로,
그리고 숲의 끝에서는 아이들이 막 태어난다.
- 시벨리우스 교향시 「핀란디아」의 가사

날씨는 한없이 청명하다. 새하얀 북구의 전형적인 맑은 하늘이 계속되어 여행하기에 최적이다. 오전에 'Under the bridge of Stockholm'이라는 명칭으로 진행되는 2시간에 걸친 시내 보트 관광(boat sightseeing)을 즐겼다. 14개의 섬으로 이루어진 스톡홀름 시내의 아름다운 풍광을 가이드의 설명(영어)을 들으며 유유자적하는 기분으로 감상할 수 있어 좋았다. 호주의 시드니 못지않게 멋진 도시의 정경이었다. '북유럽의 베네치아'라는 명성 그대로였다. 이어 스톡홀름 시내를 도보로 산책하면서 점심을 시내 중심가의 한 일식당에서 들었다.

미리 체크아웃을 하고 짐을 맡겨 논 호텔로 다시 돌아와 오후 3시 10분 경 택시로 실자라인 터미널(Silja Line Terminal)로 향했다. 헬싱키(Helsinki)행 초호화 여객선 실자라인을 타기 위해서였다. 터미널에 도착하여 미리 예약해 둔 번호를 확인하고 체크인 절차를 밟았다. 그런데 헬싱키에서 다시 스톡홀름으로 돌아오는 코스로 예약이 되어 있었다. 리턴티켓(Return ticket)을 반납하고 차액을 되돌려 받고, 유레일패스 소지자에게 부여하는 할인혜택도 받았다. 그 과정에서 많은 시간이 소요되어 줄을 서서 기다리는 승객들에게 미안한 마음이었다.

실자라인은 수천 명이 탈 수 있는 거대한 여객선으로 수십 층짜리 호텔 두어 개가 들어선 것보다 더 많은 인원과 물동량을 선적할 수 있는 배였다. 우리 가족은 비교적 상등석인 'Seaside Class 4 bed deck'에 방을 배정받았다. 출항 전 나는 핀란드식 사우나와 수영을 즐겼다. 오후 5시 배가 출발하면서 전망대(Observation deck)에서 바라보는 스톡홀름 항은 한 폭의 그림 그 자체였다. 뷔페식당의 예약이 늦어진 관계로 저녁식사는 8시 경에나 가능하였다. 그 사이 근경이를 어린이 놀이방에서 놀게 하고 우리는 배안의 여러 곳을 산책하였다. 배는 발틱(Baltic) 해의 잔잔한 수면 위를 가벼이 가는 듯 마는 듯, 배에 탄 것인지 아닌지 모를 정도의 속도로 완만하게 항해하고 있다.

새벽 4시 30분경 깨어보니 배는 망망대해를 계속 항해하고 있었으며 대낮처럼 환하고 화창한 하늘이 어우러져 환상의 광경이 따로 없었다. 아메리칸 뷔페로 간단히 아침식사를 마치고 나니 배는 9시 30분 정확히 헬싱키 올림피아 터미널에 도착하였다. 우리는 서둘러 하선했다. 이어 10시부터 미리 예약해 둔 헬싱키 시내 관광(Helsinki City Sightseeing)에 참여하여 1시간 반 동안 관광을 했다. 헬싱키 시내 역시 스톡홀름 시내와 크게 다르지 않았으나 자동차 매연이 약간 있는 것 같았으며 시가지는 동구 내지 러시아풍의 인상을 강하게 풍겼다.

시내관광에서는 암벽교회(Temppeliaukion Church)[2]와 핀란드가 낳은 세계적 음악가 시벨리우스(Sibelius) 기념공원을 둘러보았다.

---

[2]   1969년 수오마라이넨 형제가 설계한 교회인데 자연의 암반을 그대로 두고 그 안을 파서 내부를 만든 교회다. 원래부터 암반을 팔 생각은 아니었고, 예산이 부족하자 땅을 고르고 건물을 올리느니 차라리 암반을 파내 공간을 만들고 그 위에 돔만 올리자는 계획으로 만들어 졌다고 한다. 지금은 세계적인 관광명소가 되어 수많은 사람들이 찾고 있다. 울퉁불퉁한 자연 그대로의 바위가 공명판 작용을 해 따로 음향시설을 갖추지 않고도 훌륭한 연주를 할 수 있는 곳으로도 유명하다. 3,100개의 파이프가 달린 파이프 오르간에서 흘러나오는 소리가 아주 장엄하다.

핀란드 출신의 세계적인 음악가 시벨리우스는 민족주의적인 정서와 북구의 낭만적 서정을 바탕으로 한 곡들을 선보였으며, 특히 교향시 「핀란디아」는 국민찬가로 선정이 되어 핀란드 사람들의 무한한 사랑을 받고 있다. 기념공원에는 시벨리우스 흉상과 함께 24톤의 강철로 만든 파이프 오르간 모양의 기념물이 세워져 있는데 그 디자인이 매우 인상적이다. 햇살 아래 은빛으로 빛나는 600개의 강철 파이프는 마치 허공에 떠있는 음표처럼 조각되어 있어 그 모양 자체가 음악처럼 느껴진다. 소리를 조각한, 공감각적인 공원의 디자인을 보면서 핀란드의 예술적 안목에 감탄이 절로 나왔다.

암벽교회

이어 1952년 올림픽 개최도시인 헬싱키의 올림픽 스타디움을 둘러보았다. 특히 대통령 관저가 아무런 경비 병력도 없이 검소하게 자리하고 있는 것이 인상적이었다. 1층으로 된 작은 건물은 여기가 대통령 관저라는 설명이 없다면 시내의 이름 없는 건물로 여겨 그냥 지나칠 정도로 소박하다.

1시간 30분의 시티투어를 마치고 호텔 체크인을 위해서 예약호텔로 알고 있던 그랜드 마리나(Grand Marina)호텔에 당도하였을 때 문제가 생겼다. 서울에서 실자라인 컴퍼니를 통해서 실자라인 패키지와 연결

시벨리우스 공원

시벨리우스 흉상(胸像)

된 호텔이 8월 3일로 된 헬싱키의 그랜드 마리나 호텔이었는데 막상 호텔에서는 실자라인으로부터 아무런 예약도 받지 않았다는 것이다. 나는 뒤늦게 실자라인 승선 체크인 때 준 호텔 바우처(Voucher)를 보니 거기에는 8월 2일부터 'Hotel Marski'로 되어 있는 것을 알았다. 실자라인 회사에서 일방적으로 호텔과 날짜를 변경하고 거래여행사나 나에게 아무런 통보도 하지 않았던 것이다. 승선 시 내가 호텔 바우처를 자세히 확인하지 않은 것이 과실의 경감이 될 수는 있어도 어디까지나 선박회사의 잘못이 큰 것이었다. 나는 손해배상청구소송까지도 생각하면서 택시로 마스키 호텔로 행했다. 다행히 예약대로 8월 3일 숙박으로 해결해주어 어느 정도 분은 가셨지만 실자라인 회사와 거래여행사가 다소 괘씸했다. 그러나 책임의 실체는 어디까지나 선박회사의 과실에 기인한 것이었다고 생각하고 일단 여행이 끝나고 나서 따지기로 하였다.

맥도날드에서 간단히 점심식사를 하고 헬싱키 중앙역에서 투르쿠(Turku)행 열차를 탔다. 투르쿠는 핀란드 제2의 도시로 1813년 제정 러시아가 핀란드를 점령한 후 헬싱키를 수도로 정하기 전까지 스웨덴

지배시절 핀란드의 오랜 수도였다. 2시간의 여정 끝에 투르쿠에 도착하여 시내버스를 타고 인근에 있는 난탈리(Naantali)로 향했다. 난탈리는 핀란드 대통령의 여름 별장이 있을 정도로 조용하고 녹음이 우거진 한가로운, 시골마을 같은 작은 도시다. 난탈리를 찾은 이유는 어린이 테마파크인 무민랜드(Mumin Land)을 보기 위해서다. 시내버스에서 내려 다시 물어물어 드디어 무민랜드에 도착하였다. 이때 시간은 오후 6시 30분이었다. 7시에 문을 닫기 때문에 내일 오라면서 입장이 곤란하다고 했다. 관계자에게 오늘 헬싱키로 돌아가 내일이면 핀란드를 떠난다고 사정을 설명하니, 무료로 잠깐만이라도 관람을 하라고 배려를 해주었다. 들어가 보니 조그마한 섬 전체가 어른들과 아이들이 함께 놀 수 있도록 만들어진 놀이동산 비슷한 것이었다. 기대보다는 못 미쳤다.

무민(Mumin)은 핀란드의 여류작가 토베 얀손(Tove Jansson)의 창작동화에 등장하는 상상의 동물로, 북유럽 신화에 나오는 거인족인 트롤(Troll)을 귀엽고 친근한 모습으로 재탄생시킨 캐릭터다. 이제는 핀란드의 상징이 되다시피 한 무민은 텔레토비 못지않게 어린이들에게 인기가 있어 그 상품성이 대단하다. 무민과 무민엄마, 아빠, 곤충, 식물 채집에 열중하는 헬렌이 주요 등장인물이다. 아무튼 내가 애니메이션이나 어린이를 대상으로 하는 기획회사에 있다면 이 무민의 상품성을 어떻게 해서든지 한국에서 이용하여 한 몫 볼 수 있으려니, 하는 외람된 생각이 들었다.

무민랜드를 수박 겉핥기식으로 돌아보고 투르쿠 시내로 돌아오니 헬싱키행 열차는 21시 23분 막차 밖에 없었다. 1시간 25분의 여유

가 있었다. 쾌적하고 시간이 정지된 듯한 투르쿠 시내를 소요하면서 식
사할 곳을 찾던 중 중국음식점이 우연히 눈에 띄었다. 그곳에서 볶음밥
등을 시켜 준비해간 고추장으로 비벼서 모처럼 포식(?)을 했다. 헬싱키
행 열차의 가족 칸을 타고서 정겹게 오순도순, 근경이 재롱에 웃음꽃을
피우면서 헬싱키 역에 도착하니 이미 자정이 넘었다.

04 | 노르웨이 베르겐 그리고 송네피오르드

가장 높은 정신은
추운 곳에서 살아 움직이며
허옇게 얼어터진 계곡과 계곡 사이
바위와 바위의 결빙을 노래한다.
- 조정권의 「산정묘지」 중에서

　　　아침식사를 마치고 1시간여에 걸쳐 산책삼아 헬싱키 시내의 골
목 풍경을 훑어나갔다. 국회의사당 주변의 흰색으로 단장된 대성당 주
변을 목표로 산책 코스를 정했다. 헬싱키 대성당의 거대한 계단을 중심
으로 넓게 펼쳐진 광장과 그 주변으로 헬싱키 대학의 도서관과 옛 국회
의사당이 들어서 있는 모습이 참으로 웅대하면서도 인상적이다. 대성당
의 계단에는 아침임에도 불구하고 많은 관광객들이 사진을 찍고 있었
다. 광장 중앙에는 헬싱키를 핀란드의 새로운 수도로 만들었던 러시아
의 알렉산드르 2세 동상이 서있고, 바닥에는 40만개가 넘는 화강암이
깔려있어 보는 이를 압도한다. 그런데 한 가지 의문이 드는 것은 핀란드

헬싱키 대성당

를 지배했던 러시아 황제의 동상을 아직까지 그대로 보존하고 있다는 것이다. 핀란드의 근대 역사는 러시아에 의해 유린되었다 해도 과언이 아니다. 그런데도 핀란드는 러시아의 지배하에 있던 건축물들을 그대로 보존하고 있다. 우리나라로 치자면 일본 천황의 동상을 광화문에 세운 것과 마찬가지일 텐데, 그러한 것이 나로서는 선뜻 이해되지는 않았지만 역사의 아픔을 잊지 말자는 교훈적 측면이 아닐까, 라는 차원으로 이해의 폭을 넓혀본다. 1995년 8월 15일 중앙청을 철거했던 우리나라의 모습과 비교해보면 참으로 복잡한 생각이 든다. 과거의 청산이 눈앞에 보이는 것을 없앤다고 이루어지는 것은 아니라는 것을 강조하고 싶다.

산책을 마치고 호텔로 돌아와 사우나를 하려고 했으나 10시까지 제한되는 바람에 무위로 끝났다. 핀란드에서 사우나를 하지 못한 것이 아쉬웠다. 체크아웃을 하고 시내에서 간단한 점심요기를 한 후 노르웨이의 베르겐(Bergen)으로 가기 위해 헬싱키 공항으로 향했다. 오후 4

---

3) 핀란드의 근대사는 스웨덴과 러시아의 잇따른 지배로 점철된 불운의 역사였다. 특히 러시아와는 아주 특별한 관계였다. 1581년 스웨덴에게 정복된 핀란드는 러시아의 도움을 받아 독립했지만 그것도 잠시 1809년 러시아에게 전 국토가 병합되는 불운을 겪게 된다. 이에 위기를 느낀 핀란드는 민족정신의 고취를 통해 1920년 러시아로부터 독립했으나 1939년 침공을 받아 또 다시 굴복을 하게 된다. 이후 핀란드는 히틀러와 함께 러시아를 공격해 잃었던 영토의 상당부분을 찾았지만 1944년 다시 러시아에게 정복되었다가 1948년 러시아와 화친조약을 맺고 독립했다.

시 5분 발 핀란드항공(AY)를 타고 스톡홀름에 잠시 기착한 후 2시간 40분 만에 베르겐에 착륙했다.

베르겐 가까운 상공에서 바라본 지상 풍경은 가히 천국의 속삭임이 들리는 듯한 절경이었다. 눈 덮인 빙하 골짜기와 피오르드가 어우러진 광경을 기내에서 내려다보는 것은 대자연의 또 다른 경이를 목도하는 황홀한 경험이었다. 높은 곳에서 아래를 조망하는 것이 이렇게 매력적이라는 것을 새삼 절감할 수 있었다. 사람들이 높이 나는 새들을 동경했던 이유는 하늘을 난다는 사실보다 날면서 아래의 풍경을 굽어볼 수 있다는 특권 때문이 아니었을까? 저 웅대한 피오르드의 관문이자 노르웨이의 제2의 도시인 베르겐의 첫인상은 교향곡을 듣는 것처럼 장중했다.

베르겐에 도착하니 날씨는 연중 최고의 상태로 우리를 맞고 있었다. 그야말로 환상의 도시, 열락의 뜨락 그대로의 표현이 적절할 정도로 별천지였다. 작곡가 그리그의 출생지이자 교육과 문화의 중심지인 베르겐은 노르웨이의 보석이라 불러도 손색이 없을 것 같다. 그래서 일까, 베르겐 사람들은 노르웨이인이 아니라 베르게너(Bergener)라고 불리기를 원

밤 10시의 베르겐 시내

한다고 한다. 도시 전체가 유네스코 문화유산으로 지정된 이유가 무엇인지를 충분히 이해할 수 있을 만큼 아름답고 매력적인 도시다.

라디슨 사스 노르게(Raddison SAS Norge)호텔에 여장을 푼 후 먼저 베르겐 역으로 가서 모레 출발할 오슬로행 열차 티켓(1등석)을 구입한 후 시내관광에 나섰다. 북극권의 따사로운 저녁 햇볕과 특이한 자연 환경, 그리고 전통적인 시가지의 올망졸망한 정경과 수많은 관광객들의 온갖 표정들이 어우러져 그야말로 환상의 심포니를 이루고 있는 듯했다.

밤 9시 경 베르겐에서 가장 전통 있고 맛있기로 소문난 해산물 전문요리점인 엔요링엔(Enhjørningen)에서 저녁식사를 했다. 베르겐은 바닷가재, 연어, 새우 등 갖가지 해산물이 풍성한데, 특히 캐비아가 유명하다. 명성 그대로 해산물 맛이 최고였다. 그렇지만 값이 좀 비싼 것이 흠이었다. 우리 식구 5인 식사비가 1,600NOK정도(약 25만원) 나왔다. 식사를 하고 나니 11시가 다 되었다. 아직도 밖은 훤하였으며, 많은 사람들이 거리와 주점과 가게에서 깊어가는 북구의 여름밤을 즐기고 있었다.

이튿날 아침 피오르드를 관광하기 위해 유람선 출발지인 Strandkaien에 도착하여 예약해 두었던 9시간 소요의 'Sognefjordog stalheim' 코스 티켓을 구입했다(요금은 어른 560NOK, 어린이 280NOK). 여정은 'Bergen→Midtfjords→Gudvangen→Voss→ Bergen'이고, 이 중에 'Bergen↔Midtfjords'는 고속여객선, 'Midtfjords↔Gudvangen'은 카페리, 'Gudvangen↔Voss'는 버스, 'Voss↔Bergen'은 로컬트레인(Local train)을 타는 것으로 되어있다.

우리를 태운 유람선은 아침 8시 정각에 출발하여 2시간에 걸

송네피오르드

친 유람 끝에 송네피오르드 입구인 Rysiedalsrika에서 잠시 멈춘 후 다시 협곡으로 향했다. 베르겐에서 Rysiedalsrika까지 그야말로 감탄사가 연발될 정도로 절경이었다. 이어 'Lavik→Nordeide→ Balestrand →Leikeuger'를 거쳐서 Midtfjords 지점에서 카페리로 수상 갈아타기가 있었다. 점심식사는 페리호 선상에서 제공되었다. 높은 빙하지대에서 흘러내리는 폭포수와 수천 미터가 파여진 계곡 속으로 빨려 들어가는 이 황홀함이야말로 무엇에 비견하겠는가! 스위스의 깊은 계곡도, 뉴질랜드 남섬의 협곡도 이 베르겐 주변의 송네피오르드를 중심으로 펼쳐지는 자연의 비경 앞에서는 움츠려 들 수밖에 없을 것이다. 충전소진으로 비디오카메라를 못 가져 온 것이 한이었다. 이 비경과 정경을 샅샅이 화면에 담아왔어야 했지만 그럴 수 없어 대신 마음과 눈 속에 담아올 수밖에 없었다. 송네피오르드가 왜 '노르웨이의 영혼'이라고 하는지 알 것 같다. 차갑고, 깊고, 거대한 저 피오르드의 모습은 인간의 원초적 영혼의 모습을 그대로 간직한 태고의 풍경이다. 빙하의 계곡을 들어갔다 나온 나의 영혼이 얼음처럼 맑고 투명해진 느낌이 들었다.

7시간에 걸친 협곡 선상 유람의 종착지인 구드방엔 (Gudvangen)에 도착하여 보스(Voss)행 버스에 올랐다. 버스 밖으로 보이는 광경 또한 표현하기 어려울 정도로 아름답고 신기하고 웅장하였다. 하루만 더 머물 여유가 있다면 렌터카로 주변을 드라이브하는 즐거움을 맛볼 수 있었을 텐데 하는 아쉬움이 남았다.

보스에서 베르겐까지 이어지는 철도여행(약 1시간 10분 소요)도 그만이었다. 오후 5시 20분경 베르겐 역에 도착했다. 내가 택한 이 피오르드 여정은 만족할만한 그리고 추천할만한 코스임을 밝히고 싶다.

베르겐을 떠나기에 앞서 작은 해프닝이 있었다. 어젯밤 자정 경에 서울 '유유' 여행사의 김영수 사장으로부터 전화가 걸려왔다. 내용은 내일 오슬로에 머물 호텔의 정확한 이름(오슬로에는 Raddisson SAS로 시작하는 호텔이 두 군데 있었다)과 암스테르담 프랑크푸르트 간 열차 예약이 담긴 팩스를 호텔로 보냈는데 받았느냐는 것이었다. 나는 받지 못했다. 즉시 프론트 데스크에 전화를 해보니 그제야 팩스 내용을 알려주었다. 생각하니 호텔 측의 처사가 괘씸했다. 객실도 위치가 가장 안 좋은 후미진 곳을 배정한데다 혹시 동양인이라서 소홀히 하지 않은가 하는 심리도 발동되었다. 마침 이 호텔 안내 팸플릿에서 "고객이 만족하지 못한 것이 있다면 지적을 하고 그것이 정당한 것이라면 호텔요금을 받지 않겠다."는 취지의 글을 읽었던 지라 나는 호텔 사장 앞으로 호텔 스테이셔너리(Stationery)를 이용하여 항의 편지를 썼다. 내용은 팩스가 그제 도착했는데도 호텔 측에서 전달해주지 않았으며, 나는 그 내용을 서울로부터의 전화를 통하여 비로소 알게 된 사실, 그리고 이것은 호텔 측의 명백한 잘못이라는 사실 및 이에 대한 적절한 조치를 취하지 않으면 이를 널리 알리고 항의한다는 내용이었다.

이튿날 아침 일찍 체크아웃 시에 이러한 내용을 알리고 유감의 뜻을 표했다. 호텔 측에서는 팩스를 8월 5일 10시 41분에 수령하여 11시 49분에 내 방으로 텔레팩스(Telefax)로 전달하였다는 것이며, 그 증표로 'Telefax in the reception'을 보여주었다. 나는 룸 안의 TV화면을 눈여겨보지 않았기 때문에 이와 같은 내용을 알지 못했다. 어쨌든 오해의 큰 줄기는 풀렸으나 여전히 호텔 측의 처사가 못마땅했다. 최소한 확인전화라도 주었어야할 것이 아닌가. 나는 이와 같은 호텔의 'Fax delivered system'을 이해하기 어렵다면서 어쨌든 내가 쓴 편지를 사장에게 전달해 달라고 호텔 스태프에게 얘기했으며 호텔 측도 그렇게 하겠다고 하였다. 정말 위 편지가 전달될 지는 미지수다.

귀국 후 한 달이 지나서 나는 호텔사장의 명의로 된 정중한 편지를 받았다. 자기들은 관행상 게스트한테 메시지가 오면 TV의 텔레팩스를 통하여 전해주고 있으며 나한테도 그렇게 하였으니 자신들의 잘못은 없다는 내용이었다. 그리고 말미에는 어떻든 심려를 끼쳐 미안하게 생각한다며 다음에 다시 숙박할 시에는 최선의 서비스로 모시겠다는 내용이었다.

호텔 제공의 아침식사를 먹는 둥 마는 둥 서둘러서 베르겐 역으로 향했다. 7시 33분 발 오슬로행 열차를 타기 위해서였다. 오슬로에 도착하여 래디슨 사스 플라자 호텔(Raddison SAS Plaza Hotel)에 체크인한 후 곧바로 한국식당을 수배하여 아리랑이라는 곳에서 점심을 거른 저녁식사를 하였다. 6일 만에 맛본 한국음식이어서 그런지 나도 애들도 아내도 반찬 그릇까지 모두 해치웠을 정도로 맛있게 먹었다. 식사 후 환전을 하려 했으나 이미 환전시간이 지나서 내일로 미루었다. 오슬로 시내를 걸었다. 왕궁, 시청, 국회의사당 등을 도보관광했다. 많은 관광객들이 시내를 붐비게 하여 사람 사는 맛을 더하고 있음을 실감했다.

오슬로 역 앞에서 파는 딸기와 체리의 맛이 일품이다. 내일은 오후에 배편으로 코펜하겐으로 출발한다. 물론 배에서 1박하면서.

05 | 삶은 곧 여행이다
- 궁핍한 안데르센의 생가에서
모든 사람의 인생은 신이 쓴 한편의 동화다.
- 안데르센

오전 일정의 첫머리로 바이킹선박 박물관이 있는 뷔그도이네스(Bygdøynes)섬을 찾았다. 1904년에 발굴된 바이킹선 오세베르그(Oseberg)의 거대한 전체 모습이 복원된 채로 전시되어 있었다. 오세베르그호는 9세기 덴마크의 통치자였던 여왕의 무덤에서 여왕과 함께 매장되어 있다가 20세기 초에 발굴된 바이킹선이다. 여왕의 전용 선박이었던 오세베르그호는 바이킹 선박 중에서 보존이 가장 잘되어 있다고 한다. 박물관에는 오세베르그호와 함께 고크스타(Gokstad), 투네(Tune)호도 함께 전시되어 있다. 이 세 척의 배에서 발굴된 바이킹 왕족들의 시신과 왕족을 묻을 때 함께 부장한 하인과 애완동물 그리고 생활용품들은 고고학적 가치가 매우 크다고 한다. 이어 근처에 있는 프람호 박물관(Framuseet)에 갔다. '전진'이라는 이름의 프람호는 북극해로를 연구하기 위하여 만들어진 항아리 모양의 배로, 길이가 39미터다. 노벨평화상을 받은 난센(Nansen)이 만든 이 배는 북극평원에서 2년간 고립되었다가 무사히 오슬로로 귀환하게 되었는데, 북극의 빙압으로부터 배와 선원을 보호할 수 있었던 이유가 바로 항아리 모양의 선체 때문이었다고 한다. 프람호는 그 후 아문센에게 양도되어 1911년 12월 14일 처음으로 남극탐험에 성공을 한 유서 깊은 선박이다.

　　페리호로 오슬로 시청 앞 광장에 하차한 후 시티투어트레인을 타고 시내를 일주하였다. 오후 2시반경 한국식당 아리랑에서 점심식사를 한 후에 곧바로 호텔에서 짐을 찾아 코펜하겐행 'Queen of Scandinavian'호가 출항하는 여객선 터미널로 향했다. 오슬로와 코펜하겐을 정기적으로 운항하는 이 여객선은 실자라인과 크기는 비슷하지만 후자가 관광호화유람선이라면 전자는 관광 겸 무역선 성격을 겸한 대형유람선인 것 같아 보였다. 배 2층 데스크에 있는 사우나 룸에서 모처럼 사우나를 즐겼다.

안데르센 박물관

전날 17시 오슬로 항을 출발한 'Scandinavian Sea Way'는 이튿날 아침 9시에 코펜하겐 항에 도착하였다. 날씨는 잔뜩 찌푸린 상태에서 비가 내리고 있었다. 갑자기 싸늘한 기운이 감돌고, 코펜하겐의 하차장은 어수선한 느낌인지라 덴마크에 대한 첫인상이 그리 달갑지 않게 다가왔다. 택시로 당글테르(D'Angleterre)호텔로 오니 아직 체크인 시간이 되지 않아 호텔에 일단 짐을 보관해 놓고 2시 이후에 체크인하기로 했다. 당글테르(D'Angleterre)호텔은 코펜하겐 최고의 호텔로 1박 숙박료 2,500DKK(우리 돈 약 50만원)에 걸맞게 품위 있고 고풍스런 자태를 간직하고 있었다. 나는 방 두 개를 예약했으나 비용 절감을 위하여 하나를 취소하고 대신 엑스트라 베드를 넣어달라고 요청했다.

우리는 곧바로 코펜하겐 중앙역으로 가서 내일 밤 출발할 암스테르담 열차인 Sleeping cart의 티켓을 구입하였다. 역 구내에서 간단한 점심을 한 후 세계적인 동화작가 안데르센의 고향인 오덴세(Odense)로 향하는 인터시티 열차에 몸을 실었다. 1시간 반 동안 달려 오덴세 중앙역에 도착하니 다행히 그곳의 날씨는 개어 있었다. 과거에는 오덴세로 가기 위해서는 열차에 탄 채로 페리로 스토어벨트해협을 건너기까지 2시간 30분이 소요되었지만 최근에는 해협이 다리로 연결되어 시간이 단축되었단다.

오덴세 역에서 도보로 10여분 가서 안데르센 박물관을 찾았다. 안데르센의 일대기가 일목요연하게 각종 자료로 곁들여 전시되어 있었다. 특히 나의 관심을 끈 것은 안데르센이 대단한 여행가로서 유럽 전역과 동방의 터키까지 십여 차례를 순방하였다는 사실이었다. 그는 여행을 통하여 삶의 질곡으로부터 벗어나려고 했으며, 여행을 통해 작품의 소재와 영감을 얻고 삶의 질을 높임으로써 위대한 작가의 터전을 닦았다.

"To travel is to live"라는 안데르센의 말이 가슴에 와 닿는다. 그의 말은 지구촌의 곳곳을 탐방하고자 하는 나의 취향과 맞닥뜨려 안데르센의 발자취를 찾아 오덴세에 온 보람을 찾은 듯한 기분이 들어 든든했다. 나는 방명록에 안데르센의 위 글귀를 적고 공감의 뜻을 밝혔다. 안데르센의 단편동화가 실린 영문 책자 『The little mermaid and other fairy tales』를 기념으로 사서 둘째 근우와 함께 읽어가기로 하였다.

한스 크리스티안 안데르센은 1805년 오덴세의 이곳 가난한 집에서 태어났다. 할아버지는 광인(狂人), 할머니는 병원청소부, 아버지는 구두수선공, 어머니는 세탁 일을 했다. 어머니는 그를 공장에 집어넣으려고 했다. 동네 아이들은 그도 결국 할아버지처럼 미칠 것이라고 놀려 댔다. 그러나 그는 언젠가 자신이 '백조'가 되리라는 것을 알고 있었다. 한 번은 안데르센이 어머니와 점을 보러 간 적이 있는데 점쟁이는 그가 "하늘을 높이 나는 큰 새가 되어 고향을 빛낼 것이다."라고 예언했다고 한다.

안데르센

안데르센은 평생 동화 외에도 희곡(50편), 소설(6편), 시(1,000편), 자서전(3편) 등을 썼으나

160여 편의 동화로 세계적인 문호가 되었다.『미운 오리새끼』,『벌거숭이 임금님』,『성냥팔이 소녀』,『엄지공주』,『인어공주』등은 모두 영화, 연극, 발레, 만화로도 만들어져 세계적인 인기를 끌었다. 성경과 마르크스의 저작물 다음으로 가장 많이 읽힌 저작물이 안데르센의 동화라고 하니 그의 영향력과 인기가 어느 정도인지 미뤄 짐작할 수 있다. 이러한 사실로 볼 때 "백조 알에서 나왔다면 오리들 사이에서 태어난 것은 중요하지 않다."(『미운 오리새끼』)는 자신의 말을 스스로 입증한 셈이며, 하늘 높이 나는 새가 되리라는 점쟁이의 예언은 적중한 셈이 되었다. 그는 자신의 불운했던 삶을 성공의 삶으로 바꾼, 어느 평론가의 말을 빌리자면 '성공한 미운 오리새끼'였던 것이다. 그래서 그는 "내가 살아온 인생사가 바로 내 작품에 대한 최상의 주석이 될 것이다."라는 말을 남긴 것이 아닌가라는 생각을 해본다.

　　만년의 안데르센은 많은 기행과 기벽을 낳았다. 그는 평생 독신으로 살았으며, 정착해 살기 보다는 여행 다니기를 좋아했다. 또한 평생 집을 사지 않고 방을 임대하거나 호텔에서 지냈다. 호텔에 투숙할 때면 가방에서 끈을 꺼내 창문에 묶어 밖으로 늘어뜨려 두었다고 한다. 이유는 불이 나면 그 줄을 타고 내려오기 위해서라고 한다. 그 줄은 현재 박물관에 전시 되어있다. 그는 60세가 될 때까지 침대를 사지 않았다. 침대를 사면 그 침대에서 죽게 되리라는 미신 같은 믿음 때문이었다. 그에게는 또 누군가의 실수로 인해 생매장 당할지 모른다는 두려움이 있었다. 그래서 그는 "죽는 것처럼 보이지만 나는 안 죽었어요."라는 메모를 남겨 놓고 잠을 자곤 했다. 그러나 그는 잠을 자던 도중 사망했다. 그때 그의 나이 70세였다.

오후 3시 반이 다되어 부랴부랴 안데르센 생가로 발길을 돌렸다. 물어물어 찾아가니 오후 4시 폐관시간이 다 되었다. 기념관으로부터 15분 거리에 있는 생가는 무척 규모가 작은 초라한 모습이다. 폐관 15분 전에 도착하니 할머니 한 분이 안내직원의 자격으로 우리를 맞았다. 우리 외에는 아무도 없었다. 안데르센이 열네 살 때까지 어려운 유년시절을 보냈던 그 집안은 달랑 방 두 개밖에 없었으며 안내 할머니 설명에 의하면 한쪽 방(오른쪽 방)에서는 안데르센과 그 부모, 그리고 왼쪽 방에서는 이웃한 가족 8명이 생활했다고 한다. 1805년 가난한 구두수선공의 아들로 태어나 70살로 생을 마감할 때까지 세계 어린이들의 동심의 꿈을 수놓았던 그 많은 명작동화를 집필한 이 위대한 작가의 유년기의 삶이 어떠했는지를 이 초라한 그러면서도 위엄 있는 작은 집이 웅변으로 말해주고 있다. 앞서 안데르센의 생가를 찾고자 그 근처에서 술에 취한 듯한 한 주민에게 위치를 물으니 그는 그곳을 가리키면서 지나가는 말로 "It's nothing to see(아무것도 볼 것이 없다)"고 한다. 세계적으로 명성을 날리고 있는 이 작가의 위대함이 여느 경우에 못지않게, 바로 그곳 주민들에게는 피부에 와 닿지 않는 것이 이해될 만도 하였다.

안데르센의 도시인 오덴세 관광을 마치고 다시 인터시티 열차로 코펜하겐으로 돌아오니 7시경이었다. 하늘이 음산하게 검은 칠을 한 채 비를 뿌리고 있었다. 티볼리(Tivoli) 공원 앞에 있는 일식당에서 비싸지만 맛있는 저녁식사를 한 후 호텔에 와서 비로소 체크인하고 호텔방에서 둘째 근우의 개그쇼(?)를 비디오에 담았다. 근우의 모습을 보며 "나의 역경은 정말 축복이었습니다."라고 말했던 안데르센의 말을 가슴 깊이 새겨본다. 가난했기에, 못생겼다고 놀림을 받았기에 동화를 쓸 수 있었다고 고백한 안데르센처럼 나의 아들들도 역경에 맞서 자신의 능력을 발휘할 수 있는 고결한 인물이 되었으면 좋겠다.

06 | 대장부 한번 가면 어찌 다시 돌아오리
– 헤이그 이준 열사 기념관에서

사람의 자신 있는 마음은 천만 개의 대포보다 강한 것이다.
자신 있는 마음은 위대한 인물이 되는 일대 조건이라 하겠다.
– 이준 열사

당글테르(D'Angleterre) 호텔 바로 앞은 광장으로 코펜하겐의 명소 중 하나다. 아침식사를 거른 채 체크아웃을 한 후 광장을 걸어서 코펜하겐 역으로 향했다. 국회의사당을 끼고 덴마크에서 가장 큰 규모의 문화사 박물관인 코펜하겐 국립박물관을 찾아 갔으나 월요일 휴관이어서 내부는 들르지 못했다. 안데르센의 기념관과 생가도 역시 월요일에는 휴관이란다. 어제 안데르센 기념관에 가기를 참 잘했다.

역에 도착하니 갑자기 소나기가 퍼붓는다. 이곳 코펜하겐의 날씨는 변덕이 이만저만이 아니다. 금방 개었는가 하면 검은 구름이 하늘을 가리고 늦가을 날씨를 방불케 하다가 다시 한여름 햇볕이 쨍쨍 내리쬐는 등 도무지 종잡을 수 없을 정도로 하루 종일 오락가락하고 있다. 아침 겸 점심식사를 마친 후 티볼리 공원[4] 주변을 산책하고 나서 1시 30분 시청 앞 광장에서 출발하는 시티투어에 합류하였다. 2시간 30분 동안 코펜하겐의 명소를 두루 들렀다. 코펜하겐의 상징인 인어공주상이 바닷가 한켠에 아주 작은 규모로 출렁이는 파도 앞에 그저 단출하게 서 있다. 주변을 훑듯이 눈길을 주지 않으면 발견을 못할 정도다. 1913년 조각가 에드바르트 에릭슨(Edvard Eriksen)이 안데르센의 『인어공주』에서 영감을 얻어 조각한 이 동상의 실제 모델이 바로 조각가의 부인이라고 한다. 작고 볼품없어 보여도 코펜하겐의 상징으로 알려져 늘 관광객들이 붐비는 명소가 되었다.

시내관광을 마치고 암스테르담으로 가기 위해 야간침대 열차를 탔다. 원래 1등석을 예약했으나 비용을 줄이기 위해 2등석으로 바꾼 탓인지는 몰라도 침대칸이 허술하고 마음에 들지 않아 처음에는 몹시 실망했다. 더구나 우리 칸에는 우리 가족만 탄 것이 아니라 일본인 여성 한 명이 같이 타게 되었다. 상냥하고 거리낌이 없이 우리 가족들과 잘 어울려서 간 것이 그나마 다행이었다. 침대칸에서 새우잠을 자면서 나와 아내는 교대로 막내 근경이를 재운 침대에서 밤을 지새웠다. 열차는 독일 국경을 지나 새벽 4시경 빌레펠트(Bielefeld), 5시경 도르트문트(DortMund), 보훔(Bochum) 등을 거쳐 새벽 5시 57분 환승역인

---

4) 1843년 문을 연 티볼리 공원은 지금으로 치자면 아이들과 어른이 함께 즐길 수 있는 도시의 놀이공원이다. 왕가의 정원을 개조해 만든 이 공원은 이탈리아 티볼리에 있는 에스테가(家)의 정원을 모델로 했기 때문에 '티볼리'라는 이름이 붙여졌다. 이 공원은 시민들이 주로 참여해 운영되고 있으며, 입장료에서 나온 수익은 전부 공원을 친환경적으로 만드는 데 쓰인다고 한다. 안데르센이 자주 들러 동화를 구상했다고 한다. 티볼리 공원의 명물은 1914년에 만들어진 목제 롤러코스터. 세계에서 가장 오래된 롤러코스터로 지금도 운행하고 있다.

이준 열사 기념관

이준 열사 기념관 안의 흉상(胸像)

뒤스부르크(Duisburg)역에 도착했다. 뒤스부르크에서 암스테르담(Amsterdam) 열차로 갈아타고 아침 8시 57분 네덜란드의 수도 암스테르담 중앙역에서 내렸다.

숙소인 크라운 플라자(Crown Plaza)호텔에 당도하니 다행히 일찍 체크인을 해주는 바람에 룸에 들어가 샤워를 하고 피곤함을 풀었다. 호텔 앞에 있는 한국 식당 '신라'(Shilla)에서 아침식사를 하고서 곧바로 열차를 타고 헤이그(Haag) 이준 열사 기념관으로 향했다. 이곳 암스테르담은 북구 4개국, 특히 덴마크에 비해서 사람들이 친절하고 왠지 낯설지 않게 느껴져 안도감이 들었다. 암스테르담이 오래전부터 이방인들에게 관대했던 도시였다는 것을 직접 느낄 수 있었다. 도시 곳곳에 늘어선 브라운카페(사람들이 많이 모여 담배를 피워 연기 때문에 카페 실내에 얼룩이 생겨 붙은 이름)만 보아도 이곳의 편안한 분위기를 짐작할 수 있다.

50분간 열차를 타고 헤이그 중앙역에 내려서 택시로 10여분 가니 헤이그 중심가인 바겐슈트라트(Wagenstraat) 12A번지에 아담하게 단장된 이준 열사 기념관이 자리하고 있다.

이준(李儁) 열사는 전주이씨 완풍대군 이원계(태조 이성계의 이복형)의 17대손으로 그 21대손인 나와는 종친이어서 평소 관심과 존경을 표했던 분이다. 이준 열사는 1859년 함경남도 북청에서 태어나 37세 때 우리나라 최초의 법관양성소를 졸업하고 한성재판소 검사가 되었다. 충의가 넘친 강직한 성격으로 특히 고종임금이 아꼈던 분이다.

벨을 누르고 이어 문이 열려서 이층으로 올라가니 이준 열사 기념관 관장이자 이준아카데미 원장인 이기항 씨가 나와서 맞아 주었다. 내 신분을 밝히고 찾아온 연유를 말하니 사모님께서 직접 2시간에 걸쳐 기념관 방 하나하나를 돌면서 자세하게 설명을 해주었다. 아이들에게는 커다란 감동과 역사의 교훈을 깨닫게 해주는 의미 있는 자리였다.

이번 방문을 통해 나도 이준 열사에 대해서 몇 가지 새로운 사실을 깨달았다. 특히 이준 열사가 단순히 헤이그의 드용(De Jong)호텔(지금의 이준 열사 기념관)에서 병사한 것으로 막연히 추측했었는데 이곳 사모님의 설명과 자료를 열람하고 보니 호텔 내에서 자결했거나 아니면 제3자(일본인 또 그 배후세력)에 의한 죽임을 당한 가능성이 아주 높다는 것이었다. 적어도 이제까지 그의 사인으로 알았던, 분함을 못 이겨 병사했다는 생각은 전혀 사실과 다르다는 것이었다. 이준 열사가 헤이그를 떠나기 전 동지들에게 남긴 글에서도 이미 살아 돌아올 생각을 하지 않았음을 간취할 수 있다.

헤이그 밀사로 갔다 뜻을 이루지 못하고 죽음을 택하게 되면 어느 누가 청산에 와서 술잔을 부어놓고 울어 주려나……가을 바람 쓸쓸한데 물조차 차구나. 대장부 한번 가면 어찌 다시 돌아오리.

이준 열사는 필경 진시황을 암살하러 떠난 연나라 자객 형가가 역수를 건너면서 읊은 "바람소리 소슬하고 역수는 차누나. 대장부 한 번 가면 다시는 돌아오지 못하리. 風蕭蕭兮易水寒 壯士一去兮不復返"라는 시를 떠올렸으리라. 그 후 형가는 진시황 암살에 실패하고 비참한 최후를 마쳤으며 연나라는 진에 의해서 멸망했다. 형가와 진나라의 고사가 이준 열사와 조선왕조의 최후와 닮은 것 같아 씁쓸한 마음 금할 길 없다. 나는 이준 열사의 진정한 사인을 밝히는 것은 우리들의 그리고 일본, 네덜란드, 나아가 세계의 평화주의자들의 사명이라는 내용으로 방명록에 서명을 하였다.

이곳에 와서 또 새롭게 안 것은 밀사 3인 중의 한 사람인 이위종 열사가 러시아 공사였던 이범진의 아들로서 당시 21세 밖에 안 되었다는 사실과 그가 러시아어, 불어, 영어에 능통하여 당시 우리의 처지를 언론과 만국평화회의 참석자들에게 알림으로써 헤이그 밀사사건의 전모를 고스란히 기록으로 남길 수 있었다는 사실이었다.

또한 이준 열사가 구한말 한성 법관양성소를 졸업한 후 검사로 재직하면서 당시 부패한 법무대신을 기소하였다가 오히려 자신이 구속되어 면직이 되는 수난을 겪게 된 사실도 알게 되었다. 이 사건으로 면직되었던 이준 열사는 1906년 대한제국 최고사법기관인 평리원 검사로 재임용되어 친일파 이하영을 탄핵하려다 재차 면직되었다. 고종은 이준 열사의 대쪽 같은 정신과 충정을 아껴 1907년 이상설, 이위종과 함께 헤이그 밀사로 파견했다. 현금(現今) 검찰권 행사의 정치적 중립을 둘러싸고 진통을 겪고 있는 우리의 검찰 모습에서 이준 열사처럼 정의와 원칙에 충만한 우리나라 최초의 검사가 있었다는 점을 오늘의 검사와 법조인들은 긍지와 더불어 부끄러움을 동시에 느껴야 하지 않을까 한다. 고종도 이준 열사의 이와 같은 정의감과 원칙을 준수하려는 그의 인품을 높이 사서 그를 구국의 밀사로 지명했을 것이다.

이 관장님으로부터 금년(199년) 5월 헤이그 만국평화회의 100주년 겸 이준 열사 순국 92주년 추모기념 한민족평화제전 관련 자료집을 증정 받았다. 이준 열사 기념관은 당시 이준, 이상설, 이위종 열사가 묵었던 드용호텔(4성급 호텔 정도)을 정부 차원에서 사들여 새롭게 단장하고 관련 자료를 수집하여 1995년 문을 연 유럽지역 유일의 항일유적지이다. 기념관으로 된 이 호텔은 340여 년 전에 세워진 오래된 호텔로 당시 활발한 무역활동으로 세계를 제패하던 네덜란드의 전성시대에 세워졌다. 우리와 네덜란드와는 이미 350여 년 전 표류기를 써서 우리나라를 최초로 세계에 알린 하멜과 귀화한 박연 등을 통해 교류를 갖게 되었으며,[5] 6.25 때에는 육군과 해군을 파견하여 우리를 돕기도 하는 등

---

5) 1653년 8월 16일 태풍을 만나 제주도에 표류한 네덜란드 상선에는 하멜을 포함해 36명이 타고 있었는데 이들 모두는 우리나라 관군에게 잡혀 투옥이 되었다. 이 때 한양에서 통역관으로 활동하고 있던 박연이 내려와 그들을 훈련도감에서 일할 수 있게 주선을 했다. 박연의 본명은 얀 벨테브레이며, 1627년 제주도에 표류했다가 귀화를 했다. 훈련도감에 있던 하멜 일행은 탈출을 하려다 발각이 되어 전라도 강진으로 추방되었다. 하멜 일행은 그곳에서 11년간을 지내다가 1666년 일본으로 탈출을 했다. 하멜은 이때의 경험을 바탕으로 표류기를 썼다. 표류기에는 조선에 대한 부정적인 시각이 많은데, 아마도 강진으로 추방되어 힘겨운 시간을 보냈기 때문이라고 여겨진다.

지금까지 여러 분야에서 활발한 교류를 갖고 있음은 물론이다.

문득 3년 전 외국환관리법 위반으로 거액의 달러를 들고 출국하려다 적발된 한 네덜란드인의 변호를 맡아(오로라무역의 노희열 회장의 소개로 사건 수임) 그의 돈을 찾아주고 무사히 출국하도록 해준 사건이 떠오른 것도 우연의 상념만은 아니라 여겨진다. 2시간에 걸친 이준 열사 기념관 방문을 마치고 다시 암스테르담으로 돌아와 전차를 타고 시외를 일주하였다. 거리 곳곳에 늘어선 카페에서 맥주를 마시며 담소를 나누는 사람들의 모습이 정겹고 따스하게 느껴진다.

07 | 브뤼셀에서 파리로, 뜻밖의 여정
여행과 장소의 변화는 우리 마음에 활력을 선사한다.
- 세네카

벨기에의 수도 브뤼셀(Brussels)을 가기 위해 오전 9시 24분에 열차를 탔다. 로테르담 (Rotterdam), 안트베르펜(Antwerpen)을 거쳐 3시간 만에 브뤼셀에 도착했다. 날씨는 계속 흐리다 개다를 반복하고 있었다. NATO의 본부가 있고 서부 유럽의 대도시 중의 하나라는 생각에 걸맞지 않게 중앙역 주변은 지저분하고 음산했다. 몇 백 년이 됨직한 시커먼 건물이 역 주변에 을씨년스럽게 아무런 단장도 하지 않은 채 일부는 폐가의 형식으로 즐비하게 서 있었다. 전차를 타고 시내를 일주하기로 하고 전차에 올랐으나 시가지 역시 활기가 없고 사람들 또한 그 모습이 마치 후진국 주민처럼 느껴졌다. 흑인과 히스패닉 계통인 듯한 사람들이 많이 눈에 띄었으며 특히 전차에 타는 사람들은 한결같이 궁핍해보였다. 브뤼셀이 '유럽에서 가장 아름다운 도시'라는 평을 받았다는 것이 믿겨지지 않았다. 알고 보니 브뤼셀은 주택가와 상업가가 동서로 나뉘어져 있는데, 상업가 지역 중 일부가 개발이 덜 되어 슬럼가처럼 음산하다고 한다. 사정이 그렇다 하더라도 첫인상의 불쾌함은 지울 수 없었다.

시내 중간쯤 전차에서 내려 다시 중앙역으로 오는 전차로 갈아 탔다. 중앙역에서 간단히 식사를 하였으나 왠지 개운하지 못하다는 생각이 들어 음식 맛이 별로였다. 최근에 벨기에에서 발병하여 전 세계적으로 문제가 되고 있는 돼지고기와 닭고기의 브루셀라균 파동이 우연이 아닌 듯한 생각이 들었다.

계획을 수정하여 파리를 다녀오기로 했다. 마침 오후 2시 40분 파리행 초고속 열차인 탈리스(Thalys)의 예약이 가능했다. 파리에서 돌아오는 열차는 오후 6시 55분으로 예약했다. 브뤼셀에서 파리까지는 1시간 25분이 소요되므로 관광을 하고 파리를 출발하면 오후 8시 40분에 있는 암스테르담행 마지막 열차를 탈 수 있었다. 열차는 시속 300킬로미터가 넘는 엄청난 속도로, 브뤼셀↔파리를 1시간 25분에 주파하고 있었다. 파리에 도착하니 4시 5분이었다. 곧바로 지하철을 타고 콩코드 광장으로 향했다. 20여분 정도 걸렸다. 나와 근평, 근우는 전에 파리에 와본 적이 있으나 아내는 파리가 처음이어서 오늘 파리행을 감행(?)한 것이다. 한마디로 요약하자면 '아내를 위한 깜작 선물'인 셈이다. 콩코드 광장에서 개선문으로 향하는 샹젤리제 거리는 많은 관광객으로 화려하게 붐비고 있었다. 사진도 찍고 비디오도 촬영하고, 근경이에게 인형도 사주면서 걷다보니 개선문에 도착하기도 전에 파리에서 머물기로 예정된 2시간 50분이 다 채워지고 있었다. 개선문까지 가지 못하고 샹젤리제 거리 중도에서 다시 파리 북(Nord)역으로 향하여 브뤼셀행 열차 출발 15분 전에 도착했다.

　　짧고 빠듯한, 갑자기 단행된 파리 방문이었으나 아내는 몹시 흡족해 하였으며 나 역시 보람 있는 여정으로 기록할만한 날이었다. 브뤼셀에서 마지막 출발하는 열차를 타고 암스테르담에 도착하니 11시 40분이었다. 다행히 숙소가 중앙역 근처라서 걸어서 호텔에 당도하니 자정이 넘은 시간이다. 몸은 피곤했지만 뜻밖의 여정이 준 상쾌함으로 온 가족이 행복했다. 인생이 계획과 목적의 한 길로만 직진한다면 얼마나 단조롭고 답답할까. 삶이란 작은 파격과 사소한 일탈로 새롭게 충전된다는 것을 느낀 하루였다. 삶이란 참으로 고마운 여정이다. 문득 미셸 투르니에의 묘비명이 떠오른다. "내 그대를 찬양했더니 그대는 그보다 백 배나 많은 것을 내게 갚아주었도다. 고맙다, 나의 인생이여!"

08 | 마누라와 자식만 빼고 모두 바꾸라
– 프랑크푸르트 신경영선언

일이 되고 안 되고는 능력이 모자라서가 아니라 집념이 모자라서이다.
– 이병철

    암스테르담은 다섯 개의 커다란 운하를 줄기로 160여 개의 운하들이 연결된 부채꼴 모양의 도시다. 가장 큰 운하는 헤렌(Heren) 운하인데 그 뜻이 '신사의 운하'란 뜻이라고 한다. 오전에 배를 타고 암스테르담 시내를 돌아보는 커널 크루즈 투어(Canal cruise tour)를 했다. 베니스 못지않게 많은 운하로 이루어진 암스테르담 시내를 배를 타고 1시간 여 동안 돌아볼 수 있어 그나마 다행이다. 길가에 늘어 선 나무와 벽돌집, 그리고 아치 모양을 한 다리들이 인상적이었다. 시간이 허용되지 않아 암스테르담의 명소를[6] 두루 둘러보지 않은 게 몹시 아쉬웠다.

    호텔 근처에서 점심식사를 마치고 1시 5분 발 쾰른행 열차를 탔다. 유트리히트와 뒤셀도르프를 거쳐 15시 40분 쾰른에 도착하여, 프랑크푸르트행 열차로 바꿔 탔다. 쾰른 역에서 잠시 바라본 쾰른 대성당의 모습이 듣고 읽은 대로 감탄을 자아내기에 충분했다. 쾰른 대성당은 바티칸의 산 피에트로 대성당, 이탈리아의 밀라노 대성당, 프랑스 파리의 노트르담 대성당과 더불어 세계 4대 성당의 하나로 꼽힌다. 쾰른 대성당은 세계에서 세 번째로 높은 성당으로 509개의 계단을 따라 야외 회

---

6)   안네의 일기로 유명한 안네 프랑크의 집, 청동으로 만든 47개의 종이 웅장하게 울려 퍼지는 구 교회(Oude Kerk), 렘브란트의 최고 작품을 감상할 수 있는 암스테르담국립박물관, 네덜란드 최고의 미술가 반고흐의 작품 1,400여 개를 소장한 반고흐박물관을 비롯해 크뢸러뮐러국립박물관 등이 유명하다.

랑에 올라가면 라인 강과 쾰른 시내를 한 눈에 볼 수 있다고 한다. 멀리서 봐도 한 눈에 들어오는 뾰족한 탑과 수직적이고 직선적인 건물 모습에서 전형적인 고딕양식의 특징을 살펴볼 수 있었다. 직접 가보지 못해 아쉽다.

전후 50여 년간 서독의 수도였던 본을 지나니 열차는 라인 강을 따라 달리기 시작한다. 라인 강변의 고성이 주변의 아름다운 풍광과 어우러져 만들어내는 연속적인 산수화는 독일의 참 자연의 진수가 이것이구나 하는 확인을 해주고 있는 듯했다. 코블렌츠(Koblenz), 비스바덴(Wiesbaden), 마인츠(Mainz)를 뒤로하고 열차는 오후 6시 15분에 프랑크푸르트 중앙역에 도착했다. 택시를 타고 숙소인 캠핀스키(Kempinski) 호텔로 왔다. 중앙역으로부터 15분 동안 약 40DM(Decimeter)이 나왔다. 조용하고 쾌적한 곳에 자리 잡은 호텔이지만 중앙역으로부터 너무 멀리 떨어져 있어 예약을 취소하고 역 부근으로 호텔을 다시 정하려고도 했으나 그대로 머물기로 하였다. 그러나 갈수록 호텔 분위기와 정취가 마음에 들어 비록 프랑크푸르트 중앙역까지 택시비와 시간이 적잖이 소요되었으나 그 가치는 충분히 있었다고 하겠다.

나중에 안 사실이지만 이건희 삼성그룹 회장이 전(全) 임원들을 모아놓고 68일 동안 매일 회의를 하며 '마누라와 자식만 빼고 모두 바꾸라'는 신(新)경영 혁신을 강조한 장소가 바로 이 호텔로서 전통과 분위기가 살아 있는 호텔이었다. 이건희 회장의 이러한 혁신 선언은 변화의 요체가 무엇인지를 아주 분명하게 제시하고 있다. 구구절절한 설명

캠핀스키 호텔

없이 마누라와 자식을 제외한 그 모든 것을 바꾸라는 주문을 통해 직원들이 무엇을 해야 하는 지를 단순명쾌하게 제시하고 있어 지금도 그 의미가 손색이 없다.

　　여장을 푼 후 다시 중앙역 부근의 케렌 하우스(Keren Haus)에 가서 저녁식사를 마치니 밤 10시가 다 되어갔다. 역 앞의 유서 깊은 거리인 카이저 거리(Kaizer Str.)를 산책하였으나 이미 모든 상점들이 철시하고 사람들도 별로 오가지 않고 몇몇 마약중독자나 젊은이들만이 거닐고 있어 겁이 나기도 하였다. 더욱이 자녀들까지 데리고 카이저 밤거리를 걷고자 하니 더욱 그랬다. 괴테기념상이 있는 괴테 광장(Goethe Platz)에 못 미쳐 방향을 돌려 역으로 향했다. 바로 호텔로 직행했다. 독일의 밤거리 풍경은 북구나 네덜란드의 그것과는 큰 차이가 있을 정도로 차분하였다. 일찍이 밤 준비를 마친 상태로 오히려 미국의 그것과 별 차이가 없는 듯했다.

09 | 인간은 노력하는 한 방황한다
- 괴테하우스를 찾아

사람이 여행을 하는 것은 도착하기 위해서가 아니라
여행하기 위해서이다.
| - 괴테

아침 9시 30분 호텔에서 제공하는 승용차를 타고 괴테하우스로 향했다. 금년(1999년)이 괴테 탄생 250주년이어서 푸짐한 행사가 마련된 가운데 찾은 괴테의 집은 내게 더욱 큰 의미를 부여하고 있었다. 괴테 생가에서 본 괴테의 여러 모습과 그 진면목이 위대한 문호의 발자취를 찾는 동양의 한 법학도의 가슴을 진하게 짓누르고 있었다. 괴테는 문학가 이전에 법학도였기 때문이었다. 그가 평생 탐독했던, 그의 손때가 묻은 책들을 서재에서 대할 때 그의 독서열과 독서범위에 놀라움을 표하지 않을 수 없었다. 특히 내가 애독하는 『파우스트』의 초기 판본들을 보니 가벼운 흥분이 전신을 타고 내렸다. "인간은 노력하는 한 방황한다."는 파우스트의 키워드가 귀에 쟁쟁하게 들리는 듯하였다.

동시에 내가 즐겨 암송하곤 하는 『파우스트』의 서장인 「무대에서의 서연(序演)」에서 괴테의 분신이라 할 수 있는 시인의 독백 부분이 떠오른다.

내게 나 자신 아직 미완성이던 그 시절을 되돌려 주오.
노래의 샘물이 끊임없이 용솟음쳐 오르던 그 시절을
안개가 온 세상을 가리고,

꽃 봉우리가 아직도 기적을 약속해주던 시절을
골짜기마다 가득 메웠던 온갖 꽃들을 꺾었던 그 시절 말이요.
가진 것 없어도 마음은 흡족했으니
진리에의 충동과 환상에의 기쁨이 있었기 때문이요.
나의 젊은 날을 되돌려 주오.
그 억제되지 않던 충동들을
고통에 가득 찬 절절한 행복을, 증오의 힘과 사랑의 위력을.

질풍노도의 시기를 관통한 괴테의 삶은 '방황'이라는 하나의 단어로 집약할 수 있다. 그러나 그의 방황은 단단하고 견고한 인격체를 유지하기 위한 지고의 노력이었다. 나폴레옹이 그를 보고 가장 인간다운 인간을 만났다고 말했다는 유명한 일화는 바로 괴테의 엄격한 자기관리와 사유에 대한 찬사인 것이다. 영국의 철학자 칼라일이 미국의 철학자이자 시인인 에머슨에게 보낸 편지에서 괴테가 명랑하고 고상해 보이지만 그의 내면에는 단테와 같은 예언자적인 깊은 고뇌와 슬픔이 내재되어 있다는 것을 알게 될 것이라고 말했던 것처럼 괴테는 자신의 작품을 통해 칼라일의 생각을 입증했다. 노력하고 방황하는 파우

괴테하우스

스트를 통해 우리는 괴테의 견고함과 고뇌를 이해할 수 있을 것이다.

4층 건물로 된 괴테하우스의 1층은 부엌이고, 2층은 응접실인데 여기서 온 가족이 모여 연주와 노래를 했다고 한다. 당시에 사용하던 피아노도 그대로 보존이 되어 있다. 괴테와 가족들이 모여 노래를 하는 모습을 상상해보니 왜 괴테가 이곳에서 보낸 유년시절을 가장 소중하게 생각했는지를 알 것만 같다. 3층에는 괴테가 태어난 방과 그림들, 그리고 세계에서 가장 비싸다는 천문시계가 있었다. 4층은 집필실로 책상과 함께 그의 원고와 책들이 진열되어 있다.

괴테

그의 서재의 한켠에 이탈리아 인문학과 생물학, 지리학에 관한 두터운 책들이 꽂혀 있는 것을 보고 나의 독서의 범주는 과연 어느 정도에 미치겠는가 하는 생각에 부끄러움이 앞섰다. 과연 대문호다운 지식의 섭렵과정을 그가 읽은 책에서 확인할 수 있었다. 아버지가 물려준 그리고 괴테가 평생 선물을 받거나 직접 구입한 많은 초상화와 그림이 바로 옆의 괴테박물관에 전시되어 있었다. 괴테는 그의 자서전 『시와 진실(Dichtung und Wahrheit)』(우리나라에서는 『나의 인생, 시와 진실』로 번역됨)에서 이 집에서 보낸 유년의 시절을 가장 행복했던 때로 회상하고 있다.

괴테는 프랑크푸르트의 상징이다. 프랑크푸르트는 괴테가 가장 사랑한, 그의 전인격을 키워준 도시다. 괴테하우스 방문을 마치고 시내를 걷자니 그간의 피곤함과 순간적인 여정의 피로감(?)이 겹쳐서 갑자기 현기증을 느낄 정도로 만사가 귀찮아 졌다. 역 앞에서 시내전차를 타고 왕복하고 나니 더욱 몸 상태가 안 좋은 것 같아 식사를 하고, 한국가게에 가서 간단한 쇼핑을 한 후 호텔로 돌아왔다. 호텔에서 사우나를 하고 나니 몸이 좀 풀린 것 같고 기분도 어느 정도 회복되었다. 둘째 근우가 마침 시계가 고장 나 없었던 터라 호텔 매점에 전시 중인 손목시계(50DM)를 선물로 사주었다. 괴테기념마크가 새겨진 아동용이었다.

1시간동안 눈을 붙이고 나니 피로는 완전히 회복되어 정상으로 돌아왔다. 한국식품점에서 사온 컵라면으로 호텔 룸서비스에 부탁하여 뜨거운 물을 가져오게 하여 맛있게, 아쉽지만 저녁으로 대체했다. 호텔 룸에서 바라본 밖의 풍경이 아늑한 중세 독일의 한 영주의 저택에 와 있는 듯한 착각이 들 정도로 이국적임과 동시에 목가적이었다. 내일은 이번 여행의 마지막 날로 하이델베르크를 방문하고 밤에 귀국 비행기에 오를 것이다. 이제 다시 복잡한 일상이 벌어지는 삶의 터전으로 돌아가야 한다는 생각이 들자 왠지 모를 쓸쓸함과 허전함이 밀려든다. 여행을 하는 것은 도착하기 위해서가 아니라 여행을 하기 위해서라고 말했던 괴테의 심정이 무엇인지 알겠다. 라이프치히에서 중병을 얻어 귀향을 한 괴테는 오랜 투병 끝에 회복을 하고 세계 일주를 하기로 마음먹었으나 끝내 실현하지 못했다. 도착하기 위한 여행이 아니라 끊임없이 떠나기 위한 여행이라는 게 얼마나 힘든 일인지 나는 안다. 곤히 잠을 자는 식구들의 모습을 보니 온갖 상념이 교차한다. 여행의 고결한 이상(理想)은 실현되지 않음으로 아름다운 것이 아닐까.

평소 즐겨 읊던 괴테의 시 한 구절을 다시 떠올리면서 나도 잠을 청한다.

모든 산봉우리마다 휴식이 있고

모든 나뭇가지에서 한줄기 숨결조차 느끼지 못하네

작은 새들도 숲속에서 잠잠하네

기다리게나 머지 않아

그대 또한 쉬게 되리니

- 나그네의 밤노래(Wanderers Nachtlied)

09 | 하이델베르크의 낭만을 뒤로 하고
현실적인 것은 이성적이고, 이성적인 것은 현실적이다.
- 헤겔

독일에서의 3일째이자 금번 여정의 마지막 날이다. 마음속에 뿌듯함과 아쉬움이 교차한다. 일정을 갑자기 바꿔 카를스루에(Karlsruhe)로 먼저 가기로 했다. 독일연방헌법재판소가 있는 도시로 프랑크푸르트에서 ICE 특급열차로 1시간 5분 거리에 있었다. 명색이 헌법소송 전문변호사로서 독일연방헌법재판소의 메카를 근거리에 두고 그냥 하이델베르크로 갈 수는 없었다. 10시 5분 발 프라이부르크

(Freiburg) 바젤(Basel)행 ICE 열차를 타고 1시간 3분 후에 카를스루에 중앙역에 내리니 간간이 비가 내리고 있다. 택시를 타고 10여분, 카를스루에 성(城) 바로 곁에 비교적 규모가 작고 알루미늄 색깔의 아담한 건물의 독일연방헌법재판소가 있었다. 생각보다 외관이 작았으나 어쩐지 위엄과 권위가 있어 보였다. 당직 안내실에 가서 신분을 밝히니 휴가철이고 토요일이어서 휴무인 관계로 재판소 건물 내부를 보기는 어렵다고 하면서 대신 연방헌법재판소 안내책자를 주면서 참고를 하라고 하였다. 건물 앞에서 기념 촬영하는 것으로 만족하고 후일에 다시 자세한 방문계획하에 찾기로 작정하면서 발길을 돌렸다.

카를스루에에서 하이델베르크까지 열차로 30여분이 소요되었다. 오후 1시 15분, 하이델베르크 중앙역에 내려 오후 2시부터 2시간 30여분 지속되는 시내관광투어(City Sightseeing Tour)를 신청하고 역 구내의 맥도날드 가게에서 간단히 점심식사를 하였다. 넥카(Nekar) 강을 따라 형성된 하이델베르크 시내의 경관은 고전과 아름다움, 그리고 하이델베르크의 대명사가 된 그리움, 사랑, 철학, 시 등이 어우러진 정경으로 마음 속 깊이 각인되었다.

독일에서 가장 오래된 대학이자, 대(大)철학자 헤겔이 교수로 재직했던 하이델베르크 대학을 둘러보았다. 하이델베르크 대학의 유명한 명소는 바로 '학생감옥'이다. 학생들 사이에서 싸움이 났을 경우나 술에 취해 소란을 피운 학생들을 경찰이 개입하지 않고 대학에서 처벌을 내려 최대 2주 동안 감옥에 가둘 수 있다. 그런데 학생들 사이에서는 이것을 수치로 생각하지 않고 오히려 낭만의 상징처럼 여겼다고 한다. 감옥에 간 학생들은 반성은커녕 몰래 술을 반입해 마시고 노래도 부르며 젊음의 열정을 마음껏 만끽했다고 한다. 하이델베르크를 낭만의 도시라고 하는 이유를 알 것 같다.

하이델베르크 대학을 둘러본 뒤 대학본부 건물의 한참 위쪽에 있는 하이델베르크 성으로 향했다. 독일에서 가장 아름다운 건축물로 꼽히는 하이델베르크 성은 원래 고딕 양식으로 지어졌지만 16세기에 르네상스양식으로 개조되었다고 한다. 내가 생각하기에도 주변 경관을 고려한다면 딱딱한 고딕 양식보다는 아치와 돔 등의 장식으로 아름다움을 표현한 르네상스 양식이 넥카 강의 주변과 더 잘 어울릴 것 같아 보였다.

영어와 독일어로 진행되는 가이드 할머니(?)의 해설을 들으면서 성 안을 두루 살폈다. 성의 지하에 술 창고가 있는데 그 중 가장 큰 술통에는 22만 리터의 술을 저장할 수 있다고 한다. 엄청난 규모의 술을 저장한 이유는 아마도 축제와 연관이 있는 것 같다. 하이델베르크는 5월의 봄 축제, 8월의 성 축제와 9월의 가을 축제가 열리는데 특히 가을 축제는 칼스 광장에서 열리는데 그 해 수확한 포도로 만든 와인이 소개된다고 한다.

성에서 바라본 넥카 강 주변의 풍경은 정말 아름다웠다. 성에 도착하기 전 막내 근경이가 차안에서 토하는 바람에 아내는 애석하게도 근경이와 함께 차안에 남아있어서 성곽을 배경으로 한 절경을 보지 못했다. 엄마의 마음이란 정말로 특별하다. 세상 그 어떤 것보다 자식이 더 중요하다는 것을 언제 어디서나 서슴없이 보여주는 게 바로 모정의

하이델베르크 성과 넥카 강

힘이며, 여성의 위대함일 것이다. 그래서 괴테도 "영원히 여성적인 것이 우리를 구원한다."고 했으리라.

　프리드리히 5세가 건설한, 이제는 폐허가 된 성에서 바라보는 넥카 강변의 황홀하면서 고색창연한 시내의 정경은 하이델베르크의 정취(그리움)와 합쳐져 묘한 상념을 일으키고 있었다. 넥카 강 건너편에 보이는 언덕길이 그 유명한 '철학자의 길'이다. 하이델베르크 대학에서 강의를 하던 철학자 헤겔과 하이데거 그리고 독일의 대문호 괴테를 비롯한 여러 철학자들과 예술가들이 저 길을 걸으며 사유와 창작의 계기를 이어갔다고 생각하니 부러움이 샘물처럼 솟아난다.

　하이델베르크 성은 1622년 틸리의 병사들에 의해서 파괴당한 이래 1693년 프리드리히 5세의 아들인 카알 후트비히가 프랑스와의 오르레앙 왕위 계승전에서 대패하여 이 고성을 비롯한 하이델베르크가 거의 폐허가 되기에 이르렀다. 철저한 파괴와 폐허가 오히려 마음의 정화를 가져온 것인지 더 많은 사람들이 그 폐허의 자리에서 새로운 각오와 시작을 다짐하고 있는 듯했다. 「황태자의 첫사랑」⁷⁾의 무대이자 젊음과 낭만과 애틋함이 서린 하이델베르크! 충분한 시간을 내어 한 번 더 찾고 싶은 충동을 일으킨 것은 비단 나만의 심정이 아니었으리라.

오후 5시 프랑크푸르트행 열차를 타고 프랑크푸르트 중앙역에 도착하여 곧장 호텔로 가서 짐을 찾아 공항으로 향했다. 공항에서 체크인을 마친 후 면세점에서 근우와 근평에게 몇 가지 선물을 사주고 이어 면세점 근처에 있는 간이 일식당에서 우동을 먹었다. 맛이 가히 일품이었다.

공항라운지에서 비로소 한국 신문을 보았다. 여행 중 일부러 국내소식을 멀리했었다. 국무총리 해임건의안의 부결소식과 축산업협동조합 중앙회장의 국회 내 할복 미수 소동 등이 주요 뉴스였다. 다시 일상과 현실의 세계로 돌아가려니 마음이 착잡하다. 밤 10시 10분, 예정대로 비행기는 서울을 향해 출발했다. 기내에서는 피곤함과 긴장과 이완이 서로 겹쳐 저녁식사 후 곧 잠에 빠져 아침 간식이 나온 줄도 몰랐다.

15박 16일에 걸친 대장정, 그리고 아무런 가이드나 현지인의 개별적 안내 없이 유럽의 북구, 서구 8개국을 나 혼자의 계획과 아이디어

---

7) W.마이어푀르스터의 『카를 하인리히 Karl Heinrich』를 각색하여 만든 5막짜리 희곡으로, 엄격한 궁중생활에 지친 황태자 하인리히가 하이델베르크 대학에 유학을 하면서 부모를 여의고 여관에서 하녀로 일하고 있는 케티를 만나서 벌이는 사랑과 이별의 애환을 다룬 이야기다. 할리우드에서 리메이크를 할 정도로 대중적인 인기가 높았다.

로 무사히, 그리고 우리가 보고 싶은 곳 이상을 보았다는 자부심에 가족들도 나도 흡족하였다. 비행기는 10시간 30여분의 비행 끝에 1999년 8월 15일 오후 3시 30분경 김포공항에 도착하였다. 서울은 여전히 찜통더위와 열대야가 기승을 부리는 가운데 눈코 뜰 새 없이 바쁘게 돌아가고 있었다. 여행의 낭만에서 벗어나 현실의 세계로 진입했다. 이제부터는 감성보다는 이성(理性)의 명령에 따라야 한다. 언젠가 또 다시 떠나기 위해서는 현실의 책임과 의무를 다해야 한다. 나의 여행은 이성의 충전이 가득 찰 때 비로소 시작된다. 발레리의 시로 이 모든 여행의 마침표를 찍는다. "바람이 분다. 살아봐야겠다."

미국의, 미국에 의한, 미국을 위한 정치

– 미국 국무부 초청 30일간의 미국 탐방기

7

01 | 워싱턴의 보름달을 보며

달은 사람의 본성이다.
그러므로 구름을 벗어난 달은 그렇게 환하고 밝다.
- 팔만대장경

1866년 대동강에 처음 나타나 개항을 요구하며 난리를 치던 미국 상선 제너럴셔먼호를 평양의 관군들이 보기 좋게 불태워버린 사건이 조선과 미국의 첫 만남이었다. 그 사건 후 1871년 4월 재차 군함 다섯 척을 이끌고 강화도 앞 바다에 들이닥쳐 손해배상과 통상을 요구하며 대포로 무차별 공격을 했지만 조선군의 거센 항전에 밀려 물러나고 만 미국. 이 두 사건을 시작으로 우리나라와 미국은 근·현대사의 격동 속에서 얽히고설키며 지금까지 우여곡절의 관계를 맺고 있다. 그 과정을 돌아보는 일은 참으로 복잡하여, 보는 사람에 따라 미국을 우방으로 또는 원수로 여기는 일이 지금까지 이어지고 있다. 어쨌든 미국은 우리가 무조건 배척할 수도, 맹종할 수도 없는 나라임은 분명하다. 중요한 것은 우리의 미래를 위해 미국을 올바르게 이해하고 그것을 바탕으로 적절한 관계를 유지하는 것이 무엇보다 중요하다.

미국 국무부 초청 프로그램(International Visitor Program)의 일환으로 미국을 한 달 간 방문하기 위해 김포공항을 나서며, 이번 여정은 미국에 대한 맹종이나 배척이 아닌 합리적 관계를 수립하기 위한 토대가 무엇인지를 파악하기 위한 탐방이라는 것을 마음에 단단히 새겨 본다.

워싱턴 D.C.까지는 노스웨스트 항공으로 동경 나리타, 미니애폴리스를 경유하여 중간 기착지 대기시간을 포함하여 20여 시간에 걸친 장도이다. 비행시간이 길어지고, 경유지가 있게 된 것은 초청 주체인 미국 국무부가 제공한 미 국적기 이용 방침 때문이다. 이번 미국 방문의 모든 비용과 매일 매일의 생활비 등 일체의 경비는 미 국무부에서 부담한다. 어떻든 나한테 이런 좋은 기회가 주어진 것은 커다란 행운이라 하겠다. 한국의 대표적인 시민단체(경제정의실천시민연합, 약칭 경실련)의 대표로서, 그간의 헌법소원을 통한 공익소송의 활성화 등 공적 활동에 대한 미국 국무부의 심층적이고 객관적인 평가가 고려된 것이 아닌가 한다.

아내와 막내 근경이의 배웅을 뒤로하고 김포공항을 떠나면서 단한 달간이라도 국내에서 내가 했던 업무의 모든 것을 잊고 미래지향적인 한미관계와 시민운동가이자 법조인으로서의 새로운 목표와 가능성을 타진하는 계기를 삼고자 다짐해 본다. 그 가능성은 첫째 미국이라는 나라를 통해 세계, 특히 서구에 대한 나의 자각과 대응력을 새로이 길러 향후 생활에 반영코자 함이며, 다음은 그 주요수단의 하나인 영어에 대한 콤플렉스를 어느 정도 탈피하여 세계화, 정보화, 첨단화 시대에 주류를 형성하는 데 앞장서겠다는 것이다. 그것을 위해 불치하문(不恥下問)의 심정으로 나 자신을 낮추면서, 너무 편안함에 빠지지 말고 좀 고

생되더라도 기존 생활태도의 틀을 변화시킬 각오로 한 달 간의 미국 생활에 임하려고 한다. 이 기회를 정말 잘 활용, 선용(善用)하고자 한다.

도쿄에서의 환승에 이어 두 번째 중간기착지인 미니애폴리스(Minneapolis)에 예정시간보다 30분 정도 이른 시간인 오전 10시경(현지시각)에 도착했다. 입국 및 세관 심사를 마치고 짐을 다시 국내선 비행기에 싣기 위해 맡긴다. 워싱턴 D.C.발 항공기는 오후 1시 15분에 출발한다. 약 3시간의 여유(대기시간)가 생겼다.

미니애폴리스는 강을 사이에 두고 세인트폴과 잇닿아 있는 미네소타 주 최대의 도시다. 노스웨스트 항공 본사가 있는 곳이기도 하다. 도착 전 공중에서 본 이곳 주변은 온통 눈으로 뒤덮여 마치 설국에 온 느낌이었다. "국경의 긴 터널을 빠져나오자, 눈의 고장이었다. 밤의 밑바닥이 하얘졌다."로 시작하는 가와바타 야스나리의 소설 『설국』이 문득 떠오른다. 긴 터널이 아닌 구름의 막장을 빠져 나오자 정말 발밑 세상이 소설의 문장처럼 하얗다. 예상치 못한 풍경이 문득 눈앞에 펼쳐졌을 때, 그 흥분과 설렘은 말로 설명하기 어렵다. 풍경에 도취한 나에게 옆 좌석에 앉은 미국인이 자신의 고향인 미니애폴리스에 대해서 설명했[1]다. 홍콩에 근무하는데 7일간 휴가를 보내기 위해서 고향을 찾는 길이란다. 기온은 영하 2.5도. 공항은 국내선, 국제선을 같이 쓰고 있으며 무척 넓어서 그런지 그리 혼잡하지는 않았다. 기내에서 몇 시간 눈을 붙였지만 한국시각으로는 한밤중인 탓에 눈이 가물가물한 상태에서 공항

---

[1] 미니애폴리스라는 지명은 '물'이라는 뜻의 다코타어 'minne'와 '도시'라는 뜻의 그리스어 'polis'에서 비롯되었다. 미시시피 강을 끼고 발달한 미니애폴리스는 세계 최대의 곡물 집산지로, 북쪽으로는 캐나다와 접해있으며, 북동쪽으로 슈피리어 호수에 인접해 있어 경치가 매우 뛰어나다.

라운지에 앉아 이번 여정의 첫 기록을 남긴다.

미니애폴리스에서 워싱턴 D.C까지는 2시간 비행거리다. 기내에 올라타자마자 잠이 쏟아지는가했더니 컨디션이 급강하하여 약간의 멀미기운이 겹쳤다. 워싱턴 D.C에 도착할 때까지 눈을 붙였다. 워싱턴 D.C.의 날씨는 겨울치고는 다소 따사로운(?) 편이다. 기내에서 내 옆자리에 앉은 미국인 장년신사는 계속 뭔가를 메모하고 노트북을 두들기며 기내전화로 상대 비즈니스맨에게 사업상의 논의를 하는 것을 보면서 미국 사업가의 시간 활용의 한 단면을 보는 것 같았다.

워싱턴 국내선 공항인 로널드 레이건(Ronald Reagan)공항에 도착하여 짐을 찾기 위해 캐러셀(Carousel) 앞에 서 있으니 노신사가 다가와 먼저 인사를 하면서 자신이 한 달 동안 진행되는 이번 국무부 초청 프로그램의 에스코트 겸 통역자라고 소개를 했다. 이미 방송과 신문을 통해서 나에 대해서 많이 알고 있었다. 경실련에 대해서도 잘 알고 있으며 지금도 「월간 경실련」을 받아본다고 하였다. 그의 이름은 임영창 씨였으며, 나이는 금년에 60세로 환갑이란다. 점잖은 타입에 편안한 인상이다. 40여 년 전인 63년 미국에 건너와 71년부터 93년까지 미국방부에서 군무원, 장교 등으로 20년 넘게 근무하였고, 지금은 정년퇴직 후 미 국무부 한국 교환방문 프로그램 등의 통역 겸 안내인으로 노후를 보내고 있다고 했다. 임선생이 몰고 온 차를 타고 20여분을 달려 숙소인 소피텔(Sofitel) 호텔에 도착하였다. 호텔은 깨끗하고 조용하였으며, 5성급이었다. 내가 묵은 트윈베드룸은 숙박요금표에는 399달러로 되어 있으나 임선생의 말에 의하면 하루 128달러란다. 아마 국무성 프로그램 대행업체와의 특별교섭요금에다 겨울철 할인요금이 겹친 것이 아닌가 한다.

숙소 맞은편에는 워싱턴 힐턴(Washington Hilton) 호텔이 자리 잡고 있었다. 1981년 3월 30일 레이건 대통령이 호텔에서 나오다가 힝클리에 의해 저격당한 장소가 바로 워싱턴 힐턴 호텔이다.[2] 왼쪽 심장 밑에 총알 한방을 맞은 레이건은 곧바로 근처의 조지 워싱턴(Gorge Washington) 대학 응급실로 옮겨져 치료를 받았다. 레이건을 치료한 조지 워싱턴 대학병원 응급실은 이후 응급처지의 세계적 권위 대학으로 소문나게 되었다.

저녁 8시경 임선생 차로 포토맥 강을 건너 버지니아 주 알링턴에 있는 한국식당 '후지'에 가서 저녁식사를 했다. 처음에는 뱃속이 좋지 않아 식사 생각이 없었으나 대구매운탕이 어찌나 맛있던지 밥 한 그릇을 추가하였다. 호텔로 돌아오는 길에 둥근 달을 보니 마침 일 년 중 가장 밝다는 보름달이 아닌가. 이곳 워싱턴은 공해가 없어서인지 다소 쌀쌀한 바람이 옷깃을 스치는 가운데 맑게 갠 밤하늘에 휑하니 걸려 있는 보름달이 유난히 커 보였다. 서울에서는 보름달을 제대로 본 지가 20여년이 넘은 것 같다. 매일 머리 위에 떠 있는 달조차 올려다보지 못한 채 아등바등 살아온 것이 나의 삶이었다고 생각하니 쓸쓸했다. 먼 이국

---

2) 힝클리는 1955년생으로, 텍사스공대를 중퇴했다. 로버트 드니로가 주연한 영화「택시 드라이버」에 출연한 여배우 조디포스터의 연기에 매료되어 수십 번 영화를 관람했다고 한다. 조디포스터를 짝사랑한 그는 그녀의 관심을 끌기 위해 레이건을 저격했다고 진술했다. 정신이상자로 판결이 나서 유죄 판결은 받지 않았지만 지금까지 세인트 엘리자베스 정신병원에 감금되어 있다. 이 사건을 계기로 총기규제, 정신질환자의 총기소지를 둘러싼 논란이 가열되었으며, 1993년 총기구입 시 대기시간을 설정해 전과와 정신질환을 조회를 의무화한 총기규제 법안을 통과시켰다. 이 법안은 레이건 저격 당시 대통령을 수행하다 총격을 받아 하반신 불구가 된 브래디 백악관 대변인의 이름을 따 '브래디 법'으로 명명되었다.

땅에서 커다란 달을 보면서, 삶의 여유와 정취도 버린 채 삶의 전쟁터에서 나는 과연 무엇을 얻었는가? 그렇게 사는 것이 정말 보람 있고 알찬 삶이었던가? 많은 것을 되돌아보게 하는 미국에서의 첫날밤이다. 차면 기우는 달의 순리가 바로 인생사의 바른 이치일 것이다.

02 | 미국의 역사를 품고 있는 알링턴 국립묘지
- 리 장군과 케네디 가의 검소한 묘지 앞에서

전쟁의 첫 희생자는 진실이다.
- 히럼 존슨

하늘은 맑고 쾌청하였지만 기온은 영하 주위를 맴돌고 있어 쌀쌀하다. 오전 10시부터 워싱턴 D.C. 주요 명소 관광에 나섰다. 먼저 알링턴(Arlington) 국립묘지로 갔다. 포토맥 강 다리를 건너니 바로 국립묘지 입구였다. 남북전쟁 당시 남군 총사령관인 버지니아 주의 대지

알링턴 국립묘지

주 가문 출신 로버트 에드워드 리(Robert Edward Lee) 장군의 저택과 대지를 몰수해 만든 것이 알링턴 국립묘지이다.

남북전쟁의 영웅 에드워드 리
묘지 중앙의 언덕 위에 있는 리 장군의 저택을 먼저 찾았다. 당시

상태로 보존된 저택은 소박하면서도 위엄을 풍기고 있다. 리 장군은 패장이었지만 오늘날까지도 미국 국민들의 존경을 받고 있다. 저택 안을 보면서 리 장군의 삶, 특히 남군의 지도자로서의 일화를 떠올린다.

에드워드 리 장군

남북전쟁이 일어나자 리 장군은 연방군 총사령관을 맡아달라는 링컨의 요청을 거절했다. 그는 연방을 지키자는 입장이었지만 '남부의 아들'이라는 명예를 지키기 위해서 남부연합에 가담하였다. 정치적으로는 링컨의 견해에 동조했지만 출신지(가문)의 명예를 지키기 위해 남군의 지휘를 맡은 것이다. 당시 북군의 장교 중에는 남부 출신들이 많았는데, 전쟁이 발발하면서 모두 남부연합에 가담했다. 수많은 장교들이 명예의 문제로 남부연합에 가담한 것은 남북전쟁의 복잡성을 단적으로 말해준다.[3]

군 내부에서 존경을 받던 리가 남군에 가담하자 전투경험이 많

---

3) 대농장 중심의 남부는 노예제도가 필요했고, 값싼 노동력이 필요했던 공업 중심의 북부는 노예제를 반대했다. 북부의 입장은 노예들을 흡수해 노동자로 삼으려는 정치적 계산이었다. 당시 노예제를 반대하는 북부는 '자유주'라 불렀고, 찬성을 하는 남부는 '노예주'라 했는데 초기에는 연방 내에 두 주의 숫자가 11:11로 똑같았으나 새로운 주가 생기면서 균형이 깨졌다. 링컨이 대통령에 당선되자 앨라배마, 조지아, 루이지애나 등 남부 6개주가 연방에서 탈퇴해 남부연합 건설을 선포하고 제퍼슨 데이비스를 자신들의 대통령으로 뽑았다. 두 개의 연방에, 두 명의 대통령이 나오게 된 것이다. 북부의 입장에서 볼 때 남부의 탈퇴는 반란을 의미했다. 이런 와중에 남부군이 섬터(sumter) 요새에 주둔하고 있던 북부군을 공격하면서 남북전쟁의 불씨가 댕겨졌다.

은 남부 출신 장군들이 연방군을 떠나 속속 남부군에 가담하게 되면서, 전쟁 초 예상을 뒤엎고 남군이 곳곳에서 승리하게 되었다. 북군은 무기와 수송로의 월등함에도 불구하고 초반에 고전을 면치 못했는데 그 주요 원인은 바로 전투경험이 부족한 이민자 출신의 징집병들로 군대가 구성되었기 때문이었다. 시간이 지나면서 전쟁의 규모는 확산되었으며 희생자 수도 엄청나게 많아졌다.

전쟁이 계속되자 리는 전쟁터의 참상을 보며 다소 감상적인(인간적인) 모습을 보였다. 리는 한 북군 포로가 자신의 모자를 남군 병사에게 빼앗겼다고 불평하자 포로에게 모자를 돌려주도록 처리한 일이 있을 정도로 인간적인 면이 있었으며, 부하들에게도 명령보다는 지침을 내리는 편이었다고 한다. 그는 전투에서 패배한 북군을 뒤쫓는 병사들을 보면서 슬프다는 듯 "전쟁이 너무 끔찍한 것이 천만다행이다. 안 그랬으면 전쟁을 너무 좋아하게 됐을 테니"라는 철학자 같은 말을 하곤 했는데 이는 그의 약점으로 지적되고 있다.

게티즈버그 전투에서 남군이 패하면서 전세가 북군의 우세로 전개되는 국면에 접어들자 1865년 4월 2일 리 장군은 제퍼슨 데이비스[4] 대통령에게 남부연합의 수도 리치먼드를 떠나도록 권유했다. 하루 뒤

---

4) 1863년 1월 1일 링컨은 남부연합에 속한 노예들의 해방을 선언한다. 그러나 그의 선언은 반란을 일으킨 남부연합의 주에 있는 노예에 대한 부분 해방이었지, 연방에 속한 남부의 노예까지 포함한 것은 아니었다. 요약하자면, 링컨의 선언은 노예해방이라는 대의보다는 연방을 지키기 위한 정치적 선택이었던 것이다. 어쨌든 링컨의 선언 이후 남부의 노예들이 탈출해 북군에 가담하면서 전세는 북군의 우세로 바뀌게 되었다. 1863년 7월 1일부터 3일까지 벌어진 게티즈버그 전투에서 남부연합이 패배하면서 전세는 북부 연방의 승리로 기울게 된다. 1863년 11월 9일 게티즈버그에서 전사한 장병을 기리기 위한 국립묘지가 세워졌고, 그 자리에 참석한 링컨은 "국민의, 국민에 의한, 국민을 위한 정치(Government of the people, by the people, for the people)"라는 그 유명한 게티즈버그 연설을 한다.

북군이 리치먼드에 입성함으로써 1년간에 걸친 버지니아 전투가 끝난다. 바로 그날 링컨 대통령은 아들 테드(Ted)와 함께 리치먼드를 순시하면서 흑인들로부터 "메시아", "우리의 아브라함"이라고 환호를 받는다. 이어 4월 8일 리 장군은 항복했고 다음날 버지니아의 애퍼매턱스(Appomattox) 코스트하우스에서 항복 서명식을 가짐으로써 남북전쟁은 종결되었다. 더 이상의 희생을 줄이자는 리 장군의 인간적 결단이 없었다면 전쟁은 끝나지 않았을 것이다. 북부의 그랜트 장군은 그 점을 잘 알고 있었기에 항복을 하고 떠나는 리 장군을 정중하게 대우했다. 그랜트는 무조건적으로 항복을 강요하지 않았다. 그래서인지 항복조건도 의외이고, 단순하다. 여기에 그대로 옮겨본다.

> 남군은 더 이상 무기를 들지 않는다는 포로서약을 한 뒤 법을 어기지 않는 한 반역으로 처벌받지 않는다. 소총, 대포, 공공재산은 접수한다. 그러나 장교는 허리에 차는 개인무기와 말을 소유할 수 있다. 병사들도 농사에 필요한 말이나 당나귀를 가질 수 있다. 이 조치에 따라 모든 장병은 귀가한다. 포로선서와 거주지역의 법을 준수하는 한 연방정부 관리들에 의해 어떤 방해도 받지 않는다.

남북전쟁의 군인 전사자는 총 60만 명으로 이는 훗날 1차 세계대전의 11만 5천명이나 2차 세계대전에서 죽은 31만 8천명보다 훨씬 많으며, 한국전쟁과 베트남전쟁을 포함하여 그 후 미국이 치른 모든 전쟁의 전사자 수를 합친 것보다 많다. 전사자가 62만 명이면 부상자는 얼마나 많았겠는가.

그러나 종전 후 공화당 정부의 남부에 대한 홀대와 남부 전역에서 북부 백인들에 의한 폭력이 난무하는 것을 보자 리 장군은 분노했다. 그는 텍사스의 지사인 스톡데일에게 다음과 같이 말했다고 한다.

> 만약 북부 사람들이 승리를 그런 방법으로 활용할 줄 내가 미리 예견하였더라면 애퍼매턱스 코트하우스에서 그렇게 항복하지 않았을 거야. 그리고 말고, 항복의 대가가 그럴 줄 알았다면 차라리 애퍼매턱스에서 내 용감한 병사들과 함께 오른손에 칼을 쥐고 싸우다 죽었을 걸세.

항복 후 리 장군은 죽을 때까지 남부를 떠나지 않았다. 모든 공적, 사적인 제의를 거절한 채 버지니아 렉싱턴에서 워싱턴대학 학장을 지내며 오로지 교육에 헌신하다가 1870년 사망했다. 남부에만 머물던 리 장군이 딱 한 번 거처를 떠난 적이 있는데 제18대 대통령이 된 그랜트의 취임식에 참석하기 위해서였다. 두 사람의 인연이 참 아이러니하다.

케네디 가와 무명용사의 묘

리 장군 저택에서 내려와 케네디 가의 묘지와 무명(Unknown) 용사의 묘지를 참관했다. 장군이나 사병이나 계급에 관계없이 동일한 넓이를 차지하고 있는 것이 인상적이었다. 우리의 경우 계급에 따라 묘지 면적에 차등을 주고 있는 것과는 현저한 차이가 있었다. 존 F. 케네디 묘지에는 꺼지지 않는 애도의 불꽃이 궂은 바람에도 꿋꿋하게 타오르고 있다. 재클린 케네디와 그의 두 어린 자녀(사망 당시)도 곁에 나란히 누워 있었다. 묘의 촛불은 개인 부담으로 밝힌다고 한다. 케네디 묘지를 비롯한 그 가족 묘지가 생각보다 훨씬 적은 면적에 검소한 모습으로 갖춰져 있어 많은 것을 생각하게 한다. 바로 아래 부근의 로버트 케네디 묘지 역시 검소한 묘비 하나와 하얀 십자가 표시 외에는 아무것도 없어 초라할 정도였다.

　　다시 포토맥 강을 건너 D. C.로 들어와 링컨기념관을 방문한 후 기념으로 링컨의 자서전 한 권을 샀다. 링컨기념관을 한 끝으로 하여 의회의사당과 일렬로 정돈된 도시구조는 웅장하면서도 인상적이다. 백악관 정면과 후면, 흔히 언론에 비치는 오벌오피스(집무실)을 둘러보고 각종 연방정부의 청사건물도 밖에서 관람하였다. 이어 의사당(Capital) 뒤편의 최고재판소(연방대법원), 그 옆의 의회도서관 세 동을 훑어보고 의사당 건물의 중앙홀로 들어가 관람을 마쳤다. 특이한 것은 연방최고재판소가 1810년부터 1860년까지 의사당 지하에서 더부살이를 하였다는 것이었다. 그곳 역시 관광 장소로 개방되어 있었으나 일요일이어서 내부는 볼 수 없었다.

　　늦은 점심을 하고 근처 상가에서 잠옷과 피트니스 클럽용 반바지 등을 사가지고 4시경 호텔로 왔다. 저녁식사를 거른 채 일찍 취침하려고 했는데 변호사 휴업을 하고 지난 1월부터 이곳 조지워싱턴 대학에 유학 온 친구 정무원 변호사가 찾아와 호텔 근처의 중국 식당에 가서 늦은 식사를 하고 담소하다가 11시 30분쯤 헤어졌다. 모든 것을 훌훌 털고 하고 싶은 공부, 읽고 싶은 책을 만끽하며 지낸다는 정 변호사가 부러웠다. 나는 언제쯤 이런 생활에서 벗어나 그런 여유로운 생활을 할 수 있을지.

미국의 대표적 NGO, 미국은퇴자협회와 공익과학센터

알링턴 묘지를 방문한 다음날 오전에 메리디안 인터내셔널 센터(Meridian International Center, MIC)에 가서 국무성의 매기(Maggie)씨, MIC의 셰리든 벨(Sheridan Bell)씨 등과 함께 이번 방문의 전 일정을 점검하고 몇 가지 사항을 추가했다. 휴스턴(Huston)을 1박 2일로 방문하고, 뉴욕 체류 시 브로드웨이의 뮤지컬 관람과 전문서인 헌법책의 구입을 위한 경비 증액을 요청했다. 나한테 지급된 총 4,880달러의 수표를 모두 여행자수표로 교환했다.

양성철 주미대사와

이어 12시에 미리 약속한 양성철 주미대사를 만나기 위해 한국대사관으로 향했다. 캐나다문화관을 구입하여 이전한 한국대사관은 이곳 워싱턴 외교가에서 빅10에 드는 큰 규모였다. 직원이 150여명이라고 했다. 대사관에서 곧바로 양대사와 함께 점심을 하기 위해서 워터게이트(Watergate) 호텔로 향했다. 닉슨 대통령이 사임했던 워터게이트 스캔들이[5) 있었던 바로 그 호텔이다. 양대사와 국내외 사건에 대한 얘기, 그의 미국생활에 이르기까지 폭넓은 얘기를 나누면서 양식으로 점심을 들었다. 오후 2시가 촉박하여 양대사 차량으로 이번 방문의 첫 공식 방문처인 AARP(미국은퇴자협회, American Association of Retired Persons)로 향했다. 겨우 2시에 댈 수 있었다. 그곳의 국제관계 담당자인 샐리 에버렛(Sally Everett) 양과 1시간 20여 분간 AARP의 활동조직, 재정문제에 대해서 듣고 질문을 하였다. AARP는 노년의 삶을 보다 행복하게 지낼 수 있도록 퇴직금 활용 방안, 대출정보, 세금 납부에 대한 조언, 첨단 기계의 사용법 등의 정보를 제공해주는 비영리단체로 50세 이상의 미국 시민이면 누구나 가입할 수 있다. 장수 인구가 점점 늘어나는 우리나라에서도 이런 단체의 설립과 운영에 대한 논의가 충분히 전개되어야할 것이라는 생각을 했다.

이어 3시 30분에 약속된 CSPI(공익과학센터, Center for Science in the Public Interest)에 가서 더그 거리언-셔먼(Doug Gurian-Sherman) 박사, 그의 보좌관 등과 함께 1시간여 유전자조작식품(GMO) 등에 관하여 설명을 듣고 궁금증을 해소하였다. CSPI는 식품안전 및 소비자들의 영양과 건강에 대한 정보를 제공하는 비영리 감시단체다. 더그 거리언-셔먼 박사는 오랜 연구를 통해 유전자조작의 방식이 미국의 작물 수확량을 증가시키는데 실패 했다는 것을 밝혀 학계의 관

---

5) 1972년 6월 닉슨 대통령의 측근이 닉슨의 재선을 위해 워싱턴의 워터게이트 빌딩에 있는 민주당 본부에 침입하여 도청 장치를 하려 했던 사건으로, 미국 역사상 최대의 정치 스캔들로 꼽힌다. 도청 사건과 무관함을 주장하던 닉슨은 1974년 8월 의회의 탄핵 결의에 직면하자 사임을 했다. 이 사건 이후 정치적인 비리나 스캔들을 통칭해 '게이트'라고 명명하게 되었다.

심을 끌었으며, 또한 그의 주장은 유전자조작의 작물은 가뭄에도 잘 견디고, 화학비료의 사용으로 인한 토양의 오염을 줄인다는 그간의 견해에 정면으로 배치되는 것이어서 세간의 주목을 받았다. 위 두 기관 공히 미국의 권위 있는 NGO로서 미국 행정부의 정책결정에 NGO가 어떤 역할을 하는가에 대해서도 들었다. 우리나라의 NGO는 주로 정치적인 활동에 치중해있는데, 앞으로는 소비자들의 생활과 밀착된 실용적인 NGO 활동이 시급하다고 본다.

4시 30분경 호텔로 돌아와 간단한 정리를 한 후 저녁을 거른 채 곧바로 취침하여 밤 12시경에 깼다. 시차 적응이 제대로 안 된 상태에서의 강행군의 일정으로 무척 피곤하고 얼떨떨하다.

03 | 미국의 저력은 어디에서 나왔는가!
– 미 연방최고재판소와 펜타곤 등 방문

법이 지탱되는 것은 그것이 공정해서가 아니라
법 자체이기 때문이다.
그것이 곧 법이 갖고 있는 바 권위의 불가사의한 기초이며
이밖에 다른 기초는 전혀 없다.
– 몽테스키외

2월 13일 오전 9시, 1972년 미국 소비자운동의 대부인 랄프 네이더(Ralph Nader)에 의해서 설립된 퍼블릭 시티즌(Public Citizen)의 한 분과조직인 GTW(Global Trade Watch)를 방문했다. GTW는 세계화에 대한 정부와 기업의 책임을 촉구하기 위해 1995년 설립된 퍼블

릭시티즌 내의 캠페인 단체다. 현장책임자(Field Director)인 마르그레테 스트란(Ms. Margrete Strand)과 1시간가량 한·미간 무역현안, 소비자보호운동 등에 관하여 토론하였다. 이어 국립문서보관소(National Archives)를 방문했다. 국립문서보관소는 미국 독립선언서(Declaration of Independence), 헌법(US Constitution), 권리장전(Bill of Rights) 등 미국 역사상 중요한 국가 문서들을 보관하고 관리하는 곳이다. 미국 헌법 원문과 각종 인권과 헌정에 관한 원본들을 직접 확인하고, 미국 헌법에 관련된 소책자를 몇 권 샀다. 점심식사 후 1시간가량 짬을 내어 스미스소니언 박물관의 자연사박물관을 그야말로 주마간산 격으로 관람[6]하였다. 세계 최대의 코끼리 박제, 공룡화석, 세계에서 가장 큰 44.5캐럿짜리 블루다이아몬드 등 그야말로 지구의 모든 동물과 식물과 광물들이 전시되어 있어 보는 이의 눈을 휘둥그러지게 한다. 꼼꼼하게 살펴보지 못한 게 너무 아쉽다. 훗날 시간적 여유를 가지고 다시 찾으리라는 생각으로 발길을 옮긴다.

오후 3시 미 연방최고재판소(대법원)를 방문하여 제인 야보로(Ms. Jane Yarborough)로부터 동 재판소 건물 내부를 샅샅이 안내 받

---

6) 스미스소니언 박물관은 '미국의 다락방'이라고 불린다. 영국의 과학자 스미스슨의 유산으로 건립되었다. 스미스슨은 1765년에 부유한 영국 귀족과 과부 사이에서 태어난 사생아였다. 어머니의 막대한 재산을 물려받았지만, 사생아란 출생의 한계로 인해 사회적인 성공을 거둘 수 없었다. 그래서 그는 조카에게 자신의 전 재산을 기부해 인류의 지식을 넓힐 수 있는 기구를 설립하고, 그 기구의 이름을 '스미스소니언'이라고 하라는 취지의 유언장을 남겼다고 한다. 일설에 의하면 기부의 목적이 자신의 이름이 영원토록 후대 사람의 입에 오르내리게 하는 것이었다고 한다. 목적이야 어쨌든 스미스소니언 박물관은 1846년에 국회법에 의해서 워싱턴 D. C.에 설립이 되었다. 당시 미국의 대통령이었던 제임스 K.포크 대통령은 "앞으로 스미스소니언 박물관에는 인류의 모든 지식 문야와 관련된 귀중한 물품, 전 세계의 온갖 진귀한 물건과 연구자료 등을 전시하게 될 것이다."라고 발표를 했다. 그러한 취지에 맞게 스미스소니언 박물관은 세계에서 가장 큰 박물관 단지가 되었으며, 산하에 박물관 19개를 비롯해 국립 동물원과 연구소 9개를 거느리고 있다.

고 설명을 들었다. 재판정, 대법관 회의실, 담소실, 도서관 등을 둘러보았다. 제인 야보로는 러시아 태생으로 국제법을 전공하였고, 이곳 연방대법원에 근무한지 한 달 남짓 되었는데도 아주 상세한 내용을 거침없으면서도 친절하게 설명하고 있는 것이 인상적이었다. 이어 Judical Fellow(우리의 재판연구관 내지 헌법연구관에 해당)의 배리 라이언(Dr. Barry Ryan) 및 그의 동료들과 함께 1시간가량 최고재판소를 관람, 위헌심사 기준, 최고재판소와 의회, 행정부와의 관계 등에 대하여 의견을 나눴다. 기념품점에 들러 헌법에 대한 책을 사려했으나 4시 30분이 다 되어 문을 닫는 바람에 내일 다시 들릴 계획으로 발길을 돌렸다. 위 두 사람과 함께 기념촬영을 하고 연방대법원 건물을 나왔다. (귀국 후 한 달쯤 지나 당시 나를 안내했던 재판연구관 배리 라이언으로부터 서신을 받았으나, 서신을 분실한데다 답신을 못해 준 것이 그에게 미안하고 후회가 된다. 서신에서 그는 샌디에이고 출신이라고 자신을 밝히기도 했다.) 오는 길에 MIC에 들러 내일 5시에 록펠러 상원의원을 만나기로 했다는 전갈을 받고 향후 워싱턴 이외의 일정에 관한 일정표(Itinery)는 내일 록펠러 상원의원실에서 받기로 했다.

밤 10시경 취침, 다음날 6시경 기상을 했다. 이제 몸의 상태가 제자리를 잡아가고 있는 것 같다. 여행의 정취보다는 견문의 자세로 임하자는 각오로 새로운 일정을 시작한다.

펜타곤 방문, 담당자들과의 대담

워싱턴에서의 5일째 일정 중 공식일정 셋째 날로 워싱턴 D. C.를 떠나는 날이다. 아침부터 비가 내리고 제법 쌀쌀해지고 있다. 9시 45분 국방부(펜타곤)를 방문하여 한국 담당(Country Director)인 제니퍼 월시(Ms. Jennifer Walsh)와 1시간 넘게 한미 국방, 외교 현안 등에 대하여 심도 있는 토론을 가졌다. 작년 말 SOFA개정 미국 협상단의 일원으로 한국을 찾은 제니퍼는 어디까지나 대등한 당사자의 지위에 입각하여 한미간의 국방, 외교적 협력이 이루어져야 한다는 나의 의견에 많은 부분 공감을 표시하고 나 역시 그녀의 대한안보관에 동의한다는 의견을 피력하였다. 담당자와의 대담도 인상적이었지만 펜타곤의 어마어마한 규모에 놀라지 않을 수 없었다. 5각형으로 된 펜타곤 건물은 1943년에 건립되었다. 펜타곤의 완성으로 미국의 군사에 관한 모든 업무를 한 곳에서 볼 수 있게 되어 효율적이고 신속하게 작전을 수행할 수 있게 되었다. 군인과 민간인 등 총 2만 5천 명을 수용할 수 있는 펜타곤은 세계에서 가장 거대한 관공서 건물로, 미국의 막강한 군사력의 실체가 무엇인지를 상징적으로 보여준다. 역사 이래 모든 제국의 영광은 바로 군사력에서 나왔다는 것을 상기해 볼 때 현재 미국의 위상이 어떠한 지를 펜타곤을 통해 짐작해 볼 수 있었다. 분단에 처한 우리나라의 상황에서 효율적이고 체계적인 군사력 운용은 무엇보다도 중요한 과제 중 하나라고 생각한다. 펜타곤에 대한 막연한 거부감을 갖는 것보다 그곳에서 우리가 배울 것이 무엇인지를 파악하는 것이 중요하다는 생각을 해본다.

오후 2시 국무성 한국 담당과장인 토마스 기번스(Thomas Gibbons)와 한미 간 외교 현안에 대하여 대화를 나눴다. 4년간 한국에 근무한 토마스는 한국말도 제법 잘하였다. 국내에서는 비밀에 부쳐졌던

임동원 국정원장이 바로 엊그제 국무부를 방문한 사실도 이야기 하면서 오늘 논의된 현안 내용들을 언론 등을 통하여 외부에 공표하지 말아달라는 주문도 하였다. 그리고 이 친구 실은 한국말을 잘하는데 일부러 모르는 척하고 통역에 의존하고 있는 것이라고 나를 수행하고 있는 임선생이 국방부를 나오면서 귀띔 해주었다. 이어 택시로 호텔에 와서 짐을 싣고 유니언 스테이션의 짐 보관소에 맡긴 후 근처의 대법원 기념품점에 다시 가서 어제 사지 못했던 『American Legal Qutations』 등 두 권의 책을 샀다.

5시에 록펠러 의원실에 갔으나 동 의원은 금일 오전 급한 일정 변경으로 버지니아 주지사 이·취임식에 가는 바람에 나와의 면담이 성사되지 못하게 되었다고 정중하게 그의 보좌관이 사과하고 자신이 대신 방문 현안 문제에 대하여 설명하겠다고 하였다. 록펠러 의원의 보좌관 앤드류 퀸(Andrew J. Quinn)과 1시간가량 대담하고 7시발 뉴욕행 암트랙(Amtrack) 열차를 타고서 뉴욕에 밤 10시 도착했다. 무척 피곤한데다 왼쪽 발이 부르트고 티눈과 무좀이 겹쳐 몹시 불편하였다. 게다가 큰 가방 두 개를 들고 역 구내를 나오는 일은 고역이 아닐 수 없었다. 숙소인 브로드웨이의 에디슨(Edison) 호텔에 짐을 풀고 간단한 식사를 하고 나니 자정이 훌쩍 넘었다. 내일부터 뉴욕에서의 4일간의 일정이 시작된다.

미국의 헌법은 세계 많은 나라들의 전범(典範)이 되고 있다. 헌법이 독자적으로 존재하는 것이 아니라 여러 주의 헌법과 공존하는 연방 헙법의 체제를 가진 미국 헌법의 탄생 과정은 통치를 위한 헌법이 아니라 자유와 권리를 보호하기 위한 지난한 노력의 과정이었다. 국가란 국민을 통치하기 위해 존재하는 것이 아니라 국민의 자유와 권리를 증진시키기 위해 존재해야 한다. 연방최고재판소와 펜타곤을 방문하면서 미국의 저력이 어디에서 나왔는지를 확인할 수 있었다.

04 | 인권, 최대 다수의 최대 행복
- 컬럼비아대학 인권연구소 방문

인간은 권리에 있어 자유로우며 평등하게 태어나고 생존한다.
사회적 차별은 오직 일반적인 선에 기초하여 마련된다.
- 프랑스 인권선언문 제1조

칼 마르크스는 『공산당 선언』에서 "인류의 역사는 계급투쟁의 역사다."라고 규정했다. 인류의 역사에서 계급투쟁의 과정이 없었던 것은 아니지만 좀 더 세밀하게 고찰을 해본다면 '계급투쟁'보다는 '인권투쟁'의 역사라는 개념이 더 타당하다는 게 내 생각이다. 인간이 인간답게 살 수 있는 권리를 찾기 위해 투쟁했던 것이 인류의 역사다. 계급이라는 틀로는 인류의 전 역사를 설명할 수 없다. 사람 사는 세상에서 인권보다 더 중요한 가치는 없다. 이번 미국 방문에서 수많은 NGO단체를 방문하는 이유도 바로 인권에 대한 중요성과 그 실천방안을 모색하기 위함이다. 빈곤층에게 직업을 구할 수 있도록 직업훈련과 상담 서비스를 해주고 있는 뉴욕시의 다양한 홈리스 프로그램은 나의 관심을 끌기에 충분했다.

11시에 방문하기로 되어 있던 뉴욕시의 홈리스 서비스국의 일정이 오후 3시 30분으로 연기되는 바람에 오전 시간에 엠파이어스테이트(Empire State) 빌딩에 있는 정연태 사장의 미국 회사인 '와이어리스 CATV 시스템'(Wireless CATV Systems)을 찾아갔다. 엠파이어스테이트 빌딩 6107에 있는 회사에 들르니 정 사장의 아내가 나를 반갑게 맞아주었다. 정 사장은 내일 서울에서 돌아올 예정이라고 한다. 이어 케빈 림(Kevin Lim) 이사와 담소하고 12시경 근처 한국 뷔페식당인 엠파이어 코리아에서 점심을 같이 했다. 림 이사는 삼성물산에 근무하다가 10여 년 전 WCS에 입사하였다고 한다. 식사 후 잠시 짬을 내어 엠파이어스테이트 빌딩 86층 전망대에 올라갔다. 모든 방향에서 120킬로미터 전방까지 보인다는 엠파이어스테이트 빌딩의 전망대는 뉴욕에서 가장 낭만적인 분위기의 마천루로 알려져 있다. 영화 「시애틀의 잠 못 이루는 밤」 마지막 장면에서 인상 깊게 각인된 전망대 입구는 생각보다 소박하고 평범하게 보였다.

오후 2시에 컬럼비아 대학교의 인권연구소[7]를 방문하여 소장인 폴 마틴(Paul Martin)과 담소를 나눴다. 이 센터에는 한국의 조영래, 이현범, 차지훈 변호사 등이 수년 전에 1~4년의 기간 연구원으로 다녀간

---

7) 컬럼비아 대학교는 매년 약 75명의 학생들을 미국을 포함한 전 세계 인권 NGO나 정부기관에 인턴십으로 보내고 있으며, 그 수는 지난 20년 동안 약 2,000명에 이르고 있으며, 특히 컬럼비아 대학의 로스쿨은 수십 년 동안 인권교육에 기초하여 1988년도에 차세대 변호사, 교사, 인권 전문가를 양성하기 위한 인권연구소(Human Rights Institute)를 설립하여 인권 이론과 실제, 법과 다른 학문영역, 국내(헌법상)의 인권과 국제 인권 사이의 가교 역할을 담당시키고 있었다. 컬럼비아 대학교의 인권연구소는 심포지엄, 학회, 강의 등의 프로그램과 교수·학생의 교환, 인권장학금 지급과 인턴십 프로그램을 통해 학생들을 국제적인 인권 활동에 참여시켜 그 역량을 발휘하도록 하고 있다.(인권법평론 제2호, 「미국대학에서의 인권교육프로그램 조사 및 분석」, 임재홍, 영남대 법대 교수)

곳이라고 하였다. 동 연구소는 주로 아프리카 국가의 인권에 치중하고 있었으며 한국을 비롯한 아시아 국가의 인권상황과 연구에는 소극적이었다. 나는 연구소에 몇 개월간의 펠로우십을 제안했다. 폴 소장은 자격은 충분하며 어학만 보충하면 국제사회 내지 국제기구에서 중요 직책을 맡을 수 있을 것이라고 과분한 말을 해주었다. 소정지원서 한 부를 얻어 후일을 기약하고 연구소를 나왔다. (지난 2008년 9월 법제처장 재직 시 나는 콜롬비아대학을 방문하여 '헌법정신과 한국의 법치주의'라는 주제로 강연을 한 바 있다. 강연 후 인권연구소를 다시 찾았으나 폴 마틴 소장은 은퇴하였다고 하였다.)

3시 40분경 할렘 가에 있는, 뉴욕시가 재정을 지원하는 비영리 NGO단체인 바워리 미션(The Bowery Mission)에서 운영하는 재활직업센터(Homeless Services)에 들렀다. 마침 서울 노원구 의회 의원들이 와 있어 반갑게 인사하고 같이 재활직업센터의 현황 등에 대해서 청취하고 질문도 했다. 곤란한 지경에 처해 집에서 쫓겨날 상황에 처한 사람들에게 집에서 쫓겨나지 않도록 비상지원금을 지원해준다는 이야기를 듣고 많은 생각을 했다. 안정된 주거와 일자리는 인권의 기초이자 핵심이다. 대책 없는 철거로 하루아침에 집을 잃은 사람들과 어느 날 갑자기 직장에서 해고되어 힘겨운 투쟁을 벌이고 있는 우리나라의 현실을 생각하니 가슴이 먹먹해진다. 안정된 주거와 일자리 마련을 위한 정부의 세심한 정책이 시급하다는 것을 가슴 깊이 되새겨본다.

저녁 8시, 브로드웨이의 브로드 허스트(Broad Hurst) 극장에서 뮤지컬인 「Fosse」(Ben Vereen 주연)를 관람했다. 3막으로 이루어진, 2

시간 반가량 진행되는 대단히 흥미 있는 뮤지컬이었다. 생애 처음으로 뮤지컬에 대한 관심을 불러일으키면서 뮤지컬의 정수를 맛보게 하는 시간이었다.

뉴욕에서의 사흘째, 가랑비가 스산하게 내리는 금요일 아침이다. 11시, 저소득층의 적절한 소득을 위한 정보와 지원금을 제공하는 복지 법률센터(Welfare Law Center) 방문에 이어, 12시 조병림 영사의 안내로 뉴욕한인회관을 방문하고 이세종 뉴욕한인회장, 윤용상 수석부회장 등과 오찬을 한 후 오후 2시에 비영리 단체를 지원하기 위한 서비스를 제공하고 있는 뉴욕변호사연합(Lawyers Alliance for New York)을 찾아 4명의 자원봉사 변호사들과 1시간가량 대담을 했다. 노숙자, 어린이와 청소년, 이민자 사회 및 노인을 위한 각종 법률 조언 서비스에 대한 다양하고 풍부한 정보를 얻을 수 있었다.

3시 30분경 호텔로 돌아와 독서 후 주변 정리를 했다. 뉴욕에서의 공식일정은 이로서 끝났다. 뉴욕에서의 일정은 인권에 대한 중요성을 다시금 생각해보는 시간들이었다. 최대 다수의 최대 행복을 위한 노력, 그것이 바로 인권확립을 위한 법적 근거일 것이다.

영화 「D-13」과 쿠바미사일
- 케네디 대통령의 리더십

조국이 당신을 위해 무엇을 할 수 있는지 묻지 말고,
당신이 조국을 위해 무엇을 할 수 있는지 물어라.
- 케네디

토요일이라 공식 일정이 없다. 마침 어제 미국으로 돌아온 '와이
어리스 CATV 시스템'의 정연태 사장과 시간을 같이 하기로 예정되어
있다. 9시 30분, 호텔로 찾아온 정 사장 부부와 함께 먼저 뉴욕의 부자
들이 산다는 허드슨 강변의 마을을 거쳐 11시경 미 육군사관학교가 있
는 웨스트포인트(West Point)를 찾아 갔다. 허드슨 강변은 미국 최초의
관광지라는 명성답게 매우 아름다웠다. 1609년 네덜란드의 탐험가 헨
리 허드슨(Henry Hudson)이 금을 찾기 위해 이곳에 왔으나 금은 못
찾고 아름다운 풍경만 발견했다는 이야기가 있을 정도니 풍경의 빼어남
이 실로 대단하다. 허드슨이라는 지명도 그의 이름에서 유래한 듯하다.
허드슨 계곡은 독립전쟁 당시 92차례의 전투가 벌어진 곳이다. 그러다
보니 허드슨 계곡 고지에 자리 잡고 있는 웨스트포인트는 당시 전략적
요지가 되어 공방이 치열할 수밖에 없었다. 웨스트포인트는 1802년 3월
16일에 창설되었으며, 세계에서 역사가 오래된 군사학교 가운데 하나로,
'육군사관학교의 아버지'로 알려져 있다.

찬바람이 몰아쳐 기온이 급강하하여 체감온도가 영하 10도 이
하는 족히 될 것 같았다. 북쪽으로 고속도로를 타고 1시간가량 달려
산꼭대기의 호숫가에 있는 머홍크 마운틴 하우스(Mohank Mountain

House)에 도착(1시 20분경)하여 전통적인 양식코스로 점심식사를 하였다. 음식 맛과 분위기가 최고였다. '머홍크'는 '하늘 호수'라는 뜻의 원주민 언어라고 한다. 정 사장은 자신과 같이 이곳에 온 사람은 후에 모두 장관을 지냈다고 하면서 나에게 의미 있는 농담(?)을 하였다.

이어 뉴저지로 돌아와 정 사장이 대학원 과정을 마친 스티븐스 (Stevens) 공대에 들러 학교 구내를 두루 살펴보았다. 스티븐스 공대는 미국에서 가장 먼저 박사학위를 수여한 대학이다. 과학적 관리법(일명 테일러 시스템)을 창안한 프레더릭 윈슬러 테일러(Frederick Winslow Taylor)와 핵붕괴에 관여하는 물질로 알려진 중성미자를 발견해 노벨 물리학상을 수상한 프레더릭 라인스(Frederick Reines)가 이 대학 출신이다.

대학캠퍼스를 나와 근처 극장에서 6시 50분에 상영되는 「D-13」 영화를 감상하였다. 로버트 케네디 사후에 출간된 『13일(Thirteen Days)』에서 제목을 따온 영화로, 1962년 10월 케네디 행정부의 쿠바미사일 위기사건을 다룬 영화였다. 미국에서도 이제 막 개봉한 영화로서 물론 아직 한국에는 개봉되지 않았다. (국내에는 2001년 6월에 개봉되었다). 쿠바에 배치된 소련 핵미사일 기지에 대한 대대적인 폭격작전 여부를 놓고 열린 백악관 긴급대책 회의에서의 케네디와 그의 핵심참모들이 대처방안을 놓고 고민하는 모습이 생생하게 그려져 있다. 특히 케네디 대통령이 쿠바에 대한 무력대응을 놓고 고심한 흔적이 화면 전편에 역력히 드러나고 있었다. 당시 상황은 핵무기를 실은 전폭기들이 명령만을 기다리며 대기를 하고 있던 긴박한 상황이었다. 세계정세에 대한 역사적 맥락이 거세되고, 일방적으로 미국이 처한 위기만을 강조하고 있어 다른 모든 적대 국가들은 비이성적 사고로 판단하는 무지몽매한 집단으로 비쳐질 위험성을 안고 있는, 할리우드 영화 특유의 편중성과 비균형적 시각도 일부 반영된 듯하다. 오늘날까지 케네디의 위대한 업적으로 알려져 있으며, 케네디 신화의 토대를 형성하고 있는 쿠바미사일 위기에 대해서 살펴보고자 한다.

1962년 10월 14일과 15일 쿠바상공을 정찰하고 온 U-2정찰기는 소련이 쿠바에 미사일기지를 건설하는 현장을 담은 사진을 보내왔다. 16일, 케네디는 쿠바의 수도 아바나(Habana)에서 50마일 떨어진 지점에 소련이 중거리 핵미사일을 배치했다는 정보를 확보한다. 이에 케네디는 긴급 국가안보회의 집행위원회를 소집하여 이 문제를 논의한다. 이 회의에서 합참의장인 맥스웰 테일러 등은 당장 쿠바를 공격하고 핵무기 사용도 불사해야 한다는 강경론을 전개하기도 했지만 쿠바해상을 봉쇄하는 방법을 채택하기로 한다.

케네디는 10월 22일 저녁 7시, 전국 텔레비전 방송을 통해 "소련이 쿠바에 미국의 주요도시를 타격할 수 있는 중거리 미사일 기지들을 건설하고 있다."면서 쿠바에 대한 해상봉쇄 조치를 취했다고 전격 발표한다. 그리고 소련에 대하여 미사일기지 해체를 요구하면서 만약 쿠바

---

8) 1959년 카스트로와 체 게바라는 미국의 지원을 받고 있는 바티스타 정권을 축출하고 쿠바 사회주의 혁명을 성공시켰다. 혁명으로 인해 쿠바 내 미국인의 재산이 몰수되자 미국은 쿠바로부터의 설탕 수입을 금지했다. 설탕 수출이 주 수입원이었던 쿠바는 심각한 타격을 받았으며, 그에 대한 해결책으로 소련과 통상조약을 맺었다. 사정이 이렇게 되자 케네디 대통령은 쿠바와 국교를 단절하고, 쿠바를 무너뜨리기 위해 군대를 잠입시켜 쿠바 내에 봉기를 유도하려 했으나 실패하고, 쿠바에 잠입한 미국 부대만 전멸당하는 수모를 당했다. 이러한 미국의 행동은 전형적인 내정 간섭이라 할 수 있다. 미국은 이전에도 과테말라의 쿠데타를 지원해 친미 정권을 세운 바 있었다.

에서 미사일이 날아온다면 미국은 이를 소련의 공격으로 간주하고 소련에 보복 공격을 감행할 것이라고 선언했다. 위기는 24일 미사일을 실은 소련 선박들이 쿠바에 대한 미군의 해상봉쇄선에 다가오면서 최고조에 달했다. 미국은 2차 대전 이후 가장 높은 경계태세인 '데프콘(Defcon)2'에 들어가면서 소련과의 전면전에 대비했다. 유럽 여러 나라에서는 반전론자들의 시위가 벌어졌고 전시에 대비해 사재기 열풍이 불었다. 물론 미국은 더 했다. 공포 분위기가 순식간에 전국을 휩쓸었고 학교마다 "나는 죽기 싫어"라고 외치면서 흐느끼는 학생들의 울음소리로 술렁거렸다고 한다.

결국 이 위기는 극적인 미·소간의 타협으로 마무리된다. 10월 26일 소련 공산당 서기장 흐루시초프는 미국이 쿠바를 침공하지 않는다고 약속한다면 미사일을 철수하겠다는 뜻을 전달하고, 이어 27일에는 쿠바의 소련미사일 기지와 터키의 미국미사일 기지를 상호철수하자고 제안했다. 이때 유엔 사무총장 우탄트(U Tant, 당시 버마 출신)는 양국 정상에게 평화회담 개최를 촉구하기도 했다. 10월 28일 쿠바를 침공하지 않겠다는 케네디의 유화메시지를 전해 들은 흐루시초프가 전격적으로 미사일 철수를 명령하고 쿠바를 향하던 소련선박의 방향을 돌리게 하면서 일촉즉발의 상황은 해소되기 시작했다. 케네디는 그 대신 터키와 나토기지에서 주피터미사일을 철수하라는 소련의 요구조건을 들어줬다. 11월 2일 케네디는 해상봉쇄를 취소했고, 그 해 말 소련의 모든 공격미사일이 쿠바에서 철수함으로써 사태는 일단락되었다. 이 위기를 계기로 미·소 양국 간에 '핫라인'이 개통되었다.

이 위기극복 과정에서 케네디는 과감하고 패기 있는 정책을 써서 소련을 압도한 것은 사실이다. 그러나 개인적 자존심과 국가적 자존심을 걸고 전쟁 일촉즉발까지 간 그의 위기관리정책(Brinkmanship)은 인류의 대재앙으로까지 갈 수 있는 위험한 도박이었던 것도 사실이 아닌가. 미국 역사상 가장 젊은 대통령으로 소련에 맞서 모험을 감행하고, 여성과 흑인의 인권신장을 위한 획기적인 조치를 취했던 케네디는 1963년 11월 22일 오즈월드에 의해 암살당하면서 지금까지 미국인들의 사랑을 가장 많이 받는 대통령으로 꼽히고 있다. 그가 사랑받을 수 있었던 요인은 그의 비극적 죽음도 일조를 했지만 무엇보다도 모험과 결단의 리더십으로 위기를 극복해낸 것에 있다. "성공이란 연애와 같은 것이다. 그러므로 성공하려면 주춤거리는 것보다 모험을 하는 편이 낫다."는 마키아벨리의 말이 케네디 리더십의 일면을 잘 설명해준다는 생각이 든다.

영화를 보고 나오니 9시가 다 되었다. 뉴저지에 있는 한국식당 '대원'에서 늦은 저녁식사를 마치고 11시 넘어 뉴욕의 호텔에 도착했다. 이때 내가 미국에서 사고 받은 책 일부를 짐을 옮기는 과정에서의 번거로움을 덜기 위해서 정 사장 편으로 서울로 보내기로 하고 그에게 맡겼다.

06 | 대자연의 스펙터클 나이아가라 폭포

예술에는 오류가 있을지 모르나
자연에는 잘못이 없다.
- 드라이든

2월 18일 오전 11시경 다음 행선지인 버펄로(Buffalo)로 가기 위해 짐을 꾸린 후 12시경 경실련 UN파견 간사로 임명된 김대환 씨를 만나 점심식사를 같이 했다. 2시경 라가디아(La Guardia) 공항으로 출발하여 버펄로행 비행기에 몸을 실었다. 1시간가량 비행 끝에 버펄로 국제 공항에 도착했다. 뉴욕보다 더 추운 날씨였다. 온 사방이 눈으로 덮인 설국이다. 공항에서 폰티액(Pontiac)을 렌트하여 20여 분 걸려 버펄로 시내로 와 호텔 래디슨(Radisson)에 여장을 풀고 피트니스 클럽에서 20분간 러닝머신으로 운동을 하고 나니 몸이 한결 가벼워짐을 느낄 수

나이아가라 폭포

있었다. 저녁식사 중 하우스와인 한잔을 들이키자 이내 취기가 감돈다. 일찍 잠자리에 들어야할 것 같다.

2월 19일은 미국의 프레지던트데이(President day)[9]로 공휴일이

---

9) 미국 초대 대통령 조지 워싱턴을 기념하기 위해 1880년 미 국회에서 그의 생일인 2월 22일을 공휴일로 삼은 것이 '프레지던트데이'의 시작이었다. 이후 일부 주에서 비공식적으로 2월 12일을 링컨 대통령의 날로 지정하여 기념하자 1971년에 이 둘을 통합해 매년 2월 셋째 주 월요일을 '프레지던트데이'로 지정해 지금까지 이어오고 있다.

다. 아침 10시 30분에 나이아가라 폭포로 향했다. 먼저 캐나다 국경을 지나 호스슈(Horseshoe)로 불리는 캐나다 쪽 폭포를 관람했다. 넓은 평원에 북극에서 흘러나오는 물의 4분의 3이 통과하는 끝 지점에 폭포가 자리하고 있었다. 높이가 49.5미터이고, 말굽처럼 굽이진 폭포의 마루는 약 790미터에 달한다.

북아메리카의 오대호(伍大湖. 슈퍼리어호, 미시간호, 휴런호, 이리호, 온타리오호)에서 흘러나온 물은 나이아가라 폭포에서 분당 4,200만 갤런씩 쏟아진다고 한다. 수만 년간 그 많은 물이 쏟아지는 이유를 알 것 같았다. 폭포 밑바닥의 일부가 얼은 상태에서 온통 물바다를 이루면서 떨어지는 거대한 소리의 향연이 빚어내는 겨울의 나이아가라 폭포의 장관은 말 그대로 대자연의 스펙터클이었다.

나이아가라 폭포를 처음 발견한 사람은 예수회 선교사인 루이스 헤네핀(Louis Hennepin)으로, 멀리서 천둥소리 같은 게 들려 그곳으로 줄곧 가다보니 폭포를 발견했다고 한다. 그 때가 1678년이라고 한다. 천둥소리라는 표현이 과장이 아님을 두 귀로 확인할 수 있었다. 그 모습을 보니 문득 이백의 「망여산폭포(望廬山瀑布)」라는 시가 떠오른다.

日照香爐生紫煙(일조향로생자연)
遙看瀑布掛長川(요간폭포괘장천)
飛流直下三千尺(비류직하삼천척)
疑是銀河落九天(의시은하락구천)

이백의 시는 참으로 호방하다. 폭포의 긴 물줄기가 날아 흘러 곧바로 삼천 척을 아래로 떨어지니(飛流直下三千尺), 그것은 필시 구만리 하늘에서 떨어진 은하수(疑是銀河落九天)라 비유하고 있으니 범인으로서는 그저 감탄 밖에 할 수 없다. 이백의 시를 떠올리니 나이아가라 폭포의 진면목이 더 새롭게 다가온다.

이어 미국 쪽에 있는 아메리카 폭포로 와서 구경을 하였으나 캐나다 쪽의 그것에 미치지 못했다. 높이는 비슷하지만 너비가 작다. 캐나다 쪽이 3배가 크고, 폭포의 진수를 간직하고 있다. 폭포 밑까지 승강기를 타고 내려가 폭포수 뒤에서 바라볼 수 있는 '바람의 동굴'은 시간이 촉박해 가보지 못했다. 곧바로 버펄로 공항으로 와서 예정된 16시 50분발 디트로이트행 비행기를 타기 위해서 서둘러 체크인을 했다.

오후 5시 30분경 디트로이트 공항에 도착, 렌터카로 1시간 30분을 달려 저녁 7시경에 미시간 주의 주도인 랜싱(Lancing)의 래디슨 호텔에 도착하여 여장을 풀었다. 이곳 랜싱의 미시간주립대학에 와 있는 오랜 친우인 이진욱 박사와 연락을 했으나 여의치 않았다. 한국식당을 찾는데 실패하여 할 수 없이 9시경 호텔에서 홀로 식사했다. 방으로 돌아오니 이 박사가 리턴 콜로 연결되어 통화를 했다. 한국식당이 두 개 있다는 사실과 미리 도착시간 등을 알려주지 않았다며 오히려 서운해 했다. 내일 일정 등에 대해서 전화로 논의한 후 속옷을 처음으로 내 스스로 빨아 방에서 말렸다.

07 토크빌의 『미국의 민주주의』에서 미국을 만나다
- 미시간 주립대, 시카고 연방법원, 일리노이 항소법원 방문

모든 민주주의에서 국민은 그들의 수준에 맞는 정부를 가진다.
- 토크빌

    2월 20일 아침 8시 40분경에 호텔 로비에 가니 이진욱 박사와 중부 미시간(Mid-Michigan) 지역의 국제방문자위원회(Intl Visitors Committee) 담당자인 마저리 포터(Marjorie Porter) 여사가 이미 기다리고 있었다. 걸어서 5분 거리에 있는 미시간 주립대 국제전략연구소장 필립 스미스(Philip Smith) 박사의 사무실로 갔다. 미시간 주립대 교수인, 구면의 이재훈 교수도 와 있었다. 스미스 교수는 한국에도 여러 번 온 학자로 미시간 주립대의 권위 있는 교수 중 한 사람이었다. 먼저 미시간 주립대와 스미스 교수가 관여하는 여러 프로그램, 주로 한국과의 교환 프로그램 등에 대해서, 마지막으로 부시 행정부에 대한 외교정책과 한반도 주변 열강의 이해관계 등에 대한 비교적 심도 있는 토론이 있었다. 시간 관계상 다른 논제는 후일 한국 방문 시 재론의 기회를 같기로 하고 헤어졌다. 이진욱 박사의 안내로 미시간 주립대 캠퍼스 구내를 둘러보고, 미국과 미국사회에 대한 이진욱 박사의 견해를 차안에서 들었다. 미시간 주립대는 농업과 소립자 연구용 이온 가속장치(Cyclotron) 분야에서 세계 첫 손에 꼽히는 대학이다.

    11시 30분 대학 구내 켈로그 센터(Kellog Center)에서 미시간 비영리연맹 집행위원장인 샘 싱(Sam Singh) 씨와 점심을 들면서 양국

NGO의 여러 현안에 대한 토론을 벌였다. 물론 포터 여사도 동석했다. 이어서 오후 1시 30분에 전 미시간 주의회 상원의원이자 미시간 환경위원회 회장인 래나 폴락(Lana Pollak) 여사를 만났다. 여성이지만 활동가답게 당당하고 하는 일에 자신감이 넘치는 모습이 인상적이었다.

알렉시스 드 토크빌

오후 3시 래디슨 호텔에서 변호사이자 사회활동가인 팔 프렛(Pall Pratt)을 만나 그의 활동영역과 사상 등에 대해 들었다. 특히 미국 역사와 인문지식, 그리고 그의 소신인 시민독재(Civil Authoritarian)에 대한 열띤 토론이 있었다. 나는 링컨의 공화당(Wig당이 전신)이 노예해방을 했음에도 현재 흑인을 비롯한 소수민족이 민주당을 지지하고 있는 원인이 무엇인지를 물었다. 그는 이에 대하여 1900년대 초반까지는 흑인들이 공화당을 지지한 편이었으나 1930년대 대공황시기, 특히 루즈벨트 대통령 때 민주당 정권이 흑인을 비롯한 소수민족 등 사회적 약자를 위한 사회정책과 그들의 권익을 지키려는 인권정책을 펼침으로써 흑인들이 민주당 정권을 지지하기 시작했으며, 이러한 사회정책과 인권운동지지정책은 케네디와 존슨 등으로 이

10) 미국에서는 '비정부단체'라는 의미의 NGO보다 '비영리기구'라는 의미의 NPO(Non-Profit Organization)라는 개념이 더 많이 쓰이고 있다.

어져 1966년에는 1896년 때의 민주당과 공화당의 지지 판도가 완전히 뒤바뀌는 현상이 나타나 현재까지 지속되고 있다고 자신의 견해를 명쾌하게 밝히고 있었다. 그로부터 1930년대 미국을 여행하고 쓴 프랑스의 알렉시스 드 토크빌(Alexis de Tocqueville)이 쓴 『Democracy in America』을 선물로 받았다. 내가 읽고 싶었던 책이었다. 프렛 변호사에게 감사의 마음을 다시 전하고 싶다.

귀국 후 나는 토크빌이 쓴 『Democracy in America』를 사전과 자료를 참조하면서 정독해 나갔다. 과연 이 책이 '몽테스키외 이래의 명저'라는 칭송과 함께 책이 출간된 지 150년이 지난 오늘날 까지도 미국사와 미국정치이론의 필독서로서 널리 읽히고 있는 이유를 알 것 같았다.

프랑스의 젊은 귀족이었던 토크빌은 1831년 5월부터 9개월간에 걸쳐 미국 전역을 돌면서 앤드류 잭슨 대통령을 포함해 개척자, 인디언에 이르기까지 다양한 미국인들을 만나 인터뷰를 했다. 이러한 자료를 바탕으로 1835년 프랑스어로 출판한 책이 바로 오늘날까지도 민주주의에 관한 고전으로 널리 읽히고 있는 『미국의 민주주의』이며, 외부인의 입장에서 미국의 정치이념과 제도를 논한 최초의 책이다.

토크빌은 미국인들의 두드러진 특성으로 순응주의와 물질주의, 그리고 개인주의와 이상주의를 들고 있다. 그리고 그는 미국 서부에서 민주주의를 보았다고 썼다. 토크빌은 자신의 삶을 스스로 책임지려하고, 국가나 타인의 도움을 받지 않으려는 개척자들의 개인주의에 깊은[11]

---

11) 토크빌이 미국에 오기 전 프랑스는 중앙집권화 된 국가 권력이 개인의 자유를 제한하고 있던 상황이었다. 그런데 미국은 정부의 규제가 없이 개인들이 자유롭게 경제활동을 하고 있었으며, 서부개척자들의 삶에서 드러난 건강한 개인주의에 굉장한 매력을 느꼈다. 중앙집권화로 인한 개인들의 자발적인 예속이 없는, 건강한 시민(개인)들의 자유를 보고 미국이 세상에서 가장 밝은 희망이라고 토크빌은 말했다.

인상을 받았다. 그래서 민주주의에 대한 건강한 정신과 태도가 서부개
척사에서 형성되었다고 주장한 것이다. 또 그는 "미국인들이 이루지 못
한 것은 아직 시도하지 않은 것일 뿐"이라면서 그들의 신앙심에서 미국
의 희망을 보았다고 한다. 아울러 미국은 자원봉사자들의 천국으로 이
들의 힘이 미국의 미래를 밝히고 있다고 지적한다. 토크빌은 미국의 사
법제도도 신기한 눈으로 바라보고 있다. 그는 "미국의 귀족들이 어디에
있느냐고 묻는다면 나는 주저 없이 법원의 판사석에 있다고 대답할 것
이다."라고 했다. 미국의 법관은 직무를 성실히 수행하는 한 종신직이기
때문에 한 말이다.

　　한편 토크빌은 미국인들이 철학보다는 실용에 치중한다면서 일
편단심 부만 추구하는 미국인들의 물질주의를 꼬집고 있다. "돈에 대한
숭배가 인간에 대한 애정을 압도하는 나라를 나는 미국 이외의 어느 곳
에서도 본 적이 없다.……미국 국민성의 깊은 곳에 들어가 보면 그들은
'그게 돈이 되냐'라는 한 가지 관심만으로 세상의 모든 가치를 평가한
다. 이 국민들을 하나로 만들어 주는 것은 바로 이해관계이며 모든 순
간을 관통하는 사적 이해는 때로는 공공연하게 선포되기도 하고 심지
어는 사회이론으로까지 승격되어 모습을 드러내기도 한다."고 날카롭게
지적하고 있다.

　　토크빌은 "미국인들의 자극적인 애국심만큼이나 일상생활에서
더 괴로운 것은 없다."고 하면서 미국인들의 '역사 콤플렉스'를 에둘러
표현하고 있다. 더 나아가 그는 앤드류 잭슨 대통령이 앞장 선 미국 정
부의 인디언 탄압에 대해서도 동정 어린 눈길을 보내고 있다. 그는 인디

언 강제 이주 광경을 보고 "그 모든 광경에는 거역할 수 없는 마지막 이별, 예컨대 파멸의 분위기가 담겨 있었다. 그것은 목이 메어 차마 바라볼 수 없는 광경이었다. 인디언들에겐 이제 더 이상 나라가 없고, 민족으로서의 생명도 곧 다하게 될 것이다."라고 했다.

오늘의 한국의 정서, 사회 상황 등과 관련하여서도 많은 시사를 주고 있는 점에서 두고두고 읽을 만한 가치가 있는 책이라고 하겠다.

저녁식사는 이진욱 박사, 이재훈 교수와 함께 미시간 주립대 근처 한국식당에서 자연산 광어회와 광어매운탕으로 푸짐하게 먹었다. 식사 후 이 박사와 함께 랜싱(Lancing) 교외에 있는 'Showgirl'이라는 주점으로 가서 무희들의 춤을 관람하고 나니 자정이 훌쩍 넘었다.

시카고 연방법원, 3건의 배심Jury재판을 참관하다

2월 21일, 다음 행선지인 시카고로 출발하기 위해서 아침 9시경 랜싱의 호텔을 출발하여 11시경 디트로이트 공항에 도착, 오전 11시 55분발 시카고행 비행기에 탑승하여 낮 12시 15분에 시카고에 도착했다. 숙소인 옴니 앰배서더 이스트(Omni Ambassador H. East)에 여장을 풀고 근처 일식집에서 늦은 점심을 때웠다. 하늘은 맑으나 추위가 살을 에는 듯했다.

저녁 7시에는 시카고 총영사가 초대하는 만찬에 참석하기로 되어 있다. 오후 6시 45분에 영사관의 송용엽 영사가 호텔로 픽업하러 오기로 했다. 시카고 일정이 시청을 방문하고 주정부와 의회의 관계를 알아보고, 미국 지방법원과 항소법원을 각 방문하여 담당 판사와 면담하고 배심(Jury) 재판 관경을 직접 지켜보며, 이어 ABA(미국변호사협회) 방문 등으로 짜여 있는 것이 마음에 들었다.

2월 22일, 아침에 깨어보니 눈이 내리고 있다. 오전 9시 30분 시카고 시청과 시의회를 방문하여 시 재무관인 자딧 라이스(Jadith C. Rice) 여사와 면담하고 시청과 시의회 사무실을 두루 들렀다. 오찬 후 시카고에 있는 연방지방법원(United State District Court for the Northen District of Illinois)을 방문하여 헤럴드 레이넨 웨버(Herold Leinen Weber) 판사와 미국의 배심제도[12]에 대하여 30여 분간 설명을 듣고 이어서 2시부터 3건의 배심재판을 직접 관람하였다. 경찰관이 범죄조직과 손잡고 마약 등의 불법행위를 한 사건, 갱단의 범죄행위 사건, 부인과 딸을 방화 살인 한 보험 관련 사건이었다.

저녁에는 박균희 시카고 한인회장이 시카고에서 가장 전망이 좋다는 존 핸콕(John Hancock) 빌딩의 'The Hancock Observatory'에 초청하여 만찬을 베풀어 주었다. 많은 사람들에게 신세를 진 것 같아 미안한 마음이다. 시카고 한인회는 인구 15만 명의 규모로 알차고 잡음 없이, 그리고 시카고 지역의 경제력에 걸맞게 자부심을 가지고 운영되는 모범 한인회였다.

일리노이의 항소법원 판사와의 유익한 토론

2월 23일, 시카고에서 공식 일정 이틀째다. 9시 30분 일리노이 주

---

12) 법률 전문가가 아닌 일반 시민들 중 배심원을 선정해 재판을 하는 제도로, 영국과 미국을 제외한 다른 나라들에서는 점차로 모습이 사라지고 있는 실정이다. 미국은 매년 약 12만 건에 이르는 배심재판을 치르는데, 이는 세계 전체 배심재판 건수의 90퍼센트에 해당한다.

항소법원의 앨런 하르트만(Allen Hartman) 판사와 그의 집무실에서 만났다. 하르트만 판사는 미국 사법제도, 그 중에서도 주(State) 사법제도에 대해서 아주 자세히 도표와 참고자료를 준비하여 일일이 예를 들어 설명해 주었다. 로욜라 대학에도 출강을 하는 학구적인 판사였다. 나는 특히 법관의 선거제, 그리고 배심제에 대해서 집중적으로 질문했다. 배심제가 영국에서는 형사와 명예훼손사건에만 적용되지만, 미국의 경우 형사와 민사에 공히 적용된다는 것이 특색이다. 민사의 배심은 책임과 손해배상액에 관련된 문제를, 형사의 배심은 유·무죄를 결정한다. 미국의 배심제는 배심원들의 만장일치로 평결을 하는 것이 원칙이지만 몇몇 사건들에서는 예외를 두고 있다. 경미한 죄나 민사에서는 과반수로 평결을 한다.

주대법원과 항소법원의 모든 판사는 10년 임기의 선출제로서 각 정당 추천이나 또는 무소속으로 출마 가능하며 또한 예비선거(Primary election)에서 추천 선거권자의 투표를 통해서도 출마할 수 있으며, 초선의 경우 51퍼센트 이상, 재선의 경우 60퍼센트 이상 득표가 요구된다고 한다. 1심 판사는 선거제, 임명제, 추천제가 혼합적으로 적용되고 있다. 그러면서 그는 배심제도에 관해서 런던의 세미나에서 발표했던 그의 논문 한 편을 나에게 주었다.

이곳 시카고는 미국변호사협회(American Bar Association,[13]

---

13) 전국적인 법조인 단체로, 모든 변호사들이 가입해야 할 법적 의무는 없지만 반 이상의 개업 변호사가 가입되어 있다. 법률의 개정과 통일, 재판 절차의 개선, 법학 교육 향상, 법조인의 자질 향상, 회원에 대한 지속적인 교육 실시 등을 목적으로 활동하고 있다. 각 주마다 주의 변호사 협회가 있는데,미국 변호사 협회가 고안한 공식법조윤리강령을 채택하고 있으며 이를 위반한 변호사에게는 징계 처분을 내리고 있다.

ABA) 본부가 있는 곳이다. 오전 11시 30분에 ABA를 방문하여 설리 번(Sullivan) 여사와 미국변호사협회 활동상황과 한국의 경우를 비교하는 토론을 1시간 반가량 진행했다. ABA로부터 『Model Rules of Professional Conduct』(2001년 판)와 『Model Code of Judicial Conduct』(1988년 판)를 얻었다.

오후 1시 45분에 시카고 시의회 재무위원장인 버크(Burke) 의원을 방문하여 지방선거, 특히 재정과 지방의원의 연봉 문제 등에 대하여 논의하였다. 버크 의원을 통해 미국의 일부 시, 예컨대 뉴욕 시의원과 시장은 재선까지만 허용되고 3선이 금지되어 있다는 새로운 사실을 알게 됐다. 또한 그의 비서를 통해서 버크 의원의 부인이 주 항소법원 판사라는 사실도 알게 됐다. 저녁시간에는 한인 타운에 가서 이발을 하고 이어 오랜만에 한식을 먹었다. 시카고 한인회장이 다시 동석하여 주었다. 거듭 고마운 마음을 전하고 싶다.

08 | 마이애미에서 아내에게 띄우는 편지
– 마이애미에서 본 노블레스 오블리즈의 현장

네 보물 있는 그 곳에는 네 마음도 있느니라.
– 마태복음 6장 21절

2월 26일, 마이애미에서의 삼일째자 공식일정으로는 첫날이다. 오전 11시에 쿠바민족협회(Cuban American National Foundation, CANF)

를 방문하여 미디어 담당자와 디렉터인 마리오(Mario del Valle)와 1시간 정도 면담시간을 가졌다. CANF는 쿠바의 인권문제와 특히 쿠바 카스트로 정권 붕괴 이후의 인권문제, 나아가 쿠바 난민과 민주화 등을 다루는 미국 내의 권위 있는 NGO이다. 카스트로 정권의 붕괴만이 쿠바의 인권과 민주화 해결의 길이라는 신념이 지배적인 것이 약간 마음에 걸렸다. 어느 조직이든 절대적 신념에 매몰되면 극단적인 행동을 할 수도 있기 때[14]문이다. 또한 카스트로 붕괴 이후 들어설 정권이 누구의 배후와 조종 하에 있을 것인지에 대한 예측가능성도 CANF를 통해 엿볼 수 있었는데, 그 또한 마음에 걸렸다. CANF가 비정부단체로서의 순수한 모습을 보이기보다는 정치적 신념이 앞섰다는 인상 때문에 그런 것 같다.

오후 2시, 유나이티드 웨이 마이애미(United Way of Miami)를 방문하여 노리에(Norie del Valle) 등과 면담을 했다. 유나이티드 마이애미는 유나이티드 웨이(United Way of America)의 마이애미 지부다. 유나이티드 웨이는 1887년 미국 덴버에서 몇몇 교회목회자에 의해 자선조직협회(Charity Organization Society)라는 명칭으로 설립되었다. 현재 미국 알렉산드리아(Alexandria)에 본부가 있으며, 미국 전역에 약 1,900개의 지역조직을 거느리고 있다. 지역조직은 지역사회 변화창출을

---

14) 1999년 7월 뉴욕타임스는 쿠바 태생으로 미국 중앙정보국에 의해 훈련을 받은 테러리스트 루이스 포사다 카릴레스와의 장문의 인터뷰를 게재했다. 그는 1976년 바베이도스에서 쿠바 여객기에 폭탄 테러를 가한 혐의로 기소되어 베네수엘라에서 9년간 수감생활을 했던 인물이다. 인터뷰에서 그는 자신이 연루된 최근의 각종 테러 행위에 대해 말했다. 즉 1997년 쿠바 아바나 호텔들에 대한 폭탄 테러를 주도했으며 그의 활동은 사망한 호르헤 마스 카노사 등 미국쿠바민족협회(CANF) 지도자들의 재정적인 지원을 받았다고 밝혔다. 쿠바 내무장관은 과테말라인 3명과 엘살바도르인 2명이 폭탄 테러에 가담한 혐의로 재판에 회부되었다고 발표했다. 그들은 상인으로 위장했지만 사실상 CANF의 직원인 카릴레스와 아르날도 몬존 플라센시아 등의 지도하에 테러활동에 가담했다고 시인했다. ("쿠바: 각국의 정세: 세계 연감 1999", 한국 브리태니커 온라인 인용)

위해 교육, 소득과 건강에 중점을 두고 각종의 지원 사업을 펼치고 있다. 유나이티드 웨이는 철저하게 지역 중심으로 운영되고 있다. 각 지회는 모금액의 5퍼센트 내외를 중앙에 납부하기 때문에 중앙조직은 별도의 모금 캠페인을 실시하지 않고, 조직 전반의 운영원칙과 홍보에 주력한다고 한다. 기부단체가 중앙집권화 되면서 종종 비리가 발생하는 우리나라의 경우 이러한 운영 방식을 적극 참고하면 좋을 듯하다.

유나이티드 웨이는 개인과 기업의 자발적인 기부를 통해 자금을 모으고 있다. 개인 기부가 전체의 80~90퍼센트를 차지하고 있으며, 115개 기업이 지역사회 발전을 위해 선도적으로 기부를 하고 있다. 또한 빌 게이츠 등 2만 여명의 부자들이 참여하고 있는 고액기부자 클럽인 '토크

유나이티드 웨이 마이애미의 노리에 시부장(왼쪽) 등과

빌 소사이어티'도 운영하고 있다. 유나이티드 웨이는 미국 내 뿐만 아니라 공동모금회를 만드는 데 필요한 기술적 지원과 정보를 세계 각국에 제공하고 있어 그 영향력이 전 세계로 확대되고 있다. 한국에서도 시민 운동발전기금이 동 단체와 연계해서 활동하고 있다고 한다. 마이애미의 경우 작년 한 해 동안 5,000만 불(650억 원)을 모았다니 놀라울 뿐이었다. 사회지도층과 영향력 있는 개인들의 노블레스 오블리즈 (Noblesse Oblige)가 미국사회의 근간이 되고 있는 실정을 마이애미 방문에서 확인할 수 있었다. 우리나라의 기부문화도 질적인 변화가 필요한 시점이다. 새로운 변화를 위해서는 조직의 체질 개선이 필요하다고 본다.

일정을 마치고 숙소로 돌아왔다. 숙소인 카리브 오션(Caribbean Ocean) 호텔은 쾌적할 뿐만 아니라 마이애미비치에서도 가장 수려한 곳에 위치해 있다. 오후 5시경 호텔에서 나와 마이애미비치를 따라 산책했다. 해변 전체를 왕복하는데 1시간 반가량 소요되는 긴 비치다. 대서양의 푸른 바다를 끼고 중남미 카리브 해로 유유히 떠나는 크루즈 호화 유람선의 모습을 바라보고 있노라니 집 생각과 두고 온 일들에 대한 근심이 겹쳐 한없는 상념의 나래 속으로 빠져든다. 울적한 심정을 달래려고 호텔 근처 이탈리아 식당에서 비교적 고급 식사를 시켜 화이트와인과 함께 맛있게 먹으면서 마이애미에서의 낭만과 추억을 만들고자 했다.

마이애미에서 아내에게 보내는 편지

일과 후 우체국에 들러 어젯밤에 아내에게 쓴 편지를 국제특급 우편으로 부쳤다. 여기 그 편지 전문을 그대로 소개한다.

사랑하는 아내에게!

집을 떠난 지가 17일째, 아마 결혼 후 당신 곁을 가장 오래 떠나 있는 시간으로 접어드는 것 같소. 한 달 간에 걸친 이번 미국 방문은 국제문제에 대한 인식의 폭을 넓히는 외에도 나 자신에 대하여 그리고 당신과 우리 가족의 소중함에 대하여 되돌아 볼 수 있는 기회가 되지 않았나 하오.

미국에서의 형식적이고 판에 박힌 인간관계를 느낄 때마다, 이름 모를 미국 가족들의 단란한 모습을 볼 때마다, 홀로 짐을 꾸려 이 도시 저 도시로 옮길 때마다, 호텔방에서 일과를 정리하면서 상념에 잠길 때마다 당신과 아이들 특히 당신 생각이 항상 내 마음을 점하고 있소. 당신과 함께 하는 여행이었으면, 일시적인 의견충돌로 언성을 높이는 일이 있더라도, 더 이상 무엇을 바라리오.

금년 5월이면 우리 결혼 18주년이 되는군요. 그동안 때로는 성취의 뿌듯함으로 점철된 나날이 있었는가 하면, 때로는 아쉬움과 서운함으로 가슴 조이던 시간도 있었던 것 같소. 하지만 나는 지금까지 달려 온 길을 접어두고 다시 새로이 시작하는 마음으로 하루하루를 살고 싶소. 지난날의 성취감에 집착하는 것은 그만큼 부족한 현실을 합리화함과 동시에 미래에 대한 도전정신을 스스로 꺾는 것이 되기 때문이오.

그간 당신은 근평, 근우, 근경 세 아들을 올바르게 키웠으며 이에 내가 크게 기여를 못한 것이 죄송할 따름이오. 이 세 아이들이 무엇이 되느냐 보다 이들이 현재 이만큼 성장하여 제 몫을 하고 있다는 그 자체가 중요한 것이고, 그에 쏟은 당신의 숨은 노력을 높이 사고 싶은 것이오. 아마 우리 아이들은 당신이 바라 듯 자신이 처한 위치에서 최선을 다하는 성실한 사람으로 커갈 것을 굳게 믿고 있소. 그리고 나 자신 이제 좀 더 아이들과 함께 사고(思考)하고 고민하는 시간을 많이 가지려고 하오.

그간 당신에게 사랑이 담긴 다정한 말을 표출하지 못한 데 대하여, 그리고 쉽게 성질을 내고 투정(?)을 부린 데 대하여 항상 미안하게 생각하고 사과하고 싶소. 당신에게 성질을 내고 제 풀에 못 이겨 금방 후회하는 못된 성격이 있는 것 같소. 내 마음은 항상 그렇지 않을 것이라는 것, 누구보다도 당신이 알고 있으리라 믿소. 그렇지만 내가 쉽게 낸 성질의 여파가 당신의 마음에 상처를 주고, 우리 부부공동체에 대한 신뢰의 훼손을 가져다 줄 수 있을지 모른다는 것을 항상 염두에 두고, 앞으로 나 자신 좀 더 성숙한 인격의 소유자가 되기 위하여 노력하겠소.

이제 우리 앞으로 더 멋지고 품격 있는 생활을 영위하고자 하오. 미래를 위해 열심히 부와 명예를 쌓는 것도 중요하지만 오늘 바로 현실에서의 생활의 질이 더욱 중요한 것이라고 생각하오. 우리의 그런 생활을 떠 받쳐주는 돈이야 까짓 우리의 수요에 응해서 따라 주겠지 하는 그런 운명론적인 생각을 나는 항상 가지고 있다오.

내 의식의 밑바닥에서 우러나오는 진한 사랑의 마음을 전하면서 이 글을 맺고자 하오.

2001. 2. 26 플로리다의 마이애미에서
당신이 사랑하는 남편 석연 씀

P.S

이번 여정의 마지막 날 여행기를 쓰면서 2월 24~25일자 별지에 쓴 여행기가 끝내 분실된 것을 알고 가슴 아파했다. 2월 24일 오전 시카고에서 출발하여 마이애미에 도착하여 이튿날 렌터카로 미국 영토의 최남단 키 웨스트(Key West)에 갔다 오기까지의 기록을 적은 내용으로 이틀 치를 한 번에 쓴 것이다. 그때의 가슴 저리고 동시에 감동적인 여정은 이제 기억 속에서 더 새롭고 생생하게 간직할 수밖에 없게 되었다. 특히 헤밍웨이가 십 수 년 살던 키웨스트의 '헤밍웨이의 집'과 그의 집 필실의 정경이 오래 가슴에 간직되기를 기대한다.

그 후로 만 4년 뒤인 2005년 2월 나는 가족과 함께 애틀랜타, 앨라배마, 뉴올리언스, 마이애미, 키웨스트, 디즈니랜드, 스와니 강, 사바나, 애틀랜타로 이어지는 열흘간의 미국 남동부 여행을 떠났다. 그때 다시 키웨스트를 찾아 1박하면서 첫 번째 방문의 추억을 떠올리면서 알찬 시간을 가진 바 있다.

키웨스트의 헤밍웨이의 집

에버글레이즈를 뒤로 하고 댈러스에 도착하다

소송을 삼가라.
네 이웃들이 타협할 수 있도록 설득하는데 최선을 다하라.
변호사들은 평화중재자로서 훌륭한 사람이 될 기회가 더 많다.
그래도 여전히 할 일이 많을 것이다.
- 링컨

2월 27일, 에버글레이즈 국립공원(Everglades National Park)을 향하여 아침 8시경 호텔을 출발하여 예정보다 좀 늦은 10시경에 관리사무소에 도착했다. 직원으로부터 1시간에 걸쳐 공원의 현황에 대하여 브리핑을 받았다. 에버글레이즈는 북아메리카에서 가장 넓은 아열대 환경보존지역이자 세계 주요 습지 가운데 하나로, 거대한 맹그로브(mangrove) 나무들이 장관을 이루고 있다. 에버글레이즈 공원 내를 약 40마일 정도 달려 미국 본토의 최남단인 플라밍고(Flamingo)에 도착했다. 간단한 기념사진을 찍고 다음 목적지인 비스케인(Biscayne) 국립공원으로 향했다. 지평선이 보이는 150만 에이커에 끝없는 평지 습지대를 달리는 기분이 그만이었다.

도중에 멕시코 식당에서 간단히 점심을 먹고 3시경 비스케인 국립공원 (Biscayne National Park)에 당도했다. 비스케인 공원은 미국에 있는 국립공원 중 유일하게 도심에 위치한 공원으로, 95퍼센트가 바다로 이루어져 있다. 주변 경관을 직접 감상하면서 공원 관리책임자로부터 상세한 설명을 들었다. 안내인이 미군 공군으로 1년간 오산, 대구, 군산 등지에서 근무했다면서 몇 마디 한국말로 하는 인사가 정겨웠다.

5시경, 호텔에 당도해 러셀 프리드먼(Russell Freedman)의

『Lincoln, A Photobiography』를 끝까지 독파했다. 프리드먼의 책은 미국 방문 다음 날인 2월 11일 워싱턴 D.C.의 링컨기념관에서 산 것이다. 프리드먼은 미국의 대표적인 논픽션 작가로, 1988년 『Lincoln, A Photobiography』로 해마다 가장 뛰어난 아동도서를 쓴 작가에게 주는 뉴베리상을 수상했다. 『Lincoln, A Photobiography』[15]는 다양한 자료와 사진을 통해 링컨의 생애를 조명한 책이다.

저녁 8시경 혼자서 호텔을 나와 25분가량 거리를 산책하다가 중국음식점 호문우(好門友)에 가서 오리고기(Roast Duck)를 시켰다. 맛있고, 값도 저렴했다.(Soup과 Coke을 합쳐 16달러 정도). 무척 상쾌한 컨디션이었다. 콧노래를 부르며 마이애미의 마지막 날 밤거리를 흥겹게 산보하였다.

이튿날 마이애미 국제공항은 대(大)공항답게 무척 붐비고 있었다. 출발 1시간 전에 도착했는데 줄을 서서 체크인 순서를 기다리느라고 하마터면 '출발 30분전'을 놓칠 뻔 했다. 대개 30분 전까지 체크인을 하지 않으면 탑승하더라도 짐은 다음 비행기로 오는 것이 미국 국내선 공항의 관행이라는 것을 이번에 와서 알게 되었다. 11시에 출발한 댈러스행 항공기는 3시간 20분 비행 끝에 비바람이 휘몰아치는 DFW(Dallas-Fort Worth) 공항에 도착했다. 도착하여 1시간가량을 기내에서 하차 준비선으로 가기 위해서 기다렸다. 기내를 나오자 오용운 댈러스 한인회장과 뉴스코리아의 최 기자가 바로 영접을 해주어 고맙

---

15)   우리나라에서는 2009년에 『대통령이 된 통나무집 소년 링컨』이라는 제목으로 비룡소 출판사에서 출간이
       되었다.

기 그지없었다. 오 회장의 차로 한국타운의 한식당에 가서 식사를 하면서 최 기자와 간단한 인터뷰를 했다. 내일 한인회장 주최의 만찬에 1시간가량 강연하기로 조율하고 숙소인 엠버시 수트 갤러리아(Embassy suite Galleria) 호텔에 도착했다.

영안모자의 백성학 회장의 소개로 만나기로 되어 있던 밀라노 햇(Millano Hat Co)의 존 밀라노(John Millano) 회장으로부터 급한 병환으로 부득이 저녁식사 약속을 지키지 못한다는 메시지를 받았다. 사과의 글과 함께 내 방으로 과일바구니를 이미 선물로 보내놓았다. 호텔이 좋고, 방도 넓고 품위가 있어 맘에 들었다. 저녁에는 한인회장과 같이 시간을 보낼까 하다가 그만 방에서 쉬면서 여정의 정리와 사색 시간을 갖기로 했다. 텍사스의 밤이 찬 비바람과 함께 깊어가고 있다.

댈러스 법조인들과 회담, 댈러스 한인회 강연

3월 1일, 아침까지 계속 비가 내려 4일 동안 댈러스를 적시고 있다. 오전 10시 30분경 사우스웨스턴 법률재단(The Southwestern Legal Foundation)을 방문하여 부회장인 데이비드 윈(David B. Win) 및 마크 스미스(Mark Smith)와 1시간 40여분가량 토론을 벌였다. 이 법

달러스의 The Southwestern Legal Foundation 변호사들과

률재단은 한국의 판사, 변호사들이 6주간의 미국법과 국제법 연수프로그램으로 많이 거쳐 간 곳이기에 많은 관심을 가지고 공동의 프로그램 참여 의사를 타진해보았다. 내가 경실련의 변호사들과 장차 내가 설립하게 될 공익법무법인의 구성원들이 재단의 스칼라십(Scholarship)의 수혜자가 될 수 있도록 요청하자 흔쾌히 수락하면서 그 절차와 방법을 일러 주었다. 그밖에 SOFA, 국가보안법 문제 등에 대해 열띤 토론을 벌이다가 약속된 오찬시간 때문에 12시 10분경 헤어졌다.

낮 12시 50분 두 번째 일정인 윈스티드 로펌(Winstead Law Firm)의 다니엘 브랜치(Daniel H. Branch) 변호사와 점심을 들면서 면담 절차가 진행됐다. 브랜치 변호사는 조지 W. 부시대통령의 선거법률 참모로 깊이 관여하였으며, 이번 대통령선거에서 플로리다 재검표 소송의 변호인단으로 직접 참여하였다고 한다. 10여 년 전부터 조지 W. 부시 대통령과 알고 지냈으며 급격한 한반도 정책의 변화를 가져오지 않는 방향으로 미국의 대북정책이 펼쳐질 것이라는 조심스런 전망도 내놓았다. 특히 나의 앞으로의 진로와 정치진출 여부에 대하여 많은 관심을 가지고 질문하였다. 같이 사진을 찍으면서 사인을 해서 보내주면 장차 한국의 총리와 찍은 사진이라고 자랑하겠다고 농담 삼아 말하는 모습이 자신에 차 보였다. 헤어질 때 부시대통령 취임식에 즈음해서 받았다고 하면서 독특한 디자인의 손전등을 나에게 선물로 주었다.

오후 2시 30분에는 휴스 엔 루스 로펌(Hughe & Luce Law Firm)을 방문했다. 존 홀든(John B. Holden JR)과 미국 로펌의 운영, 구성, 공익활동 등에 대해서, 그리고 한국의 변호사 사무실 운영과 구성형태에 대해서 1시간 10여분가량 대화를 나누었다. 나중에 내가 법무법인을 설립하면 업무제휴도 기꺼이 하겠다고 제의했다. 이번엔 멋진 펜을 선물로 받았다.

오후 4시 30분경 호텔에 도착하자 비로소 하늘이 개이기 시작하여 저녁에는 별과 달이 초롱초롱 보였다. 댈러스의 맑은 초봄의 날씨를 보고 가는 것이 즐거웠다. 피트니스 클럽에서 간단히 운동을 하고 저녁 6시 오용운 댈러스 한인회장의 차로 댈러스 한인회 초청 강연에 가기 위해 호텔을 나섰다. 이미 댈러스 주간지인 뉴스코리아에는 내가 댈러스를 방문한 기사가 표지 사진과 함께 실렸다. 40명 정도의 한인회 간부, 한인단체 간부, 한인 유지 및 기자단이 참석한 가운데 저녁식사 후 8시 반부터 9시 반까지 1시간가량 한국의 정치, 경제, 사회 현안 등에 대해서 강연하고 이어서 30분정도 질문을 받았다. 공개를 전제로 한 강연이어서 신경도 쓰였지만 평소 나의 소신을 그대로 표현했다. 언론에 어떻게 보도될지 어떤 파장(반응)을 가져올지 지금으로서는 예측하기 어렵다 하겠다.

10 │ 케네디 암살현장에서 뉴멕시코 샌타페이까지

우리에게는 존재하지 않는 것들을 꿈꿀 수 있는 사람들이 필요하다.
- 케네디

오전 10시 30분에 호텔을 출발하여 'The Sixth Floor Museum'의 케네디 암살현장을 찾았다. 뉴프론티어(New Frontier)를 외치는 패기에 찬 젊은 대통령으로, 세계인의 기억 속에 길이 남을 단초를 만들어 준 역사적인 현장이다. 케네디가 암살된 1963년 11월은 내가 초등학교 3학년 때였다. 저격범 리 하비 오즈월드(Lee Harvey Oswald)는 당시 텍사스학교 도서보관소 건물 6층에서 케네디를 저격했다.[16] 도서보관서 건물은 현재 댈러스 청사로 사용되고 있으며, 6층과 7층은 케네디 대통령과 관련된 자료를 전시하는 박물관으로 개조되었다. 박물관 서점에서 데이비드 버너(David Burner)가 지은 『J. F. Kennedy and a New Generation』을 기념으로 샀다. 이어 박물관 앞에서 기다리고 있던 댈러스 뉴스코리아의 이성권 이사장의 안내로 오 한인회장과 함께 한국음식점에 가서 이 사장이 주최하는 오찬에 응했다.

오후 1시 45분에는 유명한 'Buckner Children and Family Service'를[17] 방문하여 샌디 멜턴(Sandy Melton) 여사로부터 1시간 20분에 걸친 설명을 듣고 함께 시설을 둘러보았다. 곧바로 텍사스 현지 프로그래머의 안내로 댈러스 중심가 근처에 있는, 롱혼(Longhorn)을 달고 있는 텍사스 소떼 상을 관람하였다. 다음 방문지로 가는 길에 인터넷 사이트 야후의 건물을 보고 야후 본부가 댈러스에 있다는 사실을 알았다.

---

16) 저격 현장에서 잡힌 오즈월드는 암살 혐의로 기소된 지 이틀 만에 댈러스 감옥에서 나이트클럽을 운영하고 있는 잭 루비의 총격을 받아 죽었다. 대통령 암살사건을 조사한 '워런 위원회'는 케네디 암살이 오즈월드 단독범행이며, 오즈월드를 살해한 루비도 단독범행이라는 결론과 함께 대통령 암살 사건에는 어떠한 음모도 개입되지 않았다고 했다. 그 후 1979년 1월, 암살사건 담당 미국하원 특별위원회는 제2의 암살자가 대통령을 저격했을 수도 있으며 또한 음모가 있을 수도 있다고 보고해 상당한 파장과 함께 케네디 암살에 대한 논쟁을 야기했다.

17) Buckner Children and Family Service는 가족과 개인의 삶을 풍요롭게 만들기 위해 지역 주민들에게 다양한 기술과 지식을 제공해 주는 프로그램들을 운영하고 있다. 가족 프로그램은 위탁 보호, 입양, 주거 관리에 대한 상담과 정보를, 역량 강화 프로그램은 자급자족을 위한 교육 및 직업 준비 훈련을 도와주는 서비스다. 이와 함께 의료 진단 및 치료와 노인들의 독립적 생활을 위한 퇴직 서비스를 제공하고 있다.

텍사스 소떼 동상

이번 미국 방문에는 미국 가정에 초대되는 3차례의 홈호스피탤러티(Homehospitality)가 예정되어 있다. 그 첫 번째 날이다. 오후 4시30분에 'Senior Citizen of Great Dallas' 소속의 존 스폴딩(John Spalding)과 그의 사무실에서 40여 분간 환담을 한 후 그가 초대한 저녁식사를 하기 위해 그의 집으로 향했다. 아담하면서도 품위 있는 전형적인 텍사스 중산층의 집이었다. 부인의 극진한 환대에 마음이 한결 가벼웠다. 존의 합창단 친구 부부도 같이 와 있었다. 요리를 잘해 그 소문이 워싱턴까지 알려졌다는 메리안느(John의 부인)가 손수 마련한 음식과 요리를 먹으며 다양한 주제로 근 4시간 동안 환담을 하다가 밤 10시경이 되어서야 집을 나섰다. 스폴딩(Spalding) 부부의 호의에 감사한다.

다음날 아침 7시 40분, 오용운 한인회장의 차량으로 DFW공항에 도착하여 휴스턴(Huston)발 항공기에 탑승하여 11시경 휴스턴 텍사스 공항에 도착했다. 휴스턴 총영사관 손건부 영사가 나와 있었다. 호텔 체크인 후에 김영만 휴스턴 한인회장이 마련한 정통 미국 오찬을 갤러리아 백화점 식당에서 하고, 한인회장 및 부회장인 헬렌 창(Helen Chang) 여사의 안내로 NASA를 방문하여 저녁 7시까지 관람했다. 날씨는 비온 끝이어서 제법 쌀쌀한 편이다. 이어 한인회장이 주최한 만찬 행사에 8시부터 참여하여 휴스턴 지역 한인 기관장들과 같이 환담을 한 후 10시경 손영사의 차량으로 호텔로 돌아왔다. 고맙게 맞아주는, 그러면서 나에게 기대를 크게 걸고 있는 한인동포들의 환대에 사명감과 더불어 뿌듯함을 느꼈다.

달라스의 존 스폴딩 부부

　　원래 이번 미국무부 초청 일정에는 휴스턴 방문은 들어 있지 않았다. 한국을 떠나기 직전 임병효 휴스턴 총영사가 댈러스에 오는 길에 휴스턴도 같이 방문해줄 것을 요청하는 서신을 보내왔다. 나로서는 한 군데라도 더 가보고 싶은 마음이 앞서 그 호의에 고마움을 표하지 않을 수 없었다. 그리하여 공식 일정이 없는 토요일과 일요일을 할애하여 이곳 휴스턴을 찾은 것이다.

　　일요일 오전 8시 내가 묵고 있는 크라운 프라자 호텔에서 임병효 휴스턴 총영사, 이종훈 휴스턴 한인교육원장과 함께 조찬을 하며 교민문제, 국내외 정치와 경제 상황 등에 대해서 1시간 30분가량 환담했다. 이어 손건부 영사의 안내로 세계 최대의 가축 쇼로 알려진 'TexasLivestock Show[18]'를 보고 '남부의 하버드'라는 알려진 라이스(Rice)대학을 둘러봤다. 라이스 대학은 한국에는 잘 알려져 있지 않지만 소수 정예로 교육하는 미국의 10대 대학 중의 하나로 캠퍼스와 편의

---

18)　카우보이의 고장으로 알려진 텍사스에서 가장 큰 연간 행사가 바로 로데오(Rodeo)다. 텍사스 로데오는 미국에서 열리는 로데오 중 규모가 가장 크다. 로데오는 'Livestock Show'와 함께 열리는데 말 그대로 각종 가축의 전시와 품평회, 아이들이 가축과 친해질 수 있는 다양한 프로그램을 진행하고 있다.

시설 및 교육시설 등이 엄청나게 크고 잘 갖추어져 있었다.

낮 12시 40분 김영만 휴스턴 한인회장과 한국식당에서 점심을 마치고 호텔에서 짐을 꾸려 공항으로 향했다. 오후 3시 45분발 앨버커키(Albuquerque)행 AA 비행기에 몸을 싣고 2시간 15분 비행 끝에 앨버커키 공항에 도착하여 곧바로 자동차를 렌트하여 샌타페이(Santa Fe)로 향했다. 샌타페이는 뉴멕시코 주 주도로서 미국에서 가장 오래된 건물(1610년 스페인 사람들이 지은 것)을 비롯해서 멕시코, 스페인 풍과 인디언 고유의 스타일, 그리고 서구 개척 시대의 풍물이 그대로 보존된 멋지고 독특한 도시다. 샌타페이의 그 유명한 '어도비'(Adobe) 건물들로 인하여 마치 다른 혹성에 와 있는 듯한 착각이 들었다. 어도비 벽돌은 건조한 사막 지역에서 사용하는 벽돌로 지중해와 북부 아프리카 그리고 스페인 남부에서 찾아 볼 수 있다. 숙소인 플라자 리얼(Plaza Real)에 도착하여 근처 일식당에서 저녁식사를 하고 주변을 유유자적하면서 산책하였다. 약간 싸늘한 밤공기와 멕시코, 스페인풍의 개척시대 풍광이 20일이 넘는 여정에 향수를 자아내게 하고 있었다.

뉴멕시코 주 대법원장의 정중한 환대

3월 5일 오전 10시에 뉴멕시코 주 주청사를 방문하여 관계자의 안내로 현황을 듣고 주청사 각 사무실 및 주 상하원 의사당과 사무실을 둘러보았다. 주청사(집행부)와 상하원 의사당이 한 건물에 있었다. 원래 11시부터 시작되는 상원의원 총회에서 상원의장이 한국에서 온 귀빈이라고 나를 소개하기로 되어 있어(청사 도착 후 갑자기 잡힌 일정임)

뉴멕시코주 대법원장 퍼트리시오 세르나

나는 게스트 신분으로 상
원의장 옆에 앉아 상원의
장의 회의 주재를 기다렸
으나 예산심의 관계로 재
무위원장을 비롯한 민주,
공화 양당의원들의 구수

전략 회의가 늦어져 다음 일정 때문에 하는 수 없이 12시경 의사당을
나올 수밖에 없었다. 근처 식당(전형적인 미국 중서부 스페인풍의 식당)
의 미리 예약해 둔 좌석에서 현지인인 프레드 베일리(Mr. Fred Baily)와
같이 점심식사를 하고, 밥값은 내가 지불했다. 베일리 씨는 이에 대하여
무척 기쁘고 고맙다고 여러 번 얘기했다. 샌타페이 시내를 산책하다 보
니 마치 10년 전에 가봤던 스페인 안달루시아의 코르도바 시내가 연상
되었다. 미국에서 흔히 볼 수 없는 이국적인 고전미와 인디언들의 고유
건축미(Adobe)가 깃든, 17~18세기의 중남미의 스페인 식민지 풍의 냄
새가 물씬 풍기고 있었다. 시가지의 그 독특한 인상이 두고두고 남을 것
이었다.

오후 2시 뉴멕시코 주 대법원을 방문하여 대법원장인 퍼트리시
오 세르나(Patricio M. Serna)의 정중한 영접을 받았다. 오후 3시에 만나
기로 되어 있는 뉴멕시코의 저명한 원로변호사인 패트릭 케이시(Patrick
A. Casey) 씨도 와 있었다(대법원장과 케이시 변호사는 오랜 친구사이
라 함). 대법원장은 우선 자기 집무실 설명부터 시작하여 가족 소개, 그
리고 케네디와의 인연 및 자신의 업적을 상징하는 각종 전시물을 설명

하였다. 하버드 법대 출신인 그는 큰 재산과 연줄도 없었다면서, 꾸준한 노력의 정당한 대가로 얻은 대법원장 직위를 자랑스럽게 생각하고 있었다. 금년부터 8년의 첫 임기가 시작된다고 했다.

이어 회의실로 옮겨 대법원장으로부터 뉴멕시코 주의 사법현황과 미국의 다른 주와의 특이성, 연방법원과의 관계 등에 대한 설명을 들었다. 케이시 변호사로부터는 단독사무실을 운영하는 변호사의 실상과 애환, 그리고 변호사의 공익활동 등에 대해서 자세히 듣고 몇 가지 질문을 하였다. 세르나 대법원장은 나에게 올해 주 상하양원 합동회의에서의 자신이 한 연설문과 주 대법관들 사진을 사인해서 주고, 이어 자신의 친구가 주었다는 인디언들이 만든 조그마한 도자기형의 에스코트를 선물로 주었다. 토론 도중 대법원장은 방금 주 상원에서 주 사법부에서 증액 요청한 700만 불의 예산이 받아들여지지 않았다는 급한 연락을 받고 바로 주 의회로 가서 자신이 직접 증액예산의 필요성에 대하여 다시 설득을 해야 한다고 하면서 황급히 주 의회로 향하였다. 의회에서 사법부 예산을 좌지우지하는 것은 우리나라나 미국이나 비슷한 상황이 아닌가 생각되는 장면이었다.

11 | 맨해튼 프로젝트의 중심지 로스앨러모스를 가다

나는 제3차 세계대전이 어떤 무기로 치러질지 모른다.
하지만 제4차 세계대전은 몽둥이와 돌로 싸우게 될 것이다.
- 아인슈타인

여정의 피곤함이 누적되어 몸은 피곤하지만 기분만은 상쾌한 아침이다. 3월 6일 9시 반, 호텔을 출발하여 인디언 박물관을 비롯하여 샌타페이 시내에 있는 박물관들을 관람하고 로스앨러모스(Los Alamos)[19]를 향하여 출발하였다. 뉴멕시코 특유의 서부적인 풍광이 아름답게 펼쳐지는 가운데의 드라이브는 최상의 즐거움을 만끽하게 해주었다. 로스앨러모스는 '미루나무 숲'이라는 뜻의 스페인어라고 한다. 샌타페이 북서쪽 56킬로미터 지점, 헤이메스 산맥의 퍼헤이리토 고원에 위치한 로스앨러모스는 제2차 세계대전 중에 미국이 추진한 원자폭탄 제조계획인 '맨해튼 프로젝트'의 핵심기지였다. 이곳에서 만든 'Little boy'와 'Fat man' 두 개가 각 일본 히로시마와 나가사키에 투하됨으로써 제2차 세계대전이 끝나게 되었다. 그렇다면 맨해튼 프로젝트는 어떻게 태동해서 어떤 결과를 가져왔는가?

1939년 10월 11일 아인슈타인이 서명한, 원폭제조를 건의하는 한 통의 편지가 루즈벨트 대통령에게 전달되었다. 이 서신에서 아인슈타인은 원자폭탄이 제2차 세계대전의 흐름을 크게 좌우할 것이며 나치 독일과 싸워 이기려면 이 원자폭탄을 반드시 개발해야 한다고 지

---

19) 샌타페이에는 인디언 박물관을 비롯해 스페인 식민지시대의 예술품을 소장한 뉴멕시코 박물관, 샌타페이를 대표하는 화가 조지아 오키프를 기리는 조지아 오키프 미술관, 과거 스페인 총독의 관저로도 쓰였던 샌타페이 역사박물관 등이 있다.

적하고 있다. 원래 이 편지는 레오 실라르드(Leo Szilard), 유진 위그너(Eugene Paul Wigner), 에드워드 텔러(Edward Teller) 등 3인의 헝가리계 물리학자들이 쓴 내용에 아인슈타인이 서명하여 전달한 것이다.

> 지난 4개월 사이에 프랑스의 졸리오, 미국의 페르미, 실라르드의 연구에 의해, 대량의 우라늄에 연쇄 반응을 일으켜 라듐과 막강한 힘을 가진 유사한 대 원소를 대량으로 발생시킬 수 있음이 확실해졌습니다. 이 새로운 현상은 폭탄 제조에 쓰일 것이 분명하며, 또한 이렇게 만든 신형 폭탄의 위력이 절대적이라는 사실을 상상하기 어렵지 않습니다. 이 신형 폭탄은 소형 선박으로 운반할 수 있고, 항만에서 폭발시키면 주변지역은 물론이고 항만 자체도 쉽게 파괴할 수 있습니다. 그러나 공중으로 운송하기에는 무게가 너무 많이 나갈지도 모르겠습니다. (중략) 각하께서는 핵반응을 연구하는 물리학자들과 접촉해 두는 편이 바람직하다고 생각합니다. 현재 독일은 점령 하에 있는 체코에서 캐낸 우라늄의 수출을 중지했습니다. 독일이 이러한 조치를 일찌감치 취한 까닭은 독일 국무차관 폰 바이제커의 아들이 배속된 베를린의 빌헬름연구소에서 현재 미국과 마찬가지로 우라늄 연구를 진행 중이라는 사실에서 충분히 알고 계시리라 생각합니다.

그러나 아인슈타인을 비롯한 과학자들의 건의에도 이후 2년간 원폭개발은 실행에 옮겨지지 않았다. 대통령의 최종 재가를 받아 원폭

개발에 전면적 노력을 기울인다는 방침이 세워진 것은 일본의 진주만 폭격 하루 전인 1941년 12월 6일이었다. 이것이 바로 1942년부터 시작된 맨해튼 프로젝트이다.

맨해튼 프로젝트는 1939년 콜롬비아 대학에서 이탈리아 화학자 엔리코 페르미(Enrico Fermi)가 미 해군 장교들과 핵분열 물질을 군사용도로 사용하는 것에 대해 토론하면서 시작되었으며, 그 후 콜롬비아 대학 연구진이 극비에 투입됨으로써 콜롬비아 대학은 맨해튼 프로젝트의 태동지(산실)가 되었다. 아인슈타인이 서명한 편지에서도 "잘못하면 히틀러가 먼저 원폭을 개발할지도 모른다."고 밝혔지만 독일이 원자폭탄을 개발하고 있다는 우려가 커지면서 맨해튼 프로젝트에 탄력이 붙었다.

그리하여 레슬리 글로브스(Leslie Groves) 장군이 원폭개발 국장을 맡고 로버트 오펜하이머(John Robert Oppenheimer) 박사의 지휘로 이곳 뉴멕시코 주의 로스앨러모스에서 본격적인 연구개발에 착수하였다. 투입된 인력은 12만 5천 명이었다. 과학자들은 대부분 히틀러 치하에서 도망쳐온 망명자들이었다. 맨해튼 프로젝트는 극비였지만, 육군 장관 핸리 스팀슨(Henry Lewis Stimson)과 육군 참모총장 조지 마셜은 소요예산을 조달하기 위해 극소수의 의회지도자들에게만 이 프로젝트를 귀띔했다. 1944년 3월 국가방위에 관한 특별조사위원회를 이끈 한 민주당 상원의원이 이 프로젝트의 비밀을 캐려고 달려들자 스팀슨은 일기에서 그를 "도대체 신뢰가 안가는 성가신 놈", "말은 그럴싸하게 하지만 행동은 비열한 놈" 등으로 묘사했다. 그 상원의원이 바로 훗날 원폭투하 명령을 최종 재가한 해리 트루먼이었다는 사실은 역사의 아이러니다.

맨해튼 프로젝트 개발에 착수한지 약 3년 반이 지난 1945년 7월 16일 오후 5시 21분 미국 뉴멕시코 주 앨라모고도(Alamogodo) 사막에서 거대한 버섯구름이 피워 올랐다. 맨해튼 프로젝트에 따라 완성된 원자폭탄 폭발실험이 최초로 성공하는 순간이었다. 과학자들과 일부 고위 관료들은 현장에서 9킬로미터 떨어진 곳에서 버섯구름이 12킬로미터 상공으로 뻗어나가는 것을 지켜봤다. 폭발 당시 생성된 에너지는 TNT 2만 톤에 맞먹는 위력으로 직경 360미터의 분화구를 만들었다고 한다. 뿐만 아니라 강철로 만든 폭파대가 완전히 사라졌고, 반지름 730미터 안에 있는 사막의 모래들이 완전히 녹아버렸다.

과학자들은 원폭투하 목표지가 일본이라는 사실을 알고 아무런 경고 없이 일본에 투하하는 데 반대하는 청원서를 트루먼 대통령에게 제출했다. 일본인들을 불러 무인도에서 원폭을 투하하여 그 위력을 알려주고, 그 광경을 보고도 말을 안 들으면 원자폭탄을 사용하자는 것이었다. 그러나 이 제안은 받아들여지지 않았다. 경고 없이 원폭을 투하함으로써 전후 세계지배 구조에서 미국이 소련에 대해 우위를 차지하겠다는 의도가 숨어 있었다는 것이다. 내가 보기에는 그에 못지않게 일본이 선전포고 없이 진주만을 기습 공격하여 2,300여명에 달하는 미군을 살상한데 대한 보복 심리도 한몫 했으리라고 느껴진다.

정치적인 의도에서 원폭을 사용했다는 것이 정설이나 한편으로 일본에 원폭을 투하한 이유는 미국 정부와 미국 국민들 사이에 '황인

종 차별의식'이 깔려 있었기 때문이라는 지적
도 있다. 이미 1944년 9월에 백인인 독일인에
게 원폭을 사용하지 않겠다고 결정했으며, 이
때는 독일이 항복하기 반년 전이었다. 그러나
'황인종 차별의식'이라는 관점은 주로 일본인
의 자기합리화 측면에서 나온 것으로서 설득

히로시마 원폭

력이 없다고 하겠다. 이는 히로시마 원폭 투하
6개월 전에 발생한 '드레스덴 대학살' 사건으로도 입증할 수 있다. 즉
1945년 2월 13일과 14일 사이 영국군과 미군의 공중폭격으로 동독의
드레스덴이 초토화되면서 13만 5천 명이 사망하였다. 사망자 수나 폐허
화의 정도는 히로시마, 나가사키의 원폭 피해에 필적했다.[20] 이러한 사실
을 볼 때 '황인종 차별의식'이라는 주장은 근거가 미약하다.

　　1945년 7월 16일 앨라모고도 사막에서 실험을 마친 원자폭탄 두
개가 태평양의 미군 점령지인 사이판 군도의 티니언(Tinian) 섬으로 옮
겨졌다. 그리고 1945년 8월 6일 새벽 티니언 미군 기지를 출발한 B29폭
격기가[21] 오전8시 15분 일본 히로시마 시 중심부 580미터 상공에서 리
틀 보이(Little boy)로 불리는 원자폭탄을 떨어뜨렸다. 히로시마에 원자
폭탄을 투하하고 돌아가면서 부조종사가 폭파 장면을 보고 "오 하느님,
방금 저희들이 무슨 일을 저질렀습니까?"라고 절규했다는 일화는 유명

---

20)　영국과 미국의 항공기 800대가 폭격을 한 드레스덴은 도시의 상당 부분이 흔적도 없이 사라져 복구가 거
　　의 불가능하다는 판단 아래 차라리 복구보다는 폭격 장소를 평평하게 고르는 것이 최선이라는 주장이 나
　　올 정도였다고 하니 그 피해가 얼마나 컸는지 짐작해 볼 수 있다.

21)　포격기의 애칭은 에놀라 게이(Enola Gay)였는데, 이는 조종사 폴 티베츠(Paul Tibbets) 대령이 그의 어머
　　니 이름을 따서 그 비행기 동체에 적어놓은 데서 유래했다고 한다.

하다. 이 원자폭탄으로 히로시마 총인구 24만 5천 명 중 원폭이 투하된 날에만 10만 명이 죽었으며, 나가사키에 원폭(Fat man)이 투하된 날에는 7만 4천 명이 사망했다. 그리고 1945년 말까지 21만 명이 숨지고 지금도 26만 명의 피폭자가 후유증에 시달리고 있다. 두 번째 원폭 투하에 대해서는 지금도 비판의 소리가 많다. 첫 번째 투하만으로도 일본의 항복은 예견된 것인데 두 번째 원폭까지 할 필요가 있었냐는 것이 비판론자들의 설명이다. 미국이 첫 번째 투하 후 일본은 항복을 준비하고 있었는데 항복의 조건 중에는 천황의 위치를 보장해달라는 내용이 있었는데 미국이 이를 받아들이지 않고 두 번째 투하를 감행해 무고한 희생자가 더 늘었다는 것도 비판론자들의 주장이다. 미국이 그 조건을 받아들였다면 전쟁은 끝났을 것이다. 그러나 그렇게 하지 않아 피해가 더 커졌다는 것은 분명한 사실이다. 두 번째 원폭 투하 6일 후 일본은 연합국에 무조건 항복하면서 제2차 세계대전은 막을 내렸다. 그리고 미국은 종전과 함께 천황의 위치를 보장하는 것을 허락했다. 애초에 천황의 위치를 보장하지 않은 미국의 행동에 대해 지금도 의견이 분분하다. 어쨌든 전쟁이 끝나고 미국은 군수산업의 활성화로 경제가 부흥했고, 전쟁 이전 노사분규로 혼란을 겪던 미국 사회도 언제 그런 일이 있었냐는 듯 안정을 되찾았다. 국내 문제를 해결하기 위해 대외적인 전쟁을 벌이는 것은 위험하다. 2차 세계대전의 참상을 살펴보며 "평화는 무력으로 유지될 수 없다. 오직 이해를 통해 유지될 수 있다."는 아인슈타인의 말을 깊이 되새겨본다.

로스앨러모스에 도착하여 주변을 둘러보고 맨해튼 프로젝트와 관련된 문서, 히로시마에 투하된 원자폭탄인 리틀 보이(Little boy)와 나가사키에 투하된 팻맨(Fat man) 모델, 원폭제조의 과정, 현재까지 미국 원폭실험소가 가동되고 있는 역사에 관한 유물을 전시하고 있는 브래드버리 과학박물관(Bradbury Science Museum)을 관람했다. 그곳에서 원폭 제조의 핵심 역할을 한 오펜하이머에 관한 전기와 『New Mexico Atomic Travel』이라는 책자를 기념으로 샀다.

호텔로 돌아오는 길에 샌타페이 시 외곽의 길가에서 우연히 한국식당(간이식당)을 발견하여 그곳에서 간단히 점심을 때웠다. 호텔에 파킹하고 햇빛이 따사롭게 비치는 초봄의 청명한 샌타페이 공기를 가르면서 가벼운 마음으로 여유롭게 1시간가량 산책했다.

저녁 6시, 만드로스 씨(James & Lois Mandros) 부부가 초청한 홈 호스피텔러티(Home hospitality)에 응하여 동 부부의 집에 당도하였다. 샌타페이 외곽의 아름다운 산야에 자리한 집은 외로울 정도로 한가로운 모습이었다. 음악을 좋아하는 부부는 외교관 생활을 은퇴하고 1년 반 전에 워싱턴에서 이곳으로 이주해 살고 있다고 했다. 반갑게 맞아 주는 모습에서 화목한 부부의 전형을 볼 수 있었다. 아들과 딸을 하나씩 두고 있으며, 자녀들과는 떨어져 살고 있는 미국의 여느 가정처럼 풍요롭지만 외로운 말년을 부부가 알차게 보내려고 하는 모습이 눈에 띄었다. 그리스계인 만드로스 씨 가족답게 주 요리는 그리스 스타일의 음식이었는데 먹어보니 무척 맛있었다.

인도학이 전공인 만드로스 씨와 더불어 인도, 파키스탄, 아프가니스탄, 테레사 수녀, 달라이 라마 등을 주제로 얘기를 나눴다. 만드로

James & Lois Mandros 부부

스 씨는 아프가니스탄의 탈레반 정권이 자행하고 있는 문화재 파괴행위에 분노하면서 역사의 심판을 받을 날이 있을 것이라고 했다. 금년 초 탈레반 정권은 아프가니스탄 내에 있는 유서 깊은 불교유적인 바미안(bamiyan) 석불을 우상숭배의 표징이라면서 대포를 쏘아 파괴시켰다. 나 역시 그 뉴스를 접하고 경악을 금치 못한 기억이 떠올라 전적으로 공감한다는 취지로 얘기를 이어갔다.

이날 이들 부부는 시민단체 대표로서 나의 한국에서의 투쟁적이고 정의로운 활동에 대하여 잘 알고 있다면서 몇 번이나 경의를 표했다. 사명감과 더불어 부끄러움이 앞섰다. 더 많은 얘기를 나누었으면 하는 마음으로 나를 붙잡는 부부를 내일 아침 일찍 샌타페이를 떠난다는 말을 하고 10시경 집을 나섰다. 유난히 하늘이 맑고, 별과 달(아직 보름달이 채 안 된 상현달)이 또렷이 보이는 뉴멕시코의 봄밤이 깊어간다.

12 | 어떻게 공기를 사고 팔 수 있단 말인가?
– 시애틀을 거처 샌프란시스코까지

사람 역시 한 올의 거미줄에 불과하다.
그가 거미줄에 가하는 행동은 반드시 그 자신에게 되돌아오게 마련이다.
– 시애틀 추장

3월 7일, 일찍 기상하여 짐을 싸고 오전 9시 37분 발 덴버행 항공기를 타기 위하여 뉴멕시코의 제1의 도시에 있는 앨버커키 공항으로 향했다. 공항 근처에서 차가 좀 막혀 30분 전 체크인이 어려워지는 것이 아닌가 염려되었으나 1시간 전에 무난히 도착했다. 공항에서 렌터카를 반납하고 항공기에 올랐다. 1시간 10분 비행 후, 콜로라도의 덴버에 도착하여 40분 내에 시애틀행 비행기로 갈아타는 여정이었다. 덴버에는 예정대로 도착했으나, 비행기가 탑승구를 안내 받는데 30여분 소모하는 바람에 비상이 걸렸다. 미국 공항은 대부분 착륙 후 탑승구 안내까지 많은 시간을 소비하는 비효율을 보여주고 있다. 10여분의 시간을 남기고 덴버 공항 건물 안을 있는 힘을 다해 뛰어 간신히 시애틀행 비행기를 탈 수 있었다. 짐도 같이 올지 걱정했으나 탑승구 승무원이 짐은 확실히 옮겨 실을 것이라고 해서 안도의 한숨을 쉬었다. 미국공항에서는 국내선이라도 30분 전에 체크인을 하지 않으면 대개 짐은 다음 비행기로 오는 것이 관례인 것은 앞서도 지적한 바 있다. 다만 연결편의 경우에는 반드시 짐이 먼저 실려져 수분 전에 탑승하더라도 같이 도착한다는 사실도 알았다.

시애틀 시간(Paicific Time Zone)으로 오후 1시 30분에 시애틀 국제공항(Sea-Tac)에 도착했다. 2시간 10분의 비행 시간 내내 비행기는 눈 덮인 로키 산맥 위를 날았다. 나는 눈과 산맥이 빚어내는 비경을 창가에 앉아 마음껏 즐겼다. 특히 시애틀에 가까이에 있는 후드 산(Mt. Hood)의 장대한 설경은 그야말로 장관이었다. 비행기가 산허리를 가까이서 날고 있어 후드 산의 장엄한 모습을 아주 뚜렷이 볼 수 있었다. 시애틀의 날씨는 모처럼 화창하게 개어 샌타페이보다도 더 따사로운 초가을의 날씨 같았다. 요즘 이렇게 맑고 따뜻한 날은 처음이란다.

웨스트코스트 벤스(Westcoast Vance H.) 호텔에 여장을 풀고 시애틀의 다운타운 산책에 나섰다. 동양 3국의 냄새가 물씬 풍기는 시내의 모습에 벌써 마음은 서울에 가 있다. 태평양 연안에 온 것만으로도 마음이 한결 여유롭고 가벼웠다. 저녁에는 호텔 근처 '신라'라는 한국식당에서 은어매운탕으로 모처럼 맛있게 식사를 했다. 저녁 늦게 시애틀에서의 국무부 일정이 너무 타이트하게 짜인 데 대하여 임선생에게 좀 언짢게 얘기했으나, 오히려 시애틀 당국이 나를 크게 배려해서 많은 곳을 방문하도록 짠 것으로 보아야 한다는 그의 말에 그런대로 수긍하였다. 밖에는 어느덧 비가 오락가락하고 있다. 집으로 전화했으나(한국 시간 오후 2시경) 받지 않았다.

시애틀의 '잠 못 이루는 밤'(Sleepless in Seattle)이 깊어가고 있다. 너무 피곤하다. 6시 반 모닝콜(Wake-up call)을 신청하고 비교적 일찍 잠자리에 들었으나 엎치락뒤치락하고 있다. 그러는 가운데 인디언 추장 시애틀이 한 연설의 울림이 영혼 깊숙한 곳에서 메아리 쳐온다.

워싱턴 주의 주도인 이곳 시애틀, 그 지명은 아메리카 인디언 연설문 중 가장 유명하며 널리 인용되고 또한 가장 많은 논란의 대상이 되고 있는 연설을 남긴 스쿼미시 부족의 추장인 '시애틀'의 이름에서 유래한 것이다.

1854년 미국 정부는 백인들에게 패배하고 무참히 학살된 인디언 부족연맹으로부터 강제로 땅을 사들이려 했다. 이때 스쿼미시(Squamish) 부족의 시애틀 추장은 자신의 언어로 당시 미국 대통령 프랭클린 피어스에게 보내는 연설을 했다. 그 연설을 전해 듣고 감동한 피어스 대통령은 추장이 다스리던 지역을 그의 이름을 따서 시애틀이라 부르도록 했다고 한다. 알려지기로는 시애틀 추장과 절친한 친구로서 시인이자 의사였던 헨리 스미스가 그의 연설을 기록한 것으로 되어 있다. 그 뒤 100여년이 지나는 동안 그

시애틀 추장

의 연설은 '시애틀 추장의 편지' 등의 이름으로 여러 차례 다듬어지고 새롭게 해석되었다. 시애틀 추장의 편지에는 사람과 자연은 원래 한 몸이라는 인디언의 오랜 믿음이 잘 나타나 있다. 그리고 자연 앞에 겸허했던 인디언의 영혼이 담겨 있다.

시애틀 추장의 이 편지는 현대에 와서 그 의미가 더욱 중시되고 있다. 개발과 발전, 편리함에만 급급한 나머지 급속하게 번지는 자연의 파괴

와 공해, 땅의 오염, 오존층의 파괴로 인한 지구온난화, 이상기후 현상들, 그로 인해 자연환경의 중요성이 급속하게 이슈로 떠오른 지금 시애틀 추장의 편지는 우리에게 많은 반성과 성찰을 요하게 하고 있다.

시애틀 추장의 이 편지 핵심 부분을 요약하여 전재한다.

워싱턴에 있는 대통령이 우리에게 편지를 보내 우리 땅을 사고 싶다는 뜻을 전해왔다. 하지만 우리가 어떻게 공기를 사고 팔 수 있단 말인가? 대지의 따뜻함을 어떻게 사고 판단 말인가? 부드러운 공기와 재잘거리는 시냇물을 우리가 어떻게 소유할 수 있으며, 또한 소유하지도 않은 것을 어떻게 사고 팔 수 있는가? 햇살 속에 반짝이는 소나무들, 모래사장, 검은 숲에 걸린 안개, 눈길 닿는 모든 곳, 잉잉대는 꿀벌 한 마리까지도 우리의 기억과 가슴 속에서는 모두가 신성한 것들이다. 그것들은 우리 얼굴 붉은 사람들의 기억 속에 고스란히 살아 있다. 우리는 대지의 일부분이며, 대지는 우리의 일부분이다.

우리가 대지를 팔아야 한다면, 이것을 알아야 한다. 그 공기 또한 우리에게 더없이 소중한 것임을. 세상의 모든 것은 하나로 연결되어 있다. 대지에게 일어나는 일은 대지의 아들들에게도 일어난다. 사람이 삶의 거미줄을 짜 나아가는 것이 아니다. 사람 역시 한 올의 거미줄에 불과하다. 그가 거미줄에 가하는 행동은 반드시 그 자신에게 되돌아오게 마련이다.

우리의 아이들에게 가르치듯이, 당신들의 아이들에게도 대지가 우리의 어머니라는 사실을 가르쳐야 한다. 대지가 풍요로울 때 우리의 삶도 풍요롭다는 진리를 가르쳐야 한다. 대지에게 가해지는 일은 대지의 자식들에게도 가해진다. 사람이 땅을 파헤치는 것은 곧 그들 자신의 삶도 파헤치는 것이다. 우리는 이것을 안다. 대지는 인간에게 속한 것이 아니며, 인간이 오히려 대지에게 속해 있다.

자연을 정복의 대상으로만 생각하는 현대인들에게 시애틀 추장의 연설은 많은 것을 생각하게 만든다. 인간은 자연으로부터 필요한 모든 것을 빌려 오고 있다. 그런데 빌리는 자의 겸손보다는 자연을 정복의 대상으로 생각하는 오만의 자세를 보이는 것이 현대인들이다. 땅을 쓸데없이 마구 파헤치는 것은 그 자신의 삶도 파헤치는 것이라는 시애틀 추장의 연설은 환경파괴와 이상기후로 몸살을 앓고 있는 지구의 미래를 구할 수 있는 귀중한 진리가 담겨있다.

시애틀에서의 빠듯한 일정

3월 8일 오전 9시 'Trade Development Alliance'의 회장인 빌 스태퍼드(Bill Stafford)와 만나 동 기관의 현황과 한국과의 투자, 교역 등에 대하여 1시간 20분가량 논의했다. 동 단체는 우리의 상공회의소 내지 무역협회 산하기관과 같은 성격의 것으로서, 특히 아시아 태평양 지역과 시애틀 지역의 기업(중소기업)의 교역, 투자활동을 촉진하는 것이 임무 중 하나다. 내일 무역투자단을 이끌고 대만과 한국을 방문하기 위한 준비로 무척 바쁘다고 했다. 한국에는 4일간 머물면서 자매도시인 대전시와 그밖에 하나의 시, 군을 방문하고 서울시장, 주한미국대사, 코트라(KOTRA) 등이 베푸는 만찬과 방문일정도 잡혀 있다고 했다. 스태퍼드 씨는 이달 19일경 예상된 주한 미국대사 초청의 만찬에 나를 초대할 수 있도록 주한미대사관에 연락하겠다고 약속하기도 했다.

이어 11시경 'National Center for APEC'을 방문하여 수석고문(Senior Advisor)인 린 타크(Lynn Tark)와 1시간가량 대화를 나누고 12시경 식당으로 향했다. '신라' 식당에서 그동안 1달여 동안 나와 동행한 임선생과 마지막 오찬을 나누면서 그간의 노고를 치하하고 서운함을 달랬다. 임선생 사정으로 그는 내일 워싱턴으로 출발하고 샌프란시스코에 온 통역자 재키 노(Ms. Jacki Noh)가 내일 하루 통역하고, 샌프란시스코까지 동행하기로 되어 있었다.

오후 1시 30분 킹 카운티 고등법원(King County Superior Court)의 Presiding Judge(재판업무 대신 행정을 총괄하는 보직을 맡고 있는 판사, 그 보직의 임기는 2년이라 함)를 만나 미국 지방법원(County Court)의 재판구조, 관할, 다른 법원과의 관계, 배심제도의 내용과 문제점 등에 대하여 토론한 후 배심재판이 진행되고 있는 세 군데의 민사법정을 찾아가 직접 재판과정을 지켜보았다. 모두 자동차 관련 손해배상 사건으로서 집단소송 사건이었다. 형사재판 등 다른 많은 재판이 1주일 전에 발생한 시애틀 지역의 지진으로 인하여 연기되었다 한다. 돌아오는 길에 50여 년 전에 건립된 시애틀의 상징인 스페이스 니들(Space Needle)에 들러 전망대까지 올라가 시애틀과 타코마 지역을 관망해 보았다. 이번 지진으로 맨 끝의 첨탑이 손상된 것으로 보도되었으나 이 탑은 아무런 문제없이 가동하면서 관광객을 맞고 있었다.

시애틀의 스페이스 니들

세 번째 맞는 홈호스피탤러티(Homehospitality)에는 변호사 로버트 클레그(Robert Clegg)가 통역자를 배제하고 나만을 단독으로 초청하였다. 6시 40분경 클레그가 호텔로 나를 데리러 왔다. 30대 초반의 비교적 활달하고 사교적인 이민법, 파산법 전문 변호사였다. 워싱턴 대학을 졸업하고 일본에 1년 있으면서 1995년 한국에도 1주일 다녀간 경력이 있는, 친 아시아 성향의 미국인으로 홍콩 출신의 20대 후반의 여성과 결혼하여 살고 있었다. 자신의 집까지 가는 도중 나에 대한 여러 가지 질문, 그리고 시애틀과 자기 집 주변의 경관에 대해서 설명해 주었다. 자기 친구들 두명이 더 온다는 사실을 알려주었다. 나에 대해서 깍듯이 박사님으로 모시고 있는 기분이 들었다.

처음으로 나 혼자 미국인 가정에 초청되어 서너 시간을 지냈다. 그의 친구 두 사람이 찾아와 인사를 하였다. 비교적 성격이 원만하고 나에 대한 배려를 하는 미국 젊은이들이었다. 그의 중국인 부인과 그의 후배 아가씨가 정성껏 만든 칭기즈 칸 요리(미국식 파티마?)를 정말 맛있게 먹었다. 그들과 여러 분야에 대해서 많은 얘기를 나누면서 영어회화에 대한 자신감을 쌓아가는 뿌듯함이 잉태된 것 같았다. 10시경 클레그와 부인이 직접 호텔까지 픽업해주었다.

샌프란시스코에서 장도(壯道)를 마치다

3월 9일, 공식일정이 사실상 끝나는 날이다. 바뀌진 통역인 재키노와 같이 아침 9시에 'Office of Trade and Economic Development'를 찾아 한국 일본 담당자와 1시간가량 대담한 후 10시 30분 빈민구제와 반(反)기아 및 어린이 보호단체인 'RESULTS Seattle'을 찾아 찰스 게스트(Mr. Charles Guest) 씨와 40여분 대담했다. 곧바로 12시에 워싱턴 주의 가장 큰 시민단체인 'Washington Citizen Action'을 찾아 하딘(Hardin) 양과 50여 분간 면담하는 강행군이었다. 마지막 날 오전과 점심까지 할애하여 타이트하게 일정을 짜준 것이 나에 대한 배려인지 아닌지 분별하기 어려웠다.

호텔로 돌아와 2시 전 체크아웃을 한 후에 늦은 점심을 하고 공항으로 향했다. 예정된 비행기보다 30분 앞당긴 5시 55분 UA편으로 2시간 비행 후 마지막 기착지인 샌프란시스코에 도착했다. 공항에서 서울행 UA항공 티켓을 취소하고 대한항공의 마일리지로 업그레이드된 비즈니스 석으로 바꿨다. 호텔에 체크인을 한 후 근처 한국식당에서 식사하고 다시 호텔에 오니 밤 12시가 다 되었다. 호텔이 별로 마음에 들지 않은 것이 아쉬움으로 남았다. 시애틀에서 샌프란시스코로 오는 비행기 내에서 바라본 초저녁 달빛에 비친 아름다운 자연과 우주의 조화에 넋을 잃고 상념에 잠겼다. 포근한 가족의 모습과 고향의 정이 가슴을 파고 들었다. 내일 오후 데이비스 한인교회에서 한국 시민운동의 과제와 방향으로 특강을 한 후 모레 하루 휴식하고, 글피에 서울행 비행기를 타면 31일간에 걸친 대여정이 막을 내린다.

이튿날 오전에 체크아웃을 하고 한영환 군(군대동기로서 광산학의 권위 대학인 네바다 대학에서 재료공학 전공으로 박사학위, 현재 UC Davis대학 연구교수)과 함께 그가 살고 있는 대학 근처 그의 집에 가서 여장을 풀기로 했다. 모레 하루 묵을 호텔로 공항 근처의 하얏트 호텔을 예약했다. 2시간가량 달려 한군의 집에 도착하여 곧바로 간소복으로 갈아입고 그가 일하는 연구실을 비롯한 대학의 캠퍼스 내부를 살펴보고 오랜만에 농구와 야구로 1시간가량 몸을 풀었다. 같은 공원 축구장에서 벌어지는 동네 청소년들의 축구경기를 관람하면서 귀국하면 나도 우리 아들들과 함께 농구와 야구를 동네 학교 운동장이나 잔디밭에서 즐기기로 작정을 해본다.

저녁식사 후 데이비스 한인교회에서 교환교수로 와 있는 민현기 교수를 비롯한 이곳의 교포 젊은이들과 함께 간담회 식으로 한국 시민운동의 현황과 과제, 그리고 국내 정세 및 교민사회의 문제점 등에 대하여 2시간가량 대담을 나눴다. 다시 한군의 집으로 옮겨 맥주파티를 벌이면서 밤 12시까지 국내와 미국 내의 여러 쟁점을 화제로 대화를 이어갔다.

3월 11일, 여정의 마지막 날 아침 한군과 함께 그의 집을 출발하여 버클리 대학에 들러 캠퍼스를 일주한 후 샌프란시스코 시내와 금문

교를 관람하였다. 마지막 숙소인 하얏트 호텔에 체크인을 하고 나니 오후 1시 반이다. 근처 씨즐러 체인점에서 점심식사를 하고 한군과 헤어졌다. 호텔에 들어와 샤워를 하고 휴식을 취하면서 아내에게 전화해 내일 오전 서울로 출발하여 한국시간으로 13일 오후 6시경에 김포공항에 도착한다는 연락을 했다.

안데르센은 여행이 정신을 젊어지게 만든다고 했다. 한 달간의 미국방문은 나의 생각을 탄탄하게 만들어 주었다. 미국의 역사와 문화 그리고 미국 사회의 다양한 모습을 보면서 무엇을 배우고 무엇을 지양해야할 지에 대해 앞으로 많은 정리가 필요할 것 같다. 사랑하는 가족이 있는 집으로 돌아간다는 생각 때문인지 좀처럼 잠이 오지 않는 밤이다. 영화 「시애틀의 잠 못 이루는 밤」에서 여주인공이 엄마와 아빠의 연애 이야기를 듣고 한 말이 떠오른다. "It was magic!" 나의 이번 여행도 그러했다.